职业院校通用能力教材

总主编 石伟平

生活与生涯管理

主　　编　王杰法

副 主 编　吴美蓉　齐守泉

参编人员　王敏敏　尹幼明　王　丽　郑盼盼　张　莉

上海教育出版社
SHANGHAI EDUCATIONAL
PUBLISHING HOUSE

出版说明

通用能力培养是 21 世纪世界各国职业教育所共同关注的重要课题之一,对大学生的就业及未来发展至关重要。通用能力主要区别于职场上对专业技术的要求,是职业道德、职业规划、社交礼仪、语言沟通、信息素养、个人习惯和乐观态度的综合体现。实践证明,在就业竞争激烈的今天,通用能力正日益成为大学生职场制胜的法宝。

职业院校通用能力教材由华东师范大学职业教育与成人教育研究所联合宁波市教育局共同策划开发,是国内第一套专门培养职校学生通用能力的教材。教材充分利用了华东师大职成所的课程开发优势和宁波市六所职业院校的课程实践优势,体系完整,选材新颖,内容科学,形式灵活,适合广大职业院校学生学习参考,符合职业院校的教学特点和教育需求。

教材在编写中力图体现以下特色:

1. 整合工作与生活

以往的职业院校课程往往把工作与生活割裂开来,分别设置专业课程与普通文化课程。而事实上两者是不可分的,尤其在通用能力培养中。本套教材把两者整合起来,更加符合现代职业教育理念。

2. 贯穿通用能力各领域

通用能力培养的特点在宽而不在专,内容范围要有一定的广度。本套教材在整体分析通用能力领域的基础上确定了教材编写的基本框架,包括生涯管理、职场礼仪、就业与创业、信息素养、心理健康、人际沟通等内容。

3. 体现生活性、时代性与职业教育特色

本套教材内容紧扣现实生活,精心分析现实生活,在此基础上确定教材编写的内容框架。在课程内容的选择上,力图体现生活化、通俗性、实用性原则,并具有强烈的时代气息。要求课程内容与职业院校学生的生活实际相结

1

合，并服务于学生的专业成长。

4. 依据学习路径设计和编写教材

名为教材，实为学材。本套教材彻底打破了一味地陈述知识的著作式教材的编写风格，研究学生在各学习情境中的学习路径，把概念形成、知识学习、思维培养、技能训练融为一体。在内容的编排上采用"模块—任务—活动"三级目录形式，各模块设有学习目标和知识标签，任务下设有主题活动、知识导航、知识链接、思考训练等栏目。

此外，教材以任务为导向，强化模块教学，并力求简洁实用。教材无意打破现有的职业院校课程框架，只是对现有课程结构补充与微调，有较强可操作性。每册教材都努力寻找与现有课程结构的契合点。对于有较好基础的课程，新编教材将起到补充、深化的作用。对于过于传统的课程，新编教材将引导课程的转型。

总之，我们力求开发一套能体现职业院校教育规律，符合高职学生学习特点，与学生未来职业成长要求相匹配的通用能力课程体系。但由于认识不足、水平有限，教材难免疏漏和不尽如人意之处，恳请广大读者提出宝贵意见，使之更加完善。我们真诚地期望这套教材能为职业院校课程体系作出贡献，并期望更多的院校和专家参与通用能力教材的研究与开发，共同推动职业教育事业的发展和繁荣。

职业院校通用能力教材编委会

2014 年 3 月

目　　录

模块一

学会用"情"生活

　　每个人都希望自己是一个高尚的、有品位的人，每个人都希望自己过着丰富多彩的生活。为了实现这些愿望，人的情感起着十分重要的作用。让我们先来认识情感吧！

 学习目标

1. 理解情感的定义。
2. 理解情感对人的作用。
3. 掌握健康情感培养的途径。
4. 学会处理好生活中的亲情、友情和爱情。

 知识标签

情感　亲情　友情　爱情

任务一　用心构筑健康情感

你知道"情感"是什么吗

请同学们用简短的语言把想到的有关"情感"的话题说出来。

情感的定义和作用

1. 情感的定义

情感是人对客观事物是否满足自己的需要而产生的态度体验,是个体对事物的好恶倾向。

情感反映了客观事物与个体需要之间的关系。凡是能满足人的需要或符合人的愿望、观点的客观事物,能使人产生愉快、喜爱等肯定的情感体验;凡是不符合人的需要或违背人的愿望、观点的客观事物,会使人产生烦闷、厌恶等否定的情感体验。所以,情感是人心理活动的重要表现。情感既是一种心理过程,也是一种心理状态;既是体验,也是反应;既是冲动,又是目的。

人的情感同时指向外部世界和自我世界两个对象,因而情感能反映一个人对客观对象和自我本体的感性评价倾向。列宁指出:"没有'人的感情',就从来没有也不可能有人对于真理的追求。"所有道德判断,都内含鲜明的情感倾向。因此,情感对人的内外活动具有特别重要的影响乃至不可或缺的作用。

2. 情感的作用

俗话说:"情之所钟,金石为开。"人的情感所中意的目标体现了主体的某种深刻而强烈持久的内在动机,标志着主体的某种价值理想。因此,情感对人

的思维、意志和人格行为的巨大影响，尤其是体现于对想象活动的动力激发、对个性意志和毅力的凝聚强化、对人格行为的有效调控和定向引导等方面。

心理学研究表明，情感具有多种功能，如动力功能、调节功能、信号功能、保健功能、感染功能和迁移功能等。

（1）动力功能　该功能是指情感对人的行为活动具有增力或减力的效能。现代心理学研究表明，情感不只是人类实践活动中所产生的一种态度体验，更是对人类行为的动力施加产生的直接影响。在同样有目的、有动机的行为活动中，个体情感的高涨与否会影响其活动的积极性。在高涨情感下，个体会全力以赴，努力奋进，克服困难，力达预定目标；在低落情感下，个体则缺乏冲动和拼劲，稍遇阻力，便畏缩不前，半途而废。

（2）调节功能　该功能是指情感对一个人的认知操作活动具有组织或瓦解的效能。研究表明，情感的性质会影响认知操作活动。一般而言，快乐、兴趣、喜悦之类的积极情感有助于促进认知操作活动，而恐惧、愤怒、悲哀之类的消极情感会抑制或干扰认知操作活动。同时，情感对认知操作活动的积极与消极作用，还反映在情感的强度上。当情感唤醒水平较低时，认知操作效率不高。随着情感唤醒水平的上升，其效率也相应提高。但是，唤醒水平上升到一定高度后，再继续上升，情感激励的能量过大，会使人处于过度兴奋状态，反而影响效率。

（3）信号功能　该功能是指一个人的情感能通过表情外显而具有信息传递的效能。研究表明，情感的信号功能在传递信息方面具有一系列独特的作用。主要表现为：①加强言语的表达力。②提高言语的生动性。③替代言语。由于表情能传递一个人的思想和感情，所以在许多场合，它可以单独承担信息交流职能。表演艺术中的哑剧便是这方面的典型。④超越言语。首先，人类表情比言语更细腻、入微、传神地表达思想感情。英国著名戏剧家萧伯纳曾说过："动词'是'有50种表现法，'不'有500种左右的表现法，但这两个词的书面形式却都只有一种。两者差异由此可见一斑。"其次，表情比言语更富有真实感。当一个人的表情与言语所表达的态度不一致时，人们往往更倾向于把表情中流露出的态度视为其真正的内心意向，而把言语中表达的态度看作"表面文章""口是心非"之说。⑤认识事物的媒介。这一现象在婴幼儿中表现得最明显。如婴儿从一岁左右开始，当面临陌生的、不确定的情景时，往往先从成人的脸部表情上寻找表情信息（鼓励或阻止的表情），然后才采取行动（趋近或退缩）。

（4）保健功能　该功能是指情感对一个人的身心健康有增进或损害的效能。情感的生理特性告诉我们，当一个人情感发生波动时，其身体内部会出现一系列的生理变化。而这些变化对人体的影响是不同的。通常，在愉快时，肾上腺素分泌适量，呼吸平和，血管舒张而使血压偏低，唾液腺和消化腺分泌适中，肠胃蠕动加强等，这些生理反应均有助于身体内部的调和与保养。但焦虑时，肾上腺素分泌过多，肝糖原分解，血压升高，心跳加速，消化腺分泌过量，肠胃蠕动过快，乃至出现腹泻或大小便失禁等生理变化。这一切又有碍身体内部的调养。倘若一个人经常处于某种不良情感状态，久而久之便会影响身体健康。

（5）感染功能　该功能是指一个人的情感具有对他人情感施予影响的效能。当一个人产生某种情感时，不仅自身能感受到相应的主观体验，而且还能通过表情外显，为他人所觉察，并引起他人产生相应的情感反应。情感有着极大的传播和扩张作用。心理学研究表明，一个人的情感会影响他人的情感，而他人的情感也能反过来再影响这个人的原先情感。这就使人与人之间的情感发生相互影响。情感的这一功能为人际交流提供可能性，使个体的情感社会化，同时也为通过情感影响、改变他人情感，达到情感控制的效果而开辟了一条"以情育情"的途径。

（6）迁移功能　该功能是指一个人对他人的情感会迁移到与此人有关的对象上的效能。一个人对他人有感情，那么对他人所结交的朋友，其经常使用的物品，穿戴的服饰，也会产生好感。这似乎是把对他人的情感"迁移"到他人所接触的人和物上去了。这便是情感的迁移现象。"爱屋及乌"即是指这一独特的情感现象。

 思考训练

试述情感对人的思维、意志和人格行为起着怎样的有效调控和引导作用。

主题活动二

测测你的情感自由水平

本测验将帮你评估自己目前的情感自由水平。请在空白处做一些标记，标明你是很少还是经常有表中列举的反应。

要求：不是这样的选"0"；有时是这样的选"1"；大多数是这样的选"2"。

1. 如果生某人气时，先深吸一口气，自我镇定一下，然后再做出反应。

2. 当内心充满不自信或恐惧时，会满怀爱心地对待自己。

3. 当遭遇堵车或出乎预料的事时，会耐心应对。

4. 繁忙的一天结束后，会专注于那些令人感激的事，不是因做错事而埋怨自己。

5. 如果有人扫了我的兴，我很少变得暴躁或生气。

6. 能体会到某种精神感觉，但难以描述。

7. 在做选择时会先检视一下自己的直觉，即第六感觉。

8. 因某事受批评时，很少大发雷霆，而是坦陈自己的不足。

9. 晚上入睡很快，从不担心明天的日程安排。

10. 当心碎时，仍然不放弃对别人的爱。

11. 我是一个积极向上的人，不会把小问题弄成大问题。

12. 如果某人对我不好，我不会寻找机会进行报复。

13. 如果其他人超过我，我也不妒忌他们。

14. 会很快地放弃负面情感，而且不会郁闷地苦想。

15. 不会轻易地被失望压倒。

16. 不会把自己与他人进行比较。

17. 同情他人，但不会自诩为他们的救星，也不会陷入他们的情感苦痛。

18. 只关注现在，不会过分在意过去和将来。

19. 对自己的生活感到满意，不只是对那些失去的东西满意。

20. 善于对那些耗尽我能量的人加以限制。

6

把以上各题的得分加起来,就得出自己的情感自由分数。

• 30～40分,意味着你在生活中的情感自由处于相当不错的水平。

• 15～29分,意味着中等水平的情感自由。

• 14分及以下,意味着起步水平的情感自由。

• 0分(承认它需要勇气),预示着你还没有找到情感自由,但你可以从现在开始寻找。

不管你的分数是多少,都要审视具体情况来确认薄弱环节并加以改进。你要相信自己能做到这一点。情感自由不是终点,到达之后就停在那里不动。这是一个渐进的过程。

 **知识导航二**

健康情感的构建

震惊全国的马加爵案发生后,一些心理专家对马加爵的犯罪动机和心理进行了分析。中国人民公安大学犯罪心理学教授李玫瑾分析:真正决定马加爵犯罪的心理问题,是他强烈、压抑的情感特点,是他扭曲的人生观,还有"以自我为中心"的性格缺陷。有心理专家指出,马加爵走到今天,与其在成长过程中,生活在他身边的人,包括他的家人、同学以及老师,对他在情感和心理方面缺乏关怀有很大的关系。专家建议,学校教育应从这件事中受到启迪,再也不能只注重对学生进行知识教育而忽略了心理、健全人格、情感教育和修养性情的教育。

情感是心理的寄托,人性的释放,心灵的归宿。健康的情感,是青少年心理健康的重要标志和身体健康的保证,也是人生朝积极方向发展的催化剂。

社会、个体都要把培育、构建人的健康情感作为一件重要的事来做,因为健康情感培育的过程,就是生命唤醒的过程,它强化了个体的生命意识,挖掘了生命的潜能,彰显了人的生命价值。

我们要了解情感,认识情感在人的发展中所起的重要作用,努力构建健康情感,使情感机制与其他心理机制协调地发挥作用,使身心发展达到最佳的功能状

态，成为既具有知性和理性，又充满着灵性和感性的完整的人。

1. 成熟的情感

情感成熟是指无论个人需要是否得到满足，都能够自觉地调节情感使之适度的一种心理状态。每个人要社会化就应该使自己"情有节"，陶冶情操，尽快成熟自己的情感。赫洛克（E. Hurlock）认为情感成熟包括四个方面：

（1）能够保持健康　自己可以管理好自身的健康，长期不懈地坚持锻炼身体，有效防止因身体疲劳、睡眠不足、头痛、消化不良等疾病引起的情绪不稳。当有疾病时，具有战胜疾病的乐观心理。

（2）能够控制环境　个人行为要受社会环境约束，克服想干什么就干什么的我行我素的思维方式；个人利益不违背集体利益，个人行为要符合行为规范，不能出口伤人、脏话连篇、一触即跳、打架斗殴、小偷小摸等。

（3）能够使紧张的情绪化解为无害的方面　人的情感是有两极性的，两极性情感不仅损害自身健康，而且消极性强的情感如愤怒、暴躁等可能伤害他人。要增强情操的调控作用，化解和防止产生过度的情绪，转化被压抑的情绪，使情绪具有社会感和责任感。

（4）能够洞察理解社会　洞察和理解社会，可使人的智力不断增长，社会经验不断积累。社会不是以自我为中心，而是以大家为中心、以集体利益为中心。洞察和理解社会，会使自我更加自律、更加宽容、更加融合，情感更加成熟，与集体同呼吸共命运。

情感成熟就是要求心理成熟。它要求每位即将或已经成人的年轻人，告别在家靠父母——完全依赖父母的生活方式，逐渐融入社会，依靠自我独立和修养，在社会风风雨雨的大课堂中摔打自己、锻炼自己，要在工作、学习、生活中学会自我管理，同时也要学会管理他人，组织建立家庭并教育好自己的子女，从社会的单一消费者成为社会的合格建设者和生产者。

2. 构建健康情感的途径

（1）学会同情　在健康情感的培养中，学会同情是最基本、最重要的事情。让一个人从小具有同情心，就是让他成为一个有"人性"的人。对处于不幸中的人寄予同情，为不幸的人而流泪，设身处地为其着想，并伸出援助之手，这种善良之心和悲悯情怀是人类的基本良知,也是社会倡导的良好风尚。

同情心的匮乏是造成青少年心灵发育畸形的重要"病因",同情心的弱化是青少年犯罪的重要原因。

(2)学会感动 对生活中真、善、美的事物感到愉悦并能够欣赏赞美,能够为人间的真情而激动、感动,甚至流泪,这不仅是一种心理状态,也是一种情感能力。

(3)学会尊重 尊重是人们相互之间人格的平等,体现的是对自我尊严的关注和维护。尊重别人,可以点亮他们的生命;尊重别人,可以提升自己的人格。①尊重他人的权益。学会自尊与尊重他人,两者并不对立。一个人只有拥有自己的尊严,才能得到别人真正的尊重;只有懂得尊重别人,才有可能真正保有自己的尊严。尊重他人不是一味迎合迁就别人,而是指尊重其人格,尊重其合法权益。②尊重合理的规则。懂得自尊,不是以个人为中心,我行我素,不受任何制度和规则的约束。无视规则的社会必然是无序的社会,必然是大家都不尊重他人也不被他人尊重的社会。规则不仅是条例和禁令,更应该是每一个人的自觉意识。

(4)学会理解 人与人之间的相处,需要理解,它可以减少摩擦,化解矛盾。在竞争激烈的当代社会,能够和谐地与人相处,善于与人交往,已成为当代人的一个重要素质,关系到自己的生活和工作的"质量",关系到自身的命运。学会理解属于一种生存的"智能"。理解别人,首先从理解自己的家人做起。

(5)学会感激 人应该感激亲友,感激师长,感激大自然,感激生活。作为一个独特的生命个体,每一个人从生命的获得开始,就不断地在得到别人的付出。正是依靠这些付出,他才得以生存发展,得以更有质量地生活。

(6)学会关心 学会关心,就是培养健康的心理和情感,使人的知识、品德和意志都能朝着崇高的目标发展,使人的情感、欲望建立在美好心灵和健全人格的基础上。

(7)学会宽容 现代人不仅要有独立的个性,还应该能够与人和谐相处。不同的人有着不同的个性和生活处世的方式,必要的宽容是化解矛盾、放宽心情的良方。

宽容不仅包含理解和原谅，还体现一个人的气度和力量。自己首先应该具有尊重他人的意识，努力以一种平和的态度看待他人与自己不同的"本性"。

一个人为人处世的态度是否具有包容性，与他的精神世界是否丰富和开阔有关。

（8）学会快乐　保持快乐的心境，不仅是一种良好的情绪反应，也是一种健康的处世态度。由于客观条件和主观因素的制约，人们会遭遇许多困难和挫折。置身于不尽如人意的环境中，应该具有心理承受能力，这种能力来自于一个人内在的自信和乐观。

善于与人分享自己的快乐，就是在与人进行一种沟通和交流，它给人带来的不仅是加倍的快乐，而且能够培养一个人的爱心和合作精神。

（9）学会愤怒　这里的愤怒是指正义的愤怒。宽容不等于纵容。做人应该有良知和正义感，不仅能感受和欣赏真善美，还应该直面并痛恨假丑恶，对假丑恶的东西感到气愤憎恶，疾恶如仇，乃至拍案而起，挺身而出。对社会问题做出"正常的情绪反应"。

（10）学会致歉　为人一生，过失难免，重要的是知错能改，勇于自省。做了伤害他人或有损他人利益的事情，学会并敢于向对方表示歉意，体现的是一个人的修养度量和做人的责任感。

3. 情感的调控

情感受到文化规范、价值和信念的调节，这是一个大的前提。要保持良好的心境、积极的情感，原则上可以从以下几个方面进行调整：

（1）调整好行为目标　情感与需要的满足有关，从理论上来说，一个人建立起理想与现实尽可能一致的生活或行为目标，将会减少否定情感的发生。

（2）改变认知评价方式　认知因素决定情感的性质和强度。实际生活中谁都会碰到各种各样足以引起消极情感反应的刺激，在个人认知水平上作调整可有效地减少负面情感的发生甚至改变情感反应的性质。

（3）改变或转换环境　环境刺激引起情感。改变工作或生活环境，改善人际关系结构，都可防止或调整消极情感。

（4）心理防卫或应对　对负面情感的心理防卫或积极的应对可以消除其

对个人身心的影响。

（5）咨询和求助　情感的调节还可由他人帮助进行。心理咨询的对象中有许多人就是因为存在情感上的问题；出现情感危机时，个人还可求助于"生命热线"电话……

思考训练

1. 你认为情感教育应包含哪些内容？
2. 试分析情绪与情感的区别与联系。

拓展阅读

理 智 与 情 感

人有满足情感需求的需要，情感的满足与物质利益、情爱、权力、荣誉有关，人通过各种方式来取得它们。

然而，这个世界是一个充满矛盾的世界，人活在世上并不能随心所欲，欲望并不能都得到满足，人需要对自己的行为进行调节，这是人的现实生活状况。

作为一个自然以及社会的人，他受着感性和理性的双重作用。人的行为受到环境中各种因素的限制和制约，人要生存下去并且得到发展，需要对现实的各种得失和利害加以权衡。现实生活中，人从本性出发希望自己的所有欲望都得到满足，但现实对人欲望的容纳不是无条件和无限的，欲望超过一定限度，人就会走向自己意愿的反面，可能遭受到更大的损失和伤害。

所以，生命体的存在需要有自我权衡行为利弊的能力，唯有如此才能在这个充满矛盾冲突的世界里生存，而理智便是生命发展过程中伴随着情感出现的一种生物能力。

理智的最初形成与生物的经验有关，生物体具有记忆储存经历和体验的功能，这样的功能是生物对应于环境需要所形成的，当生物体将再次遭遇过去的痛苦和麻烦时，它有可能预先采取行动来回避对自身的损害。理智是一种生物

生存的机能，是生命对自然存在状况的反映。

从表面上看，理智和情感是对立的，因为理智总是制约着情感的满足；而如果对理智作深层次的分析，理智的存在实质是更好地满足情感的需求。因此，就大的方面而言，理智和情感并不矛盾，而是一致的。理智地分析问题，就是对一件事的各方面进行比较和权衡，人在做抉择的时候要非常慎重，分清眼前和长远、局部和整体利益之间的关系，从而做出正确的抉择。理智的确对情感有限制作用，但这只是暂时的和局部的，理智存在的实质是保证情感得到最大限度的满足，并可以避免受到更大、更深的伤害。

人的生存过程中，要做到完全理智并非易事。一方面人受到生物性本能的制约，人完全克服生物性的本能是不可能的；另一方面是因经验和认知的不足而未必能对未来的结果做出正确的判断。人们在追逐欲望满足时，往往容易依据现实的情感进行抉择，只注重一时利益的得失，而看不到长远和整体利益的情况，这也是人生存过程以及人类发展历史中出现各种问题的原因。

人一生是在情感与理智的矛盾冲突中度过的。理智是一条防线，在满足情感需求时有可能会突破这道防线。人时常面临这样的选择，是为眼前和局部的利益，还是为长远和全局利益打算。理智对于情感的控制并不是时时有效的，掌握好行为的度并非一件易事，意志稍不坚定，理智的防线就会崩溃。当情感强烈时，理智会显得十分脆弱，不去权衡利弊，只图一时享乐，不计后果，这样的事在我们生活中经常会发生。

同样，在人类历史发展过程中，人类存在许多非理性的行为，这些非理性的行为表现在各个方面，这也是人不能正确认识自然、社会及自我的结果。在相当长的时期里，人类社会中人与人之间的关系是不协调的，如人与人之间的相互奴役和绵绵不断的冲突和战争，人与人之间这种不和谐的关系阻碍了社会的发展。

在人的一生中，情感的满足和不满足都是必然的，这是人生存的现实状况。人需要解决好情感和理智之间的矛盾冲突，在行为上表现出更多的理性。只有这样，人才能达到一个较好的生存状态。

任务二　用心演绎好生活中的"三情"

亲情、友情、爱情，如同空气、阳光和水，在生命中，它们始终伴随着我们，是我们精神世界的重要支撑。演绎得好，"三情"将会由精神转变为物质，是我们取之不尽，用之不竭的生命动力源泉。

亲情、友情、爱情，三者相互作用，但各有所重。它们是人生的不同角色，但都离不开"真诚"二字。

 主题活动一

给父母写封信

要求：写信前，请先计算一下你大学生活一年的费用大约是多少？一年的费用除以365天得出你每天的学习、生活费用，将这费用与父母每天辛勤劳作的收入进行比较。此时，你有何感想？然后向父母说说自己的心里话。

 知识导航一

感恩永恒的亲情

亲情即大爱，大爱却无言。不讲名利，不计功德，只有一片至死不渝的痴心。亲情就是这世间最坦诚最纯真的爱。

从我们呱呱落地那一刻起，爱就像阳光一样，无时无刻不在普照着我们。生育我们的母亲用甘甜的乳汁一天天把我们养大，父亲用宽厚的肩膀将我们高高地托起，让我们看见外面的世界。父母像大树一样为我们遮风挡雨。我们的成长凝结着父母的心血，父爱如山、母爱如海。在我们成长的过程中，给我们最多的是父母，他们的爱是无私的、无畏的、伟大的，是不求回报的。

《乌鸦反哺》的故事，相信大家都耳熟能详。昔日的雏鸦反哺日渐衰老的父母，这就是感恩与回报。感恩是一种心态，感恩更是一种境界。父母养育我们，何异于成年乌鸦之于雏鸦？鸦有反哺之义，羊有跪乳之恩。如果你有一颗反哺的感恩之心，就会对生活心存感激，对生命更加珍惜。随着成长，离开父母进入大学，或许我们稚嫩的肩膀还挑不起厚报亲人的担子，但我们可以用我们的真心、用我们的行动感恩父母、孝敬父母，让他们少一份牵挂、多一份宽慰，少一份负担、多一份欣喜。

1. 多联系，勤汇报自己的情况

首先，大学生应当懂得关心父母，因为你的一声问候，能让父母感到舒心，你的近况，能让他们放下悬挂着的心。因此，我们可以：①电话联系。电话是维系亲情最及时的方法，一句温暖的问候，一句简单的祝词，牵动着父母的心，使他们备感亲情的温暖。②网络联系。网络通信工具的特点就是不受时间、地点的限制。可以设置一个定时祝福讯息，在忙碌的工作学习中也不耽误与家人的联系。③传统书信联系。如父母在偏远的山区没有发达的网络，可以使用书信作为传递亲情的主要工具，并且纸质的书信更能体现我们对父母的情感。每次和亲人沟通时，问候父母，同时反馈一下自己在学校的情况，把在生活、学习中的喜怒哀乐和父母说一说，让父母感觉你就在他们身边，使他们放心。另外，在母亲节、父亲节和双亲生日时应该以一定方式表达自己对父母的感情。

2. 努力学习，不辜负父母的期望

哪个父母不"望子成龙，望女成凤"。父母养育我们，就希望能看到子女成为"栋梁之材"。为了父母的期望，为了毕业后的就业机会，为了未来的事业，我们一定要勤奋学习，学习专业技能，培养自学能力（接受新知识新技术的能力）、创新能力和交际协调能力。优良的学习成绩、获奖的各类证书、学以致用的知识才华，就是对父母最好的回报。

3. 照顾好自己，不让父母牵挂

"出门"在外，子女是父母的心头肉，你的平安是他们最热切的心愿。大学是一个非常美好的地方，但大学的开放性使学校内外环境有许多不确定的因素。因此，首先要遵纪守法，做一个文明市民、一个好学生，特别是要有高度的政治敏锐性,懂法、守法,不参加非法的集会、传销等。其次要有安全防护意识,学习必要的救生、逃生知识,外出时注意交通安全,保护好自己的财物。再次,当面对困难时,知道该怎样去从容应对、解决。

4. 计划开支,体恤父母的不易

你应该合理地计划自己的开支,做到该花的要花,不该花的就不要花。不能盲目追求超出自己经济能力范围的东西,更不要盲目与人攀比,绝对不要向父母要过多的生活费。要知道,大学生现在花的每一分钱都是父母辛辛苦苦的劳动所得,孝敬父母,就不能浪费甚至糟蹋他们的心血。

思考训练

请写"辛酸父亲给儿子的一封信"的读后感

2004 年,南京大学一公告栏中贴有两张 A4 纸的"辛酸父亲给儿子的一封信",围观的人络绎不绝。全文如下:

亲爱的儿子:

尽管你伤透了我的心,但你终究是我的儿子,虽然自从你考上大学,成为我们家几代唯一一个大学生之后,心里已分不清咱俩谁是谁的儿子了。自从扛着行李送你去大学报到,到挂蚊帐、缝被子,买饭菜票,甚至教你挤牙膏,这一切,在你看来是天经地义的,你甚至感觉你这个不争气的老爸给你这位争气的大学生儿子服务,是一件特沾光特荣耀的事。

的确,你考上大学,你爸妈确实为你骄傲。虽然现今的大学生也不一定能找到工作,但这毕竟是你爸妈几十年的梦想。这也就是我们以你为荣的原因。然而,你的骄傲却是不可理喻的。在你大学的第一学期里,我们收到过你的三封信,加起来比一份电报长不了多少,"言简意赅",主题鲜明,通篇字迹潦草,只有一个"钱"字特别工整而且清晰。你说你学习很忙,没时间写信,但同院里你高中时代的女同学,却能收到你洋洋洒洒几十页的信,而且每周一封。每次从收发室门口经过,我和你妈看着你熟悉的字,却不能认领。那种痛苦你知道吗?

后来,随着你读大二时,这种痛苦煎熬逐渐少了,据你那位高中同学说,

是因为你谈恋爱了。其实，她不说我们也知道，从你一封接一封的催款信上我们能感受到，言辞之紧迫，语调之恳切，让人感觉你毕业后一定可以去当个优秀的讨债人。

当时，正值你妈下岗，而你爸微薄的工资，显然不够你出入卡拉 OK、酒吧、餐厅。在这样的情况下，你不仅没有半句安慰，居然破天荒来了一封长信，大谈别人的老爸老妈如何大方。你给我和你妈心上不仅重重戳了一刀，还撒了一把盐。最令我伤心的是，今年暑假，你居然偷改入学收费通知，虚报学费。我在报纸上看过这种事情。没想到你也看过这则新闻，一时间"相见恨晚"，及时娴熟地运用这一招，来对付生你养你疼你的父母亲。虽然得知真相后我并没有发作，但从开学到今天的两个月里，我一想到这事就痛苦，乃至失眠。这已经成为一种心病，病根就是你——我亲手抚养却又倍感陌生的大学生儿子。不知在大学里，你除了增加文化知识和社交阅历之外，还能否长一丁点儿善良的心。

一个辛酸的父亲

拓展阅读

关于亲情的故事

1. 一朵玫瑰花

有位绅士在花店门口停了车，他打算向花店订一束花，请他们寄给远在故乡的母亲。绅士正要走进店门时，发现有个小女孩坐在路边哭，绅士走到小女孩面前问她说：

"孩子，为什么坐在这里哭？"

"我想买一朵玫瑰花送给妈妈，可是我的钱不够。"孩子说。绅士听了感到心疼。

"这样啊……"于是绅士牵着小女孩的手走进花店，先订了要送给母亲的花，然后给小女孩买了一朵玫瑰花。走出花店时绅士向小女孩提议，要开车送她回家。

"真的要送我回家吗？"

"当然啊！"

"那你送我去妈妈那里好了。可是叔叔，我妈妈住的地方，离这里很远。"

"真的？早知道就不载你了。"绅士开玩笑地说。

绅士照小女孩说的路线一直开过去，没想到汽车驶出市区大马路后，随着蜿蜒的山路前行，竟然来到了一个墓地。小女孩把花放在一座新坟旁边。她为了给一个月前刚过世的母亲献上一朵玫瑰花，竟愿意走那么长的一大段远路。绅士将小女孩送回家后，再度折回花店。他取消了要寄给母亲的花，而改买了一大束鲜花，直奔离这里有五小时车程的母亲家中，他要亲手将花献给妈妈。

点评：为逝者举行盛大丧礼，不如在他在世时，善尽孝心。

2. 没有上锁的门

乡下小村庄的偏僻小屋里住着一对母女。母亲生怕遭窃，总是一到晚上便在门把上连锁三道锁；女儿则厌恶了像风景画般枯燥而一成不变的乡村生活，她向往都市，想去看看自己只能在收音机中听到的那个想象中的华丽世界。某天清晨，女儿为了追求那虚幻的梦离开了母亲——她趁母亲睡觉时偷偷离家出走了。

"妈，你就当没我这个女儿吧。"可惜这世界不如她想象的那么美丽动人，她在不知不觉中，走向堕落之途，深陷无法自拔的泥泞中，这时她才领悟到自己的过错。

"妈！"经过十年后，已经长大成人的女儿拖着受伤的心与疲惫的身躯，回到了故乡。

她回到家时已是深夜，微弱的灯光从门缝中透射出来。她轻轻敲了敲门，却突然有种不祥的预感。女儿扭开门时把她吓了一跳：好奇怪，母亲之前从来不曾忘记把门锁上的。母亲瘦弱的身躯蜷缩在冰冷的地板上，以令人心疼的模样睡着了。

"妈……妈……"听到女儿的哭泣声，母亲睁开了眼睛，一语不发地搂住女儿的肩膀。在母亲怀里哭了很久之后，女儿突然好奇地问道："妈，今天你怎么没有锁门，有人闯进来怎么办？"

母亲回答说："不只是今天而已，我怕你晚上突然回来进不了家门，所以十年来从没有锁过门。"

母亲十年如一日，等待着女儿回来，女儿房间里的摆设一如当年。这天晚上，母女俩又回到十年前的样子，紧紧锁上房门后入睡。

点评：没有上锁的门——家人的爱是希望的摇篮，感谢家的温暖，给予我们不断成长的动力。

敌意倾向测验

敌意是一种不良的情绪，但敌意又有某种普遍性，每个人可能都会或多少对别人、对命运乃至对自己产生敌对情绪。然而，敌意情绪不能过分强烈、持久，否则会影响你的人际交往，就不健康了。

下面的测验将评定你的敌意倾向，请选择符合你实际的答案。

1. 你羡慕他人吗？

A. 我很少羡慕

B. 我羡慕某些人

C. 我痛恨那些拥有我想拥有而又没有的东西的人

2. 你有嫉妒心吗？

A. 当我关注某人又看到他比我好时，我对那人就会很嫉恨

B. 我已在学习抛弃小小的嫉妒心

C. 为何要嫉妒？嫉妒从未进入我的脑海中

3. 你憎恨他人吗？

A. 对某些人或事情，我的确很憎恨

B. 我偶尔会有这种情绪

C. 我很少或不曾有这种情绪

4. 你的脾气暴躁吗？

A. 偶尔会发脾气

B. 小心！我随时都会大发脾气

C. 大发脾气对我来说不是一件容易的事

5. 你固执己见吗？

A. 意见的不同是一件有趣的事

B. 除非对方同意我的看法与见解，否则没有什么好谈的

C. 有些人的意见与我不一致，也可能他们是正确的

6. 你信任他人吗？

A. 很相信别人

B. 有些人是不能予以信任的

C. 每个人都存心陷害我，我不相信任何人

7. 你在背后说人长短吗？

A. 我喜欢评论

B. 我从来不这样做

C. 有时，我会传播闲言碎语

8. 你对别人态度如何？

A. 我常常控制不住自己的情绪

B. 我的语气与言语偶尔会不太礼貌

C. 我时时使我的言语保持和善与礼貌

9. 你缺乏耐心吗？

A. 我以缺乏耐心而出名，但我并不在意

B. 我很有耐心

C. 偶尔会觉得很不耐烦

10. 你是否喜欢讽刺、挖苦别人？

A. 我很少讽刺别人，只有在强调某些事情时，才会这样做

B. 讽刺别人会使我感到满足

C. 我偶尔会讽刺别人

敌意倾向测验答卷表

选项 得分 题号	A	B	C
1	3	2	1
2	1	2	3
3	1	2	3
4	2	1	3
5	3	1	2
6	3	2	1
7	1	3	2
8	1	2	3
9	1	3	2
10	3	1	2

记分与解释：

根据上表计算你的得分。

得分在 10～14 分，敌意很严重；

得分在 15～20 分，敌意较严重；

得分在 21～25 分，敌意一般；

得分在 26～30 分，敌意很少。

 知识导航二

维系纯洁的友情

友情最为宽阔，不受血缘限制，不被性别扼杀；友情又最为狭窄，"人生得一知己足矣""若有知音见采，不辞遍唱阳春"；友情最为简单，"君子之交

淡如水";友情又最为复杂,总不免掺入利益纷争。

1. 交友之道

（1）遵守承诺　古人说得好：言必信。信守承诺很简单,因为你只需要做到自己答应过的事;信守承诺又很困难,因为你承诺过的每一件事都需要做到。信守承诺不需要任何技巧,只需要你管住自己的心、口和手脚,即说到做到。

（2）尊重他人　每个人生活在世界上都渴望得到别人的尊重,尊重别人可以点亮他们的生命;尊重别人可以提升自己的人格。对别人的尊重和帮助,有时候也是对自己的尊重和帮助。

（3）善于倾听　倾听是一种智慧,是谦虚的表现,是尊重他人的表现,也是赢得良好人际关系的重要诀窍。每个人都渴望向别人倾诉自己内心的想法,你想要得到别人的认可和好感,就请倾听别人的诉说。

（4）学会赞美　每个人都希望得到别人的注意和重视,赞扬或赞美是对他人的肯定,当你用真诚的语言赞扬对方时,他会认为你是一个值得信任并了解的人,自然就拉近了你们之间的距离。在生活中我们应该尽量发现别人的优点,善于赞美鼓励别人。越是平实的语言越容易打动人。

（5）少论是非　生活中的有些事,往往是不能用是非曲直把它说清楚的,抑或根本没有必要去分出个是非高下。所以,不要轻率地讥评别人。"说人是非者,便是是非人","是非人"是不受人欢迎和信任的。

（6）不要记恨　记恨是一把利刃,没有人能从中得到好处。日常生活中就算最要好的朋友也会有摩擦。朋友间相互伤害往往是无心的,帮助却是真心的。忘记那些无心的伤害,铭记那些对你真心的帮助。很多你认为很深的伤害,其实只是不经意的一句话或是没有沟通好的一次行动。

（7）留住隐私　"如果你把秘密告诉了风,就不要责怪风把秘密告诉了树。"如果你有隐私,请把它们埋藏在心里。隐私是一种信息,不像击鼓传花,可以保持不变的内容。随着一次次传播,它会有误差,甚至完全走样。首先重视隐私,保管好自己的日记等隐私物品;其次要尊重别人的隐私;最后不要传播隐私。隐私是你的精神财富,是你生命中的秘密空间。从现在起学会留住隐

私，保守秘密。

2. 融入集体生活

来到学校或踏入社会，年轻的我们都可能要过上与家庭生活截然不同的集体生活。良好的舍友关系是好好学习、工作的基础，反之则生活烦心，影响学习和工作。

舍友，是一种比较特殊的关系。基本介于同学、同事和朋友之间。因共居一室，空间共享，必然会共享你的部分隐私，因此舍友比同学、同事近一点。

舍友，因空间距离小，易萌发友情，同时也易产生矛盾；趣味相投能迅速成为朋友，性情差异也可能迅速引发"战火"。

为共创一种融洽的集体生活，共建一个温馨的家，有些原则必须记牢：一是要相互关心、互爱互助；二是要尊重他人、自我约束；三是如果习惯相差太大，要礼貌相劝；四是宽容大度，大事化小、小事化无。

与舍友相处的三时期：

（1）初识期　几个人刚刚组合到一起，彼此的陌生感会让人行为谨慎，自觉收敛起坏习惯，意在给舍友留下一个好的第一印象。急于被新集体认同和接纳的渴望令大家都表现得十分友善，帮忙打饭，打水，买东西都是有求必应。初入新环境，社交网络还未打开，宿舍关系是唯一的社交关系，舍友是自己最重要的伙伴，会有相互依靠的心理需要，这段时间常常是宿舍全体成员集体行动。初识期宿舍相处"相敬如宾"，是"蜜月期"。

（2）相熟期　俗话说"日久见人心"，随着时间的推移，宿舍成员交往的深入，最初的陌生感渐渐消失，慢慢地都"原形毕露"。A总喜欢顺手拿别人的东西用，却不事先征得别人同意；B每天都玩得很晚才回来，本来大家都睡了又被他吵醒……很多问题都会浮出水面，矛盾重重，一不小心就会爆发"世界大战"。经过前一段时间的相处，每个人都在自己心中给其他舍友打出了分数，不少宿舍开始出现分化，形成两人或三人的小团体。小团体内会互诉心事，互通有无，而对于小团体之外的宿舍成员就明显态度冷淡。先前的乐于助人也会被平等观念所取代，不再是有求必应，"我没有时间""不方便""还有其他事情要忙"……相熟了就没有必要再辛苦扮好人，讲的是"我对你好，你也要对我好",甚至是"你要对我好,我才能对你好",此时你会看到人性最真实的一面。另外随着时间的推移,大家的社交活动不再仅限于一室之内,会结识很多宿舍以外的朋友,开始有各自的社交圈子,宿舍集体行动变得越来越少。相熟期是一个真正"坦诚相见"的过程,部分宿舍会出现关系紧张的情况,这些都很正常,其实也算是一个适应调整期。

(3)平稳期 宿舍内的冷战和暗战,或最后不了了之,或升级为明战爆发,个别极端的例子会选择另觅宿舍,无论如何,一切最终都会归于平静。经过生活的洗礼,每个人都在成长和成熟,慢慢地悟出相处之道,不再那么事事较真。况且那么长时间的相处可以说彼此都是知根知底,也习惯并接受了。宿舍此时就进入平稳期,真正懂得尊重和忍让,气氛有点像回到最初相识之时。宿舍聚餐、卧谈会等集体活动又重出江湖,只是大家谈话的内容会更理性。

不难看出,宿舍关系是一个先热后冷,最后再回暖的变化过程。大家不要觉得不耐烦甚至恐惧,如果你连宿舍关系都处理不好,那怎样去面对社会?怎样去驰骋职场呢?

因而好好学习与人相处之道,从最基本的宿舍生活开始。用心"经营"宿舍生活,让宿舍成为最温暖的家!

3. 结交异性知己

朋友不似爱情那么狭窄,小小的感情世界只容得下男女两个人。朋友,不论男女老少皆宜。可以有忘年交,也可以有异性知己。

异性朋友为你呈现出一片完全不同的世界,使你对世界的认识更全面更清晰,这很好。但是,因为性别差异,异性朋友之间的摩擦也很容易产生。你认为自然而然的事,在他(她)眼里可能大谬不然。为了维持、呵护这份特殊的友谊,需要遵循下列规则。

第一,注意交往方式。异性知己,集体交往最适合。学习、生活、工作中集体活动与交往的机会很多。课前课后、会前会后等的讨论、谈笑,这是最常见的,既解决了学习、工作等问题,又增加了彼此的认识。参加一些集体活动,可能是组织郊游,也可能是参观访问。这些集体活动的气氛一般都比较

轻松，大家围坐在一起，闻着草地的芳香，听着流水的潺潺……开阔了心胸眼界，也发现了对面原来坐着你的一位异性知己。

第二，相互尊重、理解。比如，女性爱逛街，男性爱踢球，如果你被异性朋友邀请去陪同逛街或参观球赛，你应该表现出足够的尊重、兴趣和耐心。

第三，把握交往尺度。把握交往尺度不越界，有所为有所不为。同性朋友之间勾肩搭背，甚至同榻而眠是常有的事，但这些却绝不适合于异性朋友之间。友情与爱情的界限要分得清，守得牢，朋友界内可为，恋人界外勿为。男生应该沉稳庄重，女生则应该端庄坦荡，最忌举止轻佻，给对方造成错误的印象，将一份原本很美好的友谊毁掉。

真正的朋友不分性别，异性朋友让你的生活更富有色彩，但需要你加倍呵护、特别珍惜。

4. 竞争与友谊

竞争，无处不在。在非洲，每天早晨羚羊睁开眼睛所想到的第一件事就是，必须要比跑得最快的狮子跑得更快，要不然就会被吃掉；同一时刻，狮子也从梦中醒来，它也在想，必须比跑得最慢的羚羊跑得快，否则就会饿死。于是，几乎同时，羚羊和狮子一跃而起，迎着朝阳奋力跑去。

竞争貌似必然引向敌对，它像一只刺猬，全身长满了刺，不但能刺伤要侵犯你的敌人，也可能伤害想与你抱团取暖的朋友。而友谊却必然引向亲密，拉近彼此的距离。这是两个不同方向的事件，是该任其背道而驰最终彼此渐行渐远，还是该面对面走到一起，相视一笑，泯尽恩怨呢？

首先，我们要有竞争意识。竞争不仅是自然界的法则，也是人类社会生活不可或缺的部分。梦想出类拔萃或者出人头地不是坏事，只有取得了这些成就你才能对生活有更大的发言权。为了这些梦想而去拼搏、进取，这才是年轻人该有的心态，也符合社会发展的规律。等到日暮西山的时候，再感叹年轻时蹉跎了岁月，只能空留遗憾。

其次，正确对待竞争。竞争可能意味着全力以赴，意味着付出比别人多一倍甚至几倍的辛苦，但它却绝不意味着要阴谋诡计，不意味着机关算尽太聪明，反误了卿卿性命。竞争是一种公平的比试，这是我们必须遵守的竞争原则。既然有竞争，最终会有输赢。古人云，胜不骄败不馁，这是我们应该秉持的竞争态度。有言道："胜固可喜，败亦欣然。"胜利了，是对你所作努力的一种肯定，但不意味着你能够永远胜利下去，也许明天另一只狮子跑得比你更快。处于劣势，更不应该沮丧，那只会加速失败的到来。"莫斯科不相信眼泪"，竞争也不同情哭泣。调整思路和方法，提高自己的能力赶超对方才是当务之急。

最后，在竞争中发展友谊，在友谊中促进竞争，最终共同进步。事实上，竞争不仅导致敌对，还有可能产生友情，"自古英雄惜英雄"便是此理。对共同目标的追求，能够使你更了解对方，对方也更了解你，这是另一种相知。友谊并不排斥竞争，在竞争中，互相理解，互相帮助，如同爬山，手拉手一起登上顶峰，这样的友谊是最坚固的友谊。

放开心胸，竞争也可以拥抱友谊！

思考训练

人际交往案例分析

案例：小燕进大学后与其他三位女生共住一间寝室。半个月后，小燕找到班主任，要求调换寝室，理由是她觉得寝室里小丽和萍萍非常要好，常常两人在一起，不太理她。而小红起先和她很合得来，但有一次，她在寝室等小红一起去食堂吃饭，等了半天，小红都没来，当小燕来到食堂，竟然看见小红和小丽、萍萍在一起吃饭，小燕感到非常生气、失望。她不明白，自己这样真心对待小红，而小红却背叛了她。一气之下，小燕三天没有理睬小红。事后两人虽然没有撕破脸，但在一起时都觉得尴尬。现在小燕觉得这个寝室已容不下她，并且已影响了她的心情，她请班主任一定要帮她调换寝室。班主任及时给小燕调换了寝室。但不出班主任所料，一个半月后，小燕再次找到班主任要求调换寝室。

请帮小燕分析人际关系紧张的原因，为保持或增进友谊，小燕该怎样做？

 拓展阅读

关于友情的故事

那是发生在越南的一个孤儿院里的故事。由于敌人的狂轰滥炸，一颗炸弹被扔进了孤儿院，几个孩子和一位工作人员被炸死了，还有几个孩子受了伤。其中有一个小女孩流了很多血，伤得很重！幸运的是，一个医疗小组很快赶到出事地点，但医疗小组只有两个人，一个女医生和一个女护士。

女医生立即开始急救，因为小女孩流了很多血，需要输血，但是她们带来不多的医疗用品中没有可供使用的血浆。于是，医生决定就地取材，她给在场的所有的人验了血，终于发现有几个孩子的血型和这个小女孩是一样的。然而，那个医生和护士都只会说一点点的越南语，而在场的孤儿院的工作人员和孩子们只听得懂越南语。

于是，女医生尽量用自己会的越南语加上大量手势告诉那几个孩子："你们的朋友伤得很重，她需要血，需要你们给她输血！"终于，孩子们点了点头，好像听懂了，但眼里却藏着一丝恐惧！

孩子们没有人吭声，没有人举手表示愿意献血！女医生没有料到会是这样的结局！一下子愣住了，为什么他们不肯献血来救自己的朋友呢？难道刚才对他们说的话他们没有听懂吗？

忽然，一只小手慢慢举了起来，但是刚刚举到一半却又放下了，好一会儿又举了起来，最终没有放下来！

医生很高兴，马上把举手的小男孩带到临时手术室，让他躺在床上。小男孩僵直地躺在床上，看着针管慢慢插入自己细小的胳膊，看着自己的血液一点点被抽走！眼泪不知不觉地顺着脸颊流了下来。医生紧张地问是不是针管弄疼了他，他摇了摇头。但是，眼泪还是没有止住。医生开始有点慌了，因为她总觉得有什么地方肯定弄错了，到底错在哪里呢？针管是不可能弄伤孩子的呀！

这时，一个越南护士赶到了孤儿院。女医生把情况告诉了越南护士。越南护士忙低下身子，和床上的孩子交谈了一下，孩子竟然破涕为笑。

原来，那些孩子都误解了女医生的话，以为她要抽光一个人的血去救那个小女孩。一想到不久以后就要死了，所以小男孩才哭了出来！医生终于明白为什么刚才没有人自愿出来献血！但是她又有一件事不明白，"既然以为献过血之后就要死了，为什么他还自愿出来献血呢？"医生问越南护士。

于是越南护士用越南语问了小男孩，小男孩回答得很快，不假思索地说。答案很简单，只有几个字，但却感动了在场所有的人。

他说："因为她是我最好的朋友！"

 **主题活动三**

爱情需要沟通

一名大四女生，总是觉得她的男友不懂她的心，不理解她的意图，因此两人之间存在沟通障碍。经常因一点小事而吵架，两个人各说各的理，最后争得面红耳赤也无法达成一致意见，结果两个人都很痛苦。因为争论的都不是原则性问题，所以两个人都没有提出分手，可是该女生感到委屈，怀疑该男生是不是真正爱她。由于和男友在很多问题上都难以沟通，在临近毕业时女生对这段感情的取舍存在顾虑和困惑。

提示：咨询师在咨询中发现她与男友交往中存在这样一种现象，即她从不把自己的真实感受告诉对方，甚至是将与自己意愿相反的信息传递给对方，结果得到的反馈信息当然是自己不需要的，这样就陷入了一种"恶性循环"。这是他们经常争吵的症结所在。

要想改变这种情况，你认为＿＿＿＿＿＿＿＿＿＿＿＿＿＿＿＿＿＿＿＿

＿＿＿＿＿＿＿＿＿＿＿＿＿＿＿＿＿＿＿＿＿＿＿＿＿＿＿＿＿＿＿＿＿＿＿

＿＿＿＿＿＿＿＿＿＿＿＿＿＿＿＿＿＿＿＿＿＿＿＿＿＿＿＿＿＿＿＿＿＿＿

＿＿＿＿＿＿＿＿＿＿＿＿＿＿＿＿＿＿＿＿＿＿＿＿＿＿＿＿＿＿＿＿＿＿＿

 知识导航三

演绎美好的爱情

爱情如水，有了爱情，人生才有滋有味。有人说过，一生必须谈一次恋爱，否则会辜负了美好年华。爱情，是滋润心田的清清小溪，让人生变得丰富；爱情，是高山里的清泉，能涤荡世俗的浮华。然而爱情，也可能是无情的暴雨，让心田泛滥，让生命宫殿倒塌。但人生总是要经历一次爱情，才能发现内心深处的激情。看那些千古绝唱，就是最好的佐证。当一个人爱上另一个原本毫不相干的人，并愿意为之付出时，这个人才开始学着接受并承受由自己掌握的苦和乐。如果爱情是一种索取，那就是一种利益，就像买卖。如果爱情是一种盲目的追求，也许会因辨不清方向而撞得鼻青脸肿。只有当爱情有着水的包容、纯洁等优秀特质时，爱情才是真诚而执着的爱，才会在另一个人心底，被永远地记起。

1. 呵护爱情

恋爱是一件快乐的事，在恋爱的过程中，每对恋人都会有自己的问题。热恋的时候恨不得彼此融为一体，可以忽视恋人身上的一切缺点，可是时间久了，热情退去了，就会使两个人渐渐地看清现实，发现两个人在习惯、思想、性格上的种种不同。于是许多矛盾就出现了，刚开始或许还能容忍，时间久了就开始厌倦，最终导致争吵。

其实，两个人的争吵并不可怕，因为情绪的爆发，不仅是矛盾的激化，也是寻找解决两个人之间问题的一种途径，借以知道彼此内心的真正想法。所以，关键在于争吵之后两个人处理问题与解决问题的态度与方法。很多女生和男友吵架后会蒙着被子大哭一场，而男生则喜欢躲到一个无人的角落暗自神伤、低头不语。争吵过去，情绪发泄后，双方都会冷静地思考，除非根本不在乎这段感情。有时候恋人之间无法处理好争吵，这会影响恋人之间的爱情，有的恋人难以忍受这种吵架的痛苦，而选择了分道扬镳。因而，相爱不易，相爱是缘，我们都要倍加呵护。当恋人之间产生矛盾、发生冲突时，即使争吵，也得有章法。

（1）就事论事，不要把矛盾扩大化。心理学家指出，在发生口角时，绝对不要牵拖出一大堆陈年旧事，不要打击对方的家人、朋友以及同事、老板，否则战场将无限扩大,而你原本所想解决的问题却解决不了。心理学家建议,在"开战"前30秒,先问自己三个问题:①究竟是什么让你生气?②这件事情是否很糟糕,需要通过吵架来解决吗?③吵架能解决问题吗?在回答完这三个问题后,你会发现,有些事情根本不值得争吵。

(2)"以柔克刚",用"糖衣炮弹"来缓和关系。"糖衣炮弹"有时比"真枪实弹"来得更有威力,因为人通常是吃软不吃硬的。吵架艺术的"最高境界"在于既不指着他的鼻子大骂,也不恶狠狠地跟他约法三章,而是"以柔克刚"。

(3)有效沟通,让恋人越吵越相爱。在争吵时,怎样才能进行有效沟通呢?

① 说"我"不说"你"。"你居然用这种态度对我!""你又犯老毛病了!"这样的句式是不是很熟悉?当我们开始用"你"句式谴责对方时,就已经把对方逼到一个自卫的角落里。对方的第一反应就是捍卫自己,然后反攻。当防御体系建立起来后,沟通就停止了。

② 不进行冷嘲热讽。"你不带我出去玩,我还要多谢你给了我自由呢!"像这样的嘲讽是恋人吵架时常用的,结果只是激怒对方。但这种嘲讽的负面影响却很大,会给双方带来巨大伤害,很可能会一下子给感情减去很多分。

③ 不打断对方说话。耐心地倾听对方的解释,如果你拒绝倾听,那么对方又怎么会注意倾听你的想法呢?告诉对方你的理解,以此来确定这是否是他想要表达的。在争吵时,常常用"你是说……吗?""你的意思是……"的句型重复对方说过的话,如有误差则让他纠正你的错误理解,这样才能达到聆听的目的。

(4)冷静后的反省,让爱更长久。吵架过后,双方冷静下来,对争吵进行反省,然后相互沟通与交流,这样的爱情才会恒久。

① 我有错吗?如果我有错,就主动认错,承认错误不丢人,错了还死不承认才丢人。如果不好意思当面说,可以给他(她)在QQ上留言或发个微信。

② 我有没有为他(她)着想?换位思考一下,站到他(她)的角度去看待这件事,也许你会豁然开朗。

③ 争吵的具体原因是什么?一件小事儿,一句不和谐的话,一个不相干的人,还是一个误会……

④ 这次争吵是不是到了彼此无法原谅的地步？两个人能在一起就是缘分，没有什么大不了的事情，一切总会过去的，学会一起去面对。

⑤ 我是对的，还是他是对的？对与错的界限虽然不是很明显，但也要学会去理清思路，将事情的对与错分析一下，这样，心里就会明白舒坦一些。

⑥ 平时两个人有没有经常坐下来心平气和地沟通交流过？所有的争吵一般都伴随着将陈年旧事重提而愈演愈烈，其实，生活中应该时常面对面坐下来沟通，每天都分享一下彼此遇到的事情，倾诉一下自己的心结，才能相互理解，避免所有的事情都纠结在一起变成糟糕的沉淀。

2. "放飞" 爱情

"我告诉你夏琳，从今以后你就是我的老婆了，想找死就找别的男人说话看看！"这是热播的电视剧《奋斗》中夏琳和陆涛的经典台词，这些对白表现出了男女主人公强烈的爱情独占性和控制欲。在爱情中，恋人之间的相互控制无处不在，如查看恋人的手机记录，限制恋人与其他异性的接触，吃其他异性的醋等，其中，很多争吵都是控制与反控制的结果。可以看出，每对情侣都很珍爱自己的另一半，怕失去对方，可是为什么爱着却又相互折磨？

一般而言，控制欲是弱者的心理，是示弱的行为，控制行为往往是控制者为了抚慰自己焦灼与不安的心理需求。控制者的精神心理是痛苦、焦灼的，而被控制者则常常是控制者的遥控器，一举一动都牵扯着控制者的情绪。

我们可以有期待，却不必处心积虑地控制他人。假如我们能够坦然接受任何事实，我们就战胜了在心理上胁迫我们的危机。控制者永远处在不安全之中。而最大的安全感，来自我们能够敞开心扉，坦然接受事实，努力控制自己的情绪，勇于对自己的生命负责。恐惧和爱是相对立的，当我们懂得了如何爱自己，学会给自己内心填满爱的能量，恐惧就会渐渐消散。

俗话说：距离产生美。陶晶莹的《太委屈》，唱出"人说恋爱就像放风筝"，告诉我们爱情需要自由的空气，要有一定的空间才好。隐私与自由对于人有时候并不是真正物理空间上的要求，而是一个人自尊、自爱的内心需求。恋人之间想要控制对方，掌握对方的隐私。比如，查看他（她）的手机、邮箱或聊天记录。这时请停下来，进行换位思考：想想自己是否愿意同样被控制,像这样被恋人监管,是否受得了?"己所不欲,勿施于人。"恋人之间同样也是。

给爱的人自由,就是最大的爱!要想让爱情之树常青,最重要的是尊重他(她)独立的时间和空间,信任对方,不要一味地去控制;其次,努力扮演好自己的角色,让彼此感情无懈可击,这才是守护爱情的最好办法。

放飞爱情,给爱的人自由的空间,最大的信任就是让他飞得更高更远,也给自己一个空间去充实去完善。我们可以有各种各样的精彩,但是手心相连,其实我们只是在追求共同的幸福和未来。

要相信:爱是快乐温暖的事情……

3. 失恋自救

我们周围,每天都会听到聚散离合的消息,牵手是偶然的,也是必然的,有时可能偶然的成分更多一些。并不是所有的恋情都能走到婚姻的殿堂,而是走到中途就改变了方向,身边已经换了别的人了。正像一首歌中所唱的:爱到尽头,覆水难收。既然两个人之间的爱情已经逝去,再沉浸于失恋的伤痛中也是徒增痛苦。所以,与其沉浸于失恋的阴影中,倒不如来个华丽转身,重新上路,寻找自己生命中那个可以牵手走一生的人。

(1)调整思维方式

① 不再纠缠,正视现实。如果他(她)真的已经不爱你了,不要缠着他(她)不放,纠缠也许会令他(她)一时无法逃脱,但你已得不到你所要的那份真情,又何必为他(她)伤心、伤情,浪费青春呢?放弃一段已经死亡的感情,或许短时间内你会为此感到痛苦,但是也应该为此而感到高兴,因为你给自己一次新的机会来选择真正属于你的那个人。如果你认为你们的关系是可以挽回的,可以选择暂时分开几天,给彼此都留下一定的思考空间,假如他(她)真的爱你,请相信,他(她)不会那么轻易就放弃自己所追求的真爱。

② 不要责备,放眼未来。不要再继续责备对方,不可对自己失去信心,自怨自艾无异于自虐。调理思绪,调整心态,重新设定属于自己的生活目标。

(2)学会独处短期调适方法

① 适当地发泄情绪。别让悲痛、挫折感、愤怒一直堆积而啃啮你的身心。

要哭，可尽情地哭；要叫，找个无人之处用力嘶喊；要撕，关起门来大把撕个痛快；想倾诉，找知心好友好好谈一谈。

② 凝视前方，不回首，保持尊严。不要去找他（她），不要与他（她）联系，不再眷恋过去，维持自己的尊严，向前看，向前走！

③ 做出不在乎的样子。虽然不可能真正不在乎，但行动上这么说、这么做就会影响到内心，这种积极的自我暗示非常重要。

④ 清除他（她）的痕迹。把他（她）给你的东西一一过滤，免得惹自己伤心生气。不要去你们以前常去的地方，以免触景伤情，让你情绪低落。

⑤ 拿出纸笔，分别列出他（她）的好处与坏处。如果他的坏处多于好处，那你何必在乎他（她）？如果你心痛的是自己付出的感情，那么算了吧！饶了你自己。如果他（她）的好处坏处相当，那么别担心，你还会碰到比他（她）更吸引你的人。如果他（她）只有好处没有坏处，那你要认真思考：A. 他（她）是完美的（可能吗？）。B. 你是盲目的。不是你没真正了解他（她），就是你所爱恋的是一个虚幻的理想形象。这样的恋爱不真实、不扎实，本来就不能维持，早散早好！

⑥ 参加活动，和别人在一起，尽量加入别人的谈话，发掘幽默有趣的话题，跟着大家一起笑，心情会转为开朗。

⑦ 出发去旅行。参加旅行团或与一群朋友到异地去玩。异地的人文风情会让你耳目一新，原有的烦恼就缩小、远去、淡薄了。

⑧ 与老友联络。跟朋友在一起，你不用掩饰、自在自得，全然没有失恋之后的自我否定和怀疑，有助恢复本色。

⑨ 专注于工作、学习。恋爱时容易分心，现在终于可以全身心专注在工作与事业上了。好好努力，会有意想不到的成就。

⑩ 爱自己。爱护自己，爱惜自己，给自己一定的空间和时间，别太苛求自己。要忘掉一段感情不像睡醒觉那么简单，那个不值得你爱的人走了，正好借此机会好好疼惜自己吧！

以上这几个失恋初期的"特效药"，目的在于避免刺激感情与疏导负面情绪，帮助我们在感情风暴中稳住阵脚。但是，后来的心理重建、情绪平衡、再认清自我需求等后续的步骤，需要在以后的岁月中慢慢调整。

学会用"情"生活

"人生一世，亲情、友情、爱情三者缺一，已为遗憾；三者缺二，实为可怜；三者皆缺，活而如亡！"体验了亲情的深度，领略了友情的广度，拥有了爱情的纯度，愿能以真诚心，回馈亲情，珍惜友情，享受爱情，则此生无憾！

 思考训练

爱情态度自量表

诺克斯和斯波拉科斯基把爱情的态度分成两种类型：一种是浪漫型，即把爱情看作是一种神秘的、永恒的力量，对爱情充满了激情、幻想与渴望，较少注重一些现实问题；另一种是现实型，以注重现实为特征，恋爱关系维系稳固、和谐。

下面的量表可用来评价我们对浪漫的爱和现实的爱的态度。在你的内心深处你是一个浪漫主义者还是现实主义者？想知道的话，请你填写下面这个量表，然后按照附录中的答案进行评分。

指导：请在你认为最能体现你的想法的项目上画圈，并将所有的分数相加。

1 表示"完全同意"；2 表示"有点同意"；3 表示"不确定"；4 表示"有点不同意"；5 表示"完全不同意"。

	完全同意	有点同意	不确定	有点不同意	完全不同意
1. 爱是没有意义的，仅此而已	1	2	3	4	5
2. 当你完全陷入爱河的时候，自己能确信这是一个事实	1	2	3	4	5
3. 为了爱一个人你会想结婚，但是却不能结婚，这成了一个悲剧	1	2	3	4	5
4. 当爱情来临时，你自己能意识到	1	2	3	4	5
5. 只要彼此真心相爱，现实的利益并不重要，你们会彼此适应的	1	2	3	4	5
6. 哪怕只是很短时间的接触，只要你认为爱上对方，结婚也是可以的	1	2	3	4	5

（续表）

	完全同意	有点同意	不确定	有点不同意	完全不同意
7. 如果你将要爱上一个人，你会很快"了解"	1	2	3	4	5
8. 只要两个人相爱，学历上的差异没有什么关系	1	2	3	4	5
9. 即使你不喜欢某个人的朋友，你也会不考虑他（她）的朋友关系而爱上这个人	1	2	3	4	5
10. 当你陷入爱河时，你通常会头脑发昏而不冷静	1	2	3	4	5
11. "一见钟情"通常是最深刻、最持久的爱	1	2	3	4	5
12. 当你恋爱时，伴侣从事什么职业并不重要，因为无论如何你都会爱他（她）	1	2	3	4	5
13. 只要你真正爱一个人，你就可以解决你和他所遇到的一切问题	1	2	3	4	5
14. 通常你只能真正与这个世界上的一两个人相爱或快乐相处	1	2	3	4	5
15. 不考虑其他因素，如果你真正爱上一个人，这已经可以成为你要与那个人结婚的足够好的理由	1	2	3	4	5
16. 爱上一个你愿意与之结婚的人很有必要	1	2	3	4	5
17. 爱不仅仅是一种感情而且是一种关系	1	2	3	4	5
18. 如果不相爱，就不应该结婚	1	2	3	4	5
19. 大多数的人在一生中仅有一次真爱	1	2	3	4	5

（续表）

	完全同意	有点同意	不确定	有点不同意	完全不同意
20. 对大多数人来说，不管在哪里，总会有一个理想的伴侣	1	2	3	4	5
21. 在大多数情况下，当你找到合适的伴侣时你会清醒地"意识到"	1	2	3	4	5
22. 嫉妒和猜疑会直接随着爱而发生变化，也就是说，你爱得越多，你就会越嫉妒或越猜疑	1	2	3	4	5
23. 当你陷入爱河，你就会被感觉而不是理性所指挥	1	2	3	4	5
24. 对爱的最好的描述是令人兴奋而不是平静	1	2	3	4	5
25. 大部分的离婚可能是因为不再相爱，而不是不能互相适应	1	2	3	4	5
26. 当你恋爱时，你的判断力常常不太清晰	1	2	3	4	5
27. 通常人一生中只有一次爱情	1	2	3	4	5
28. 爱情通常是一种热烈和难以控制的情绪	1	2	3	4	5
29. 当你选择一个结婚伴侣时，与爱相比，社会地位和宗教信仰的差异并不重要	1	2	3	4	5
30. 无论其他人怎么说，爱情都是不可以理解的	1	2	3	4	5

"爱情态度自量表"记分方法和结果分析：

要求每道题目都要回答。将你在30道题目上的得分相加算出总分。

得分低说明你更倾向于浪漫主义者；得分高说明你更倾向于现实主义者。所得总分越低（最低分为30分），你的爱情观越浪漫；得分越高（最高分为150分），

你对待爱情的态度越现实。如果得分在 90 分左右，那么你在浪漫与现实的爱情观中处于一个中等位置。也许，你会希望自己的伴侣比自己更浪漫或更现实。

诺克斯和斯波拉科斯基曾用此表在 100 名男女未婚大学生中进行调查，结果显示：①在恋爱态度上，女大学生大多偏向现实型，男生则大多偏向浪漫型。调查者认为，这可能是女同学认为此类事对她们的利害关系大。②学生年级越高，年龄越大，恋爱的态度越表现为现实型。对年龄较大和即将毕业者来说，不是为了"浪漫的夜晚"，而是按将来的生活伴侣去选择约会对象，而标准也从"他（她）会跳舞吗"变为"他（她）是否有着和我一致的生活目标"。

关于爱情的故事

有一对情侣，男的非常懦弱，做什么事情之前都让女友先试，女友对此十分不满。

一次，两人出海，返航时，飓风将小艇摧毁，幸亏女友抓住了一块木板才暂时保住了两人的性命。女友问男友："你怕吗？"男友从怀中掏出一把水果刀，说："怕，但有鲨鱼来，我就用这个对付它。"女友只是摇头苦笑。不久，一艘货轮发现了他们，正当他们欣喜若狂时，一群鲨鱼出现了，女友大叫："我们一起用力游，会没事的！"男友却突然用力将女友推开，独自扒着木板朝货轮游过去了，并喊道："这次我先试！"女友惊呆了，望着男友的背影，感到非常绝望。鲨鱼正在靠近，可对女友不感兴趣而径直向男友游去，男友被鲨鱼凶猛地撕咬着，他发疯似的冲女友喊道："我爱你！"

女友获救了，甲板上的人都在默哀，船长坐到女友身边说："小姐，他是我见过最勇敢的人。我们为他祈祷！""不，他是个胆小鬼。"女友冷冷地说。"您怎么这样说呢？刚才我一直用望远镜观察你们，我清楚地看到他把你推开后用刀子割破了自己的手腕。鲨鱼对血腥味很敏感，如果他不这样做来争取时间，恐怕你永远不会出现在这艘船上……"

参考文献

［1］张国清. 情感生活原理［M］. 杭州：浙江教育出版社，2003.

［2］蒙培元. 情感与理性［M］. 北京：中国人民大学出版社，2009.

［3］章毛平. 大学生性社会学［M］. 北京：中国矿业大学出版社，2009.

［4］丁峻. 情感演化论［M］. 北京：科学出版社，2010.

［5］王为正，韩玉霞. 大学生心理自助读本［M］. 北京：科学出版社，2010.

［6］［美］乔纳森·特纳，简·斯戴兹. 情感社会学［M］. 孙俊才，等译. 上海：上海人民出版社，2007.

［7］［美］朱迪斯·欧洛芙. 情感自由［M］. 魏志敏，译. 北京：中国商业出版社，2010.

模块二

锤炼职业品格

　　是什么使原本出身贫寒、孤立无助的人平步青云，攀上人生的巅峰？是什么影响着我们每个人的一生？在英国教育家斯迈尔斯看来，决定人命运的，不是优裕的家境、完善的教育、超群的智力、独特的机遇，而是每个人所拥有的品格。品格是谁也不能剥夺的，对一个人的成长而言，它比任何外在的资本都更为重要，更有价值。那么，什么是品格？良好的品格如何养成？

 学习目标

1. 理解品格与品格养成的科学内涵。
2. 熟悉优良品格的标准、内涵和意义。
3. 掌握优良品格对职业发展的作用。

 知识标签

品格养成　良知　责任感　奉献　职业道德

任务一　塑造完美的职业品格

 **主题活动一**

生命关怀志愿服务活动

活动时间：1 小时左右

人数：不限，10 人一组

活动目的：生命关怀志愿服务活动引导受教育者在服务临终病人及为家属所提供的一种全面的照顾，包括护理、心理和社会等各个方面，最大限度地减少生命垂危者心理上、生理上的痛苦，减轻其家属的心理负担，让弥留之际的病人安详无憾地离去，并且在生命的黄昏里享受人间最后的尊严和温暖；同时，使志愿者在这种体验式的情感教育过程中对生命价值、人际关系、理想信念等进行深层次的思考，这种思考和启示更有利于提升他们对生命价值和人生态度的认识，培养他们具有良知、责任感并勇于奉献的高尚品格。

活动内容：

1. 日常基础护理：满足病人最基本的生活生理需要是生命关怀的必备条件。给临终病人创造温馨舒适的环境，生命关怀志愿者可亲手制作漂亮的纸花、千纸鹤、十字绣、纸风铃等小饰物，把普通的病房装扮成温暖的"爱心病房"。协助护士做好病人的清洁护理工作，如为病人翻身、倒水、喂饭、擦洗、剪指甲等。此外，根据病人的需要，为病人读报、下载喜欢的歌曲、进行康复按摩以减轻病人的疼痛。

2. 心理护理：临终病人的心理复杂，不同性格的临终病人又有不一样的心理状态，因此正确掌握临终病人的心理特点，是心理护理的关键。生命关怀志愿者应耐心聆听病人的倾诉，尽量找病人感兴趣的话题与其交流，同时，通过与家属的谈心，侧面了解病人的需求和意见，想方设法创造条件满足病人的需求。

3. 家属的服务：家属因长时间照顾病人，身心俱疲，志愿者应对家属提供尽可能多的帮助。

4. 出院病人的随访服务：志愿者定期走访慰问出院的临终病人，给他们送上慰问品、亲手制作的平安符，并与病人及家属交流谈心，一起帮忙打扫卫生，陪伴病人出游散心。

5. 举办爱心事迹报告会：生命关怀志愿者从不同视野、不同角度相互分享在临终关怀服务中的故事和点滴感受，进一步巩固优良的品格形成。

提示：优良品格的形成是通过一系列有目的、有计划、有组织的道德教育和道德规范活动，引导受教育者反复实践，使之把符合一定道德规范要求的行为转化为行为习惯，内化为稳定的、优良的信念的过程。因此，一个人品格的养成，甚至细微到一个动作，不管它多么微不足道，也是实践出来的结果。

通过志愿服务活动，我的感受是＿＿＿＿＿＿＿＿＿＿＿＿＿＿＿＿＿＿＿＿＿

＿＿＿＿＿＿＿＿＿＿＿＿＿＿＿＿＿＿＿＿＿＿＿＿＿＿＿＿＿＿＿＿＿＿＿＿

 知识导航一

品格及品格养成

1. 品格的定义

品格的英文单词 character 来源于古希腊语，表示硬币上刻下的标记或者是灵魂的印记等。人和事物均有品格，我们这里探讨的是人的品格。

关于品格的概念，国内外不同学者有不同观点。亚里士多德认为：品格是"正常的生活中一些关乎别人和自己的正常的行为"。这种"正常的行为"说法，表明人的品格要求对己对人有益。西方教育家托马斯·里克纳认为："品格是知善、想善和行善，或者说是精神（mind）的习惯、心灵的习惯和行为的习惯。"里克纳在《培养品格：让孩子呈现最好的一面》中也说："良好的品格内涵就是美德。美德表明了人类良好素质的客观表现，不管我们有没有意识到，美德对我们都是有益的。"美国玛多娜·墨菲博士认为："所谓品性，就是在没有他人注意的情景下，我们所说的和所做的。它不是指我们已经做过的事情，

而是指我们的本性所在。"中国唐代诗人李中《庭苇》诗"品格清于竹,诗家景最幽"中出现了"品格"。从字面上解释,芦苇的品格就喻指人的品性风格。进一步说,品格就是人的品质、性情以及行为做事的风格。国内学者郑富兴认为:"所谓品格就是合乎道德行为标准的品性。"学者朱小蔓认为:"完整的人是以品德(或德行品格)发展为内核和基础的。如果用球形隐喻人的发展,那么品德就是球心,也是支架,可以统摄整个球的内涵和球面,与人的身体、智力、情感和审美发展都有密切关系,对人的整体发展具有支撑性和统摄性作用。"

品格就是人们头脑里内在的对一定社会普遍公认的核心道德价值观的选择认同及其在个人道德行为实践中的外在行为化表现。即人格中有道德评价的,能反映人品高低、好坏与优劣的部分。品格是人格的核心部分,是评定一个人的人品价值的尺度。一个人,是内向还是外向,是沉稳还是易激动,这些心理特征并不重要;而是否讲良知、责任、奉献等,则是很重要的人格品质。

2. 品格的特点

内在性:品格反映一个人的道德水准,是内在的道德境界。一个人的道德境界有多高,不能直接测量,只能通过外部道德行为去推知。但是,外部行为不能代表一个人的全部品格,而外部道德行为却受内在的道德境界所支配。

稳定性:品格是经长期学习和行动而形成的,品格一旦形成就比较稳定和一致,一个负责任的人,不论在家庭、工作单位和社交场合,都会表现出敢于担当的态度和行为。

言行表现性:品格虽然是内在的道德面貌,但它不会永远埋藏在内心,它总会针对一定的对象(人或事物、事件)而发,并通过言行表现出来。

3. 品格的结构

品格是人的心理活动加上一定社会制约的产物,它具有一个完整的结构,但迄今为止,对品格结构的研究没有一致的意见。比较有代表性的是运用系统理论来研究品格结构。认为品格是由品格内容、形式和能力三方面有机结合而成的统一体,每一方面都可看作品格完整结构的一维。

品格内容包括道德方面的一些具体内容。是人的头脑中的经验系统,是道德规范的内在化,是社会存在的反映,为社会关系所决定。

品格形式包括品格认识、情感、意志和行为四个要素，品格形式是品格内容存在的方式，两者是紧密结合的统一体。

品格能力包括品格认识、实践和修养等能力。品格能力是人在内化道德并外化行为实践的过程中形成品格的本领，它为人形成一定的品格提供可能，并在形成品格的过程中得到发展和提高。

品格的完整结构是由上述三个方面组成的，这三个方面是相对独立的，即它们各有其特定的结构、地位和作用，并且各要素具有不同的层次水平。但是这三者之间并不是彼此孤立地存在的，而是相互影响、相互制约、相互渗透的统一的品格结构整体。

4. 品格的相关概念辨析

品格与人格：品格与人格是两个十分相近的词。中文的"人格"一词是近代翻译家从日文中引入的。日文的人格来源于英文"personality"。在不同的领域里，"人格"有不同的含义。生理学人格是指人的体格，其研究关注的是人的各种解剖生理系统。心理学上的人格是指人的心理人格，是指人的个性心理特征。伦理学意义上的人格主要是指道德人格，是个人的品格、素质，是个体做人的尊严、责任、价值及道德品质，是个体作为一个社会人的资格和品格的总和。所以从伦理道德方面来看，可以说"人格"大部分等同于"人品""品格"，"品格"是道德人格结构的主要部分，它侧重的是道德人格的有价值判断的部分，并且必须通过教育和学习的历程来陶冶的部分。

品格与个性：个性是指在一个人身上经常地稳定地表现出来的不同于他人的心理特点的总和，也是一个人的基本精神面貌。由于人的先天遗传因素和后天影响不同，就使人的心理活动过程和行为方式形成了千差万别的个性差异。如在性情上，有人活泼热情，有人沉着文静；在行为方式上，有人急躁马虎，有人稳重细致。从总体上说，个性无好坏之分，与人的品格也无必然的联系。布贝尔在论述品格和个性的区别时说，个性是指一个现实的人身上所潜伏着的"各种力量的一种独特的精神——物质结构"，是"一个成品"，"在其成长方面实质上是不受教育者影响的"。而品格却不是成品，品格需要通过教育和实践进行塑造。这一说法让我们更加清楚地了解了"品格"与"个性"的区别。

品格与品德：品德即道德品质。道德是一种社会意识形态，是调整人与人之间、个人与集体之间、个人与社会之间关系的行为规范和准则的总和。道德品质是一种个体意识现象，是指个人依据一定的道德行为准则所形成的某些比较稳固的个性特征，是社会上的道德规范和法制准则在人的心理结构上的反映，是特指人所拥有的道德品质。品格是人和事物均有的品性、风格、质量等，而我们这里探讨的是人的品格，从这个角度看品格可以等同于品德。

5. 品格的养成

一个人良好品格的养成，要在大千世界的熔炉里慢慢磨炼，经过日复一日、年复一年的积累，从而慢慢铸造而成。品格不是天生的，与遗传几乎是不相关的，完全是后天和社会的产物。而养成的本意是，培养而使之形成或成长。古人认为："始生之者天也，养成之者人也。"人的本性是自然生成的，后天的教育和培养，则是要经过人的努力的。

我们把"品格养成"界定为教育者依据受教育者的生理、心理特点，通过一系列有目的、有计划、有组织的道德教育和道德规范活动，引导受教育者反复实践，使之把符合一定道德规范要求的行为转化为行为习惯，内化为稳定的、优良的品格信念的过程。因此，一个人品格的养成，甚至细微到一个动作，不管它多么微不足道，也是训练出来的结果。

思考训练

1. 什么是品格？品格与人格、个性与品德有什么异同？
2. 简述品格养成的途径。

拓展阅读

品格养成是道德教育与生活体验的互动

品格养成教育中能把人的品德行为转化为习惯、内化为信念，关键是人在品德实践中获得了一种积极的生活体验。这种积极的生活体验，不但具有提高

个体原有认知水平的认识功能，而且丰富了个体认知的情感化。情感的认知化，起到重要的"化合"和促进作用，从而为个体品德信念的形成、品德行为习惯的养成奠定基础。

（1）品格养成既是传授的，也是生成的

道德教育是一种教育者与教育对象的共同建构，通过双方情绪感染，积极互动，实现师生共同成长。而个体的品格正是在一定的价值情境或价值影响中生成的。因此，至少在基础教育阶段应当避免抽象地讲授，设法使学生全身心投入有道德意义的事件中，让其身临其境，通过观察、倾听去充分体验。教育者应使自己的态度出自内心、与学生平等对话，使教学情境与生活情境浑然一体。学生正是借助道德教育过程中的主客体关系，展开道德活动，产生道德体验。因而，品德养成既是传授的，又是生成的。

（2）品格养成既是理性的，也是情感的

柏拉图把品格养成问题置于理性范畴之下，认为用理性的方式解决，而与情感没有关系。然而，它的负面效应也是显而易见的，在理性取得巨大胜利时，人却变成了理性的工具，但是"任何人的道德表现，如果没有情感的渗入，只是一种表面上的善。真正的道德，需要比理智更多的东西"。固然，品格养成作为个体的自觉活动，一个人的道德行为首先要靠理性的指导，但更需要依赖情感的驱动作用。一个有丰富理性的人不一定有深切的情感。人的情感体验反映的是人最真实的存在，是个体在特定情境中的一种经历，没有与这种特定的经历相联系的生活体验，道德的内化与建构是难以想象的。没有感情的投入就谈不上真正意义上的道德教育，脱离情感体验的单纯的理性教育，可能会造成夸夸其谈的"语言的巨人，行动的矮子"。

（3）品格养成既是接受的，也是领悟的

从现行道德教育实效性的调查研究中发现，如果品格养成只是一味接受，是无法使受教育者对道德规范发生切身的理解和领悟的，而只能达到"记熟""背熟"的效果。从大量的观察和体验中发现：受教育者真正获得切身体验的东西，才容易入其脑和入其心，成为其德行中的有机组成部分，有效提升道德境界，养成良好的品德。

（4）品格养成既是认知的，也是践行的

在品格养成过程中，切不可只抓训练养成而忽视必要的思想教育。即使是低龄儿童，也应根据他们的理解能力，对他们进行一些适当的、浅显易懂的理论知识教育。否则，人的品格行为就会成无源之水、无本之木。有人妄图单纯用条件反射的理论搞行为训练，但人不同于动物，人是有思想的，即使经过训练形成一定程度的条件反射，那么谁能保证"条件刺激物"永远会出现呢？一旦条件刺激物消失了，训练的成果"品德行为"还会存在吗？为什么有的学校反映对学生进行的品德养成教育的实际效果很差，学生在学校中一个样，离开学校又是另外一个样。原因虽然很复杂，但品德认知与品德践行的严重脱节应当是首要的或是最根本的原因。

 **主题活动二**

扶起跌倒道德，挽回丧失良知

活动时间：1 小时左右

人数：不限，30 人一组

活动目的：通过辩论社会道德话题，引发学生对道德行为的关注，唤醒我们的良知，维护人与人之间的温情。

活动内容：召开辩论赛，辩论主题"到底要不要搀扶摔倒在地的老人"。

提示：反思我们的道德底线，思考该如何温暖人们淡漠的心，如何挽回丧失的良知。

通过辩论，我的感受是＿＿＿＿＿＿＿＿＿＿＿＿＿＿＿＿＿＿＿＿＿＿

＿＿＿＿＿＿＿＿＿＿＿＿＿＿＿＿＿＿＿＿＿＿＿＿＿＿＿＿＿＿＿＿

 **知识导航二**

唤 醒 良 知

什么是良知？良知就是一个人与生俱来的善良的本性。王阳明以强盗不

肯脱掉自己的内裤证明人都是有良知的，从而使强盗的心灵受到巨大震撼，放下屠刀，改邪归正。可见良知的魅力与威力。

然而，当今社会为什么总在上演着一幕幕人性的悲剧呢？"范跑跑"在汶川大地震中，不顾学生的生命安全"临阵脱逃"；"三鹿奶粉事件"中不良厂家见利忘义，坑害消费者。这些问题的根源在于他们的良知在他们的身体里面"睡着"了。有些人的良知被埋在了心灵的最深处，处于"沉睡"状态。那么，究竟是什么埋住了人的良心呢？我们不妨上溯人生命的轨迹。

一个人在蹒跚学步时，免不了摔跟头。当孩子哇哇大哭时，身边的大人是怎么做的呢？我见过这样的一位：她一手抱起孩子，一手拍打着地面，嘴里还谩骂着……她在告诉孩子，不管是谁，只要他伤着你了，你就应该打他、骂他。于是这孩子的良知被报复心埋在了下面。

当孩子把自己好吃的、好玩的让给小朋友时，正是他良知闪光的时候。可是他的家长受不住了，他大声地呵斥自己的孩子，骂他是傻子。孩子明白了，把自己的东西给了别人就是傻呀。从此以后这孩子再也不肯干这样的"傻事"了，他的良知又被蒙上了一层自私的尘土。

当小学生因为举报同学考试作弊而遭到报复时，如果他的老师不但不批评作弊的同学，反而百般辩解掩盖，孩子的良知就被蒙上了一层虚伪的尘土。

如果除了能考高分以外，其他一无所长却总是被评为三好学生，这孩子的心灵就被蒙上了一层自大的尘土。

一个地方遭了难，大家慷慨解囊。可是事后发现，这些善款的大部分并没有到达受灾者手里，而是落入了募捐者的私囊。请想一想，今后再有这样的号召，大家还会踊跃响应吗？恐怕不会了，因为，大家的心灵被蒙上了一层怀疑的尘土。

还有种种潜规则，又会使多少规则内与规则外的心灵蒙尘啊！

人人都有良知，但社会并不和谐，因为很多人的良知处于沉睡状态。它需要我们从方方面面去唤醒，而不是去埋没。只有我们的家庭、我们的学校、我们的社会保护好这些良知，不使它蒙尘，不让它沉睡，我们的社会才能真正和谐。

锤炼职业品格

案例一：陈晓兰——坚守医德无私无畏的医生

陈晓兰，女，原是上海一家地段医院的理疗科医生。多年来，陈晓兰一直从事医疗器械行业打假，被她揭露的各种医疗器械达二十多种，其中8种假劣医疗器械被查处，因此被中央电视台评为2006年度"3·15质量先锋"。在她与假劣医疗器械十多年的斗争中，为了取得第一手证据，她曾假扮病人，冒着危险"以身试针"。在她的推动下，国家专门多次下发文件，取缔和查处了7种一度使用很广的伪劣医疗器械和治疗方法，受到国家食品药品监管局的肯定和奖励。

促使陈晓兰做出勇敢行为的原因是＿＿＿＿＿＿＿＿＿＿＿＿＿

＿＿＿＿＿＿＿＿＿＿＿＿＿＿＿＿＿＿＿＿＿＿＿＿＿＿＿＿＿＿

（感想：在物欲横流的当今社会，人类的本性、良知正在遭受前所未有的挑战。陈晓兰勇敢地挑起了维护医疗环境纯洁的大任，屡遭报复，陷入困窘，依然坚持，无怨无悔，最终推动主管部门出台多个法规性文件。她的所作所为对得起作为一位医生的良知，在医生这个神圣的岗位上，良心远比医技重要得多。一个有良知的人，常常醒在这个世界上，为他人的疼痛醒着，为他人的苦难醒着，他们有着强烈的责任感和使命感，心怀天下，悲悯苍生。）

案例二："小悦悦事件"——佛山女童遭两车碾压　十余路人无人施救

2011年10月13日下午5时30分，一出惨剧发生在佛山南海黄岐广佛五金城，年仅两岁的女童小悦悦走在巷子里，被一辆面包车两次碾压，几分钟后又被一小柜车碾过。而让人难以理解的是，7分钟内在女童身边经过的18个路人，竟然对此视而不见，漠然而去。尽管医院全力抢救，这个可爱的小女孩还是离开了人世。事情发生后，某报纸以《这一刻，他们让佛山蒙羞》为题进行评述。网友们掀起了声讨18个路人的浪潮。18个路人匆匆地离去，都说没有看到小悦悦，公德何在，良心何在？其实，至少可以拨打120吧。

在"小悦悦事件"中我们应该反思的是＿＿＿＿＿＿＿＿＿＿＿＿

＿＿＿＿＿＿＿＿＿＿＿＿＿＿＿＿＿＿＿＿＿＿＿＿＿＿＿＿＿＿

（反思：小悦悦离去了，我们每个人都该反思。她的离去，能否让我们远离冷漠、麻木，亲近和善、友爱？尊老爱幼的美德能否永续传承？对弱势群体

的关爱能否再多一点？或许小悦悦之死与我们没有直接关系，但如果有下一个"小悦悦"时，我们还会那样冷漠吗？但愿小悦悦之死，能唤醒我们的良知。这个时代需要我们的良心，然而，道德的重建不是一朝一夕之功，也绝不只是个人问题，它需要全社会的共同努力。首先，每个人都应该从我做起，"修德行""致良知"，只有首先做到"我为人人"，才能达到"人人为我"。其次，让每一个有良知的人联合起来，把良知累加起来，就能筑起一道正义的屏障，才能使好人不受伤害，犯罪分子无机可乘。最后，以法律为后盾，应该使"惩恶扬善"的制度更加健全，给举报者应有的奖励，严惩犯罪分子，形成"老鼠过街，人人喊打"的局面，使犯罪分子再也不能在众目睽睽之下肆无忌惮地作恶，导致恶行在"阳光"下游走，生命在冷漠中丧失。我们要找回那缺失了的良知，坚守良知，让心中充满爱！）

思考训练

通过案例反思自己在生活中、工作中是如何坚守"良知"的。

拓展阅读

1. 多国立法避免见死不救

■ 法国：见死不救入狱 5 年

法国 1994 年修订的《法国刑法典》新增"怠于给予救助罪"，具体的条文是："任何人对处于危险中的他人，能够个人采取行动或者能唤起救助行动，且对其本人或第三人均无危险，而故意放弃给予救助的，处 5 年监禁并处 50 万法郎罚金。"

■ 德国：见死不救 1 年以下监禁

《德国刑法典》第 323 条 C 项规定："意外事故、公共危险或困境发生时需要救助，根据行为人当时的情况急救有可能，尤其对自己无重大危险且又不违背其他重要义务而不进行急救的，处 1 年以下自由刑或罚金。"

■ 新加坡：被救反污蔑他人者要赔偿

对于见义勇为，新加坡法律则完全站在保护施救者权益的立场上。法律规定，被援助者若事后反咬一口，则须亲自上门向救助者赔礼道歉，并施以其本人医药费 1 至 3 倍的处罚。

2. 有关"良知"的名人名言

一颗善良的心就是一席永恒的筵席。

——夸美纽斯〔捷克〕

当理智和感情完全一致的时候，良心的声音就会在心灵中占据统治地位。

——苏霍姆林斯基〔苏联〕

道德活动既受政府长官支配，又受良心的制约。

——洛克〔英〕

没有良心的知识，会毁灭人的灵魂。

——布拉莱〔法〕

良心始终是不顾一切人为的法则而顺从自然的秩序。

——卢梭〔法〕

极端公正和善良的心是不属于庸俗的人的。良心的觉醒就是灵魂的伟大。

——雨果〔法〕

以至诚为道，以至仁为德。

——苏轼〔中〕

当你感到自己是一个人时，唯一的限制是良知。

——马丹·杜·加尔〔法〕

人须有自信之能力，当从自己良心上认定是非，不可以众人之是非为从违。

——章太炎〔中〕

再没有比自身良心的审判更痛苦的审判了。

——田德里亚科夫〔苏联〕

主题活动三

让责任感在活动中体现

活动时间：1个小时以上

人数：12～20人

活动目的：建立学生之间的相互信任，增强学生责任感，发扬团队精神，互相帮助。

道具：一个1.5～1.8米高的平台。

步骤：

1. 游戏开始前，让所有学生摘下手表、戒指以及带扣的腰带等尖锐物件，并把衣兜掏空。

2. 选两名学生，一个由高处跌落，另一个作为监护员，负责管理整个游戏进程。让他俩都站到平台上。

3. 让其余学生在平台前面排成两列，队列和平台形成一个合适角度，如垂直于平台前沿。这些人将负责承接跌落者。他们必须肩并肩从低到高排成两列，相对而立。要求这些队员向前伸直胳膊，交替排列，掌心向上，形成一个安全的承接区。他们不能和对面的队友拉手或者彼此攥住对方的胳膊或手腕，因为这样承接跌落者时，很有可能相互碰头。

4. 告诉那位监护员，他的职责是保证跌落者正确倒下，并做好充分准备，能直接倒在两列队员之间的承接区上。因为跌落者要向后倒，所以他必须背对承接队伍。监护员负责保证跌落者两腿夹紧，两手放在衣兜里紧贴身体或两臂夹紧身体，两手紧贴大腿两侧（这样能避免两手随意摆动）。并且，跌落者下落时要始终挺直身体，不能弯曲。如果他弯腰，后背将会碰伤某些承接员——换句话说，他们有可能会被砸倒在地。监护员还要保证，跌落者头部向后倾斜，身体挺直，直到他们倒下后被传送至队尾为止。

5. 监护员还要负责察看承接队伍是否按个头高低或力气大小均匀排列，必要时让他们重新排队，并时刻做好准备来承接跌落者。

6. 监护员应该让跌落者知道他什么时候倒下。听到监护员喊"倒"之后，他才能向后倒。

7. 队首的承接员接住跌落者后，将其传送至队尾。

8. 队尾的两名承接员要始终抬着跌落者的身体，直到他双脚落地。

9. 刚才的跌落者此时变成了队尾的承接员，靠近平台的承接员变成了台上的跌落者。依次循环，让每个队员都轮流登场。别忘了让监护员和队友交换角色，好让他也能充当承接员和跌落者。

10. 如果有人不愿意参加跌落，不要逼迫或者嘲笑他们。尽量要求所有队员都参与跌落，但若确实有一两个人不愿意参加，可以只让他们在平台上，面对承接队伍站一会儿，然后跳下来（到承接队尾，好像他刚跌落完毕）。或许他会改变主意，愿意跌落到承接队伍中。切记：尽量要求每个队员参加，但不要强迫他们。

11. 既然监护员负责所有事情，你又该做些什么呢？站到承接队伍的第二或第三排，做承接员吧！一旦发生不测，你可以帮忙救助跌落者，至少能减缓他摔落的速度。前面的队员依次做了跌落者之后，你可以向后站，做一名监护员。如果有人问你为什么不参加游戏，或者暗示你不信任他们时，你应该跳到平台上，和其他人一样轮流参加跌落。

提示：任何时候，都不能让队员从高度在 1.8 米以上的地方向后倒。否则，跌落者的头或肩将比身体的其他部位先接触承接队伍，导致摔伤。因为跌落者下落时，重量主要集中在这些部位，头很容易撞在地上，那是相当危险的；必要时多安排几个监护员，监护员的数量取决于培训队员的组成状况；务必让承接员摘下手表、戒指或其他尖锐的物件，跌落者掏空所有衣兜，解下带扣的腰带。

最初你对游戏的认识是＿＿＿＿＿＿＿＿＿＿＿＿＿＿＿＿＿＿＿

＿＿＿＿＿＿＿＿＿＿＿＿＿＿＿＿＿＿＿＿＿＿＿＿＿＿＿＿＿＿

参加游戏之后你的感受是＿＿＿＿＿＿＿＿＿＿＿＿＿＿＿＿＿＿

＿＿＿＿＿＿＿＿＿＿＿＿＿＿＿＿＿＿＿＿＿＿＿＿＿＿＿＿＿＿

当站在平台上准备向后倒时，你的想法是＿＿＿＿＿＿＿＿＿＿＿

＿＿＿＿＿＿＿＿＿＿＿＿＿＿＿＿＿＿＿＿＿＿＿＿＿＿＿＿＿＿

 知识导航三

责任感是品格的第一要素

责任感是战胜工作中诸多困难的强大精神动力，它使我们有勇气排除万难，甚至可以把不可能完成的工作和任务完成得非常出色，所以必须让责任感成为我们脑海中的一种意识，深入工作中，并坚持下去，必须让责任感成为一种习惯，我们就会自然而然地担负起责任，而不是刻意去做。

责任感是我们工作的必备素质之一。专业知识不够，可以学；专业技能不到位，可以练。但是，如果没有责任感，那么即使有丰富的知识和卓越的能力，做自己擅长的工作，也会做得一塌糊涂。所以，要强化工作责任感。首先，要充分发挥自己的主观能动性。我们在接到任务后，不能只是被动服从，抱着完成任务、应付了事的态度。正确对待工作的态度是：我们不仅要做好上级要求的工作，且在工作中要有主动性，对自己所做的工作和任务要切实负起责任，能够结合工作过程中的实际情况，在不违背原则的情况下，创造性地完成任务。其次，要勤于思考和分析。当你一天的工作结束后，你是否习惯去回忆总结一下它的得失成败呢？当你开始一天新的工作时，你是否习惯去设想并分析一下可能遇到的情况呢？最后，要有开拓创新精神。在充满竞争的社会中生存，我们不能仅仅满足于现有的知识及经验，在工作中要不断地充实自己和提高自己，虚心地向身边的同事、朋友学习，学习他们的宝贵经验并与新的知识相结合，才能使自己永远立于不败之地。

对待工作，是充满责任感尽自己最大的努力，还是草草了事，这一点正是事业成功者和事业失败者的分水岭。事业有成者无论做什么，都力求尽心尽责，丝毫不会放松；成功者无论做什么职业，都不会轻率疏忽。

案例一：多一份责任心，多一次成功的机会

小张是北京某高科技公司的一名送货员，当时每月工资只有 800 元左右，但是很轻松，和小张一块儿负责送货的还有几个年轻人，由于工作轻松，送货后，他们有很多空余时间，别人就在办公室里休息或打游戏。但小张没有像他们一样，而是主动去找一些力所能及的事情来做。其他几个送货的年轻人笑小张傻,多做事,老板又不会多发钱给他,但小张只是笑了笑。其实,小张所做的一切,老板都看在眼里,从心里欣赏这个勤劳的小伙子,同事们有什么事也喜欢叫小张帮忙,乐意和小张交流,讲述一些小张想要了解的知识。时间久了,小张渐渐对公司的产品有了一些了解,并对产品出现的大部分问题都能圆满解决。有一天,小张因为没有送货任务而在公司帮维修部接听电话。电话响了,是一位购买他们公司产品的客户打来的,说产品出现了问题,希望维修人员去帮助修理。小张做好记录后去找维修人员,可维修人员恰巧不在,怎么也联系不上,但是客户催得很急,老板也一筹莫展。这时,小张想了想产品出现的问题,觉得自己有把握修好,便主动提出是否可以让他先去看看。老板没办法,只好同意,并告诉他,如果不能处理就等一会儿,维修人员到位后会立刻赶到。正当维修人员准备前往出现问题的客户处时,小张回来了,告诉老板问题解决了。老板感到十分诧异,从此格外注意小张,认为小张是一个可塑之才,并对他进行多方面培养。几年后,小张晋升为公司某部门的主管。

思考:小张的成功除了靠运气,还有其他的原因是_____

_____

(答案:当你看完这个案例时,可能会觉得小张的运气真好,遇上好老板。但是,为什么机遇只垂青小张,而"忽视"了同小张一块儿送货的另外几个年轻人呢?主要原因在于小张在做好自己本职工作后又挖掘自己的潜在职责,像老板一样思考,真正做到把企业当作自己的事业,一切以企业的兴衰成败为标准,主动承担责任。你愿意承担的责任有多大,你的成绩就会有多高,决策就会有多准确。)

案例二:老木匠的最后作品——糊弄工作就是糊弄自己

有一位技艺精湛的老木匠要退休了。他告诉雇主,他不想再盖房子了,想和他的老伴过一种悠闲的生活。老板十分舍不得他,再三挽留,但是他去意已决。老板只好答应他的退休要求,但老板希望老木匠再建一栋房子,就算是给老板个人帮忙。老木匠答应了。可是,木匠的心思已经不在干活上了,用料不如以前那么严格,做出的活也无往日的水准,而且还偷工减料。等到房子盖好后,老木匠匆匆向老板请辞。这时,老板拍拍老木匠的肩膀,诚恳地说:"房子

归你了,这是我送给你的礼物。"老木匠感到十分震惊,太丢人了呀……他一生盖了那么多豪华的房子,最后却为自己建了一座粗制滥造的房子。

老木匠的故事给我们的启示是＿＿＿＿＿＿＿＿＿＿＿＿＿＿＿＿＿＿

＿＿＿＿＿＿＿＿＿＿＿＿＿＿＿＿＿＿＿＿＿＿＿＿＿＿＿＿＿＿＿＿＿

(启示:老木匠最后作品的故事告诉我们,在工作中没有可以随意打发糊弄的事情,种下什么种子,将来必定收获什么样的果子。这个事例生动地证明了这样一个道理,如果总是试图糊弄工作,可能表面上看起来会节约一些时间和精力,但结果会使你对自己的行为追悔不已。工作就像一面镜子,你怎样对待它,它就怎样对待你。工作就意味着责任。在这个世界上,没有不需要承担责任的工作,不要害怕承担责任,要立下决心,你一定可以承担任何正常职业生涯中的责任,你一定可以比前人完成得更出色。世界上最愚蠢的事情就是推卸眼前的责任,认为等到以后准备好了,条件成熟了再去承担才好。其实,即使等到条件成熟了,你也不可能承担起重要的责任,也不可能做好任何重要的事情。所以,请在需要你承担责任的时候,马上去承担它,这就是最好的准备。)

 思考训练

1. 想一想:你是否满足于自己已经取得的成绩?你是否想拥有更好的发展?

2. 测试:你是否是一个有责任心的人?

(1)与人约会,你通常准时赴约吗? 是( )否( )

(2)你认为自己可靠吗? 是( )否( )

(3)你会未雨绸缪而储蓄吗? 是( )否( )

(4)发现朋友犯法,你会通知警察吗? 是( )否( )

(5)出外旅行,找不到垃圾桶时,你会把垃圾带回家吗? 是( )否( )

(6)你经常运动以保持健康吗? 是( )否( )

（7）你忌吃"垃圾食物"、脂肪含量过高和其他有害健康的食物吗？是（　）否（　）

（8）你永远将正事列为优先，然后再做其他休闲活动吗？是（　）否（　）

（9）你从来没有错过任何选举的机会吗？是（　）否（　）

（10）收到别人的信，你总会在一两天内就回信吗？是（　）否（　）

（11）"既然决定做一件事情，那么就要把它做好。"你相信这句话吗？是（　）否（　）

（12）与人相约，你从来不会耽误，即使自己生病时也不例外吗？是（　）否（　）

（13）在求学时代，你经常拖延交作业吗？是（　）否（　）

（14）小时候，你经常帮忙做家务吗？是（　）否（　）

说明：选择"是"得1分，选择"否"得0分。

得分在9～14分：你是个非常有责任感的人。你行事谨慎，懂礼貌，为人可靠，并且相当诚实。得分在3～8分：大多数情况下，你很有责任感，只是偶尔有些率性而为，考虑不是很周到。得分在3分以下：你是个完全不负责任的人。你一次又一次地逃避责任，造成每份工作都干不长，手上的钱总是不够用。

拓展阅读

有关"责任"的名人名言

每个人都被生命询问，而他只有用自己的生命才能回答此问题；只有以"负责"来答复生命。因此，"能够负责"是人类存在最重要的本质。

——维克多·费兰克［英］

每个人应该有这样的信心：人所能负的责任，我必能负；人所不能负的责任，我亦能负。

——林肯［美］

人生须知负责任的苦处，才能知道尽责任的乐趣。

——梁启超［中］

人应当努力减少痛苦与残忍,这是我们最重要的责任。

——罗曼·罗兰[法]

一切责任的第一条:"不要成为懦夫。"

——罗曼·罗兰[法]

在这个世界上,最渺小的人与最伟大的人同样有一种责任。

——罗曼·罗兰[法]

责任并不是一种由外部强加在人身上的义务,而是我需要对我所关心的事件作出反应。

——弗洛姆[美]

责任感常常会纠正人的狭隘性。当我们徘徊于迷途的时候,它会成为可靠的向导。

——普列姆昌德[印]

责任就是对自己要求去做的事情有一种爱。

——歌德[德]

责任感与机遇成正比。

——威尔逊[美]

主题活动四

体验奉献的快乐——参加无偿献血活动

活动时间:1小时左右

人数:不限

活动目的:在于提高学生参与无偿献血的积极性,普及无偿献血的知识,培养学生奉献社会的精神。

活动内容:联系红十字会血液中心的采血车,在指定场地进行采血。献血的学生先填写体检表再体检、化验、采血,最后领取献血证。

提示:无偿献血是一种救死扶伤、无私奉献的高尚行为,无偿献血的价值是无法用金钱来衡量的,是社会文明程度的标志,是一种高尚的人道主义行为。

通过无偿献血活动，我的感受是_____

_____

 **知识导航四**

奉献是人格中最重的砝码

幸福大厦的基石，不仅是物质生活的满足，更重要的是精神的满足。奉献是用爱心铸成的一道彩虹，五颜六色，清新飘逸，带给人们温馨与快乐。

历史大片《辛亥革命》的第一个场景就是秋瑾上刑场就义的场景，当时她的独白是"我此番赴死是为革命，中国妇女还未有为革命而牺牲者……死并非不足惧，亦并非不足惜，但牺牲之快之烈牺牲之价值，竟让我在这一刻至心底喜极而泣"。只有以奉献为幸福的人方能有"祖国陆沉人有责，天涯漂泊我无家"的千古绝唱。世人永远记住秋瑾，因为此刻她的幸福是属于千千万万人的。当然这并不是伟人才有的专利。我们的社会有许多知名或不知名的奉献者，他们的岗位不同、职责不同、生活环境不同，但有一点是相同的，那就是奉献。面对孤立无援、一筹莫展的弱势群体，面对突如其来、伤人夺命的各种灾害，面对艰难困苦、生死危急的风浪考验，奉献不仅是我们的一次良心发现，一种怜悯之举，更是我们对道义的躬行践履，对人间大爱的延续和示范。王国明是个普通的年轻班主任，地震时他不顾自身安危指挥学生从前后门逃生。房屋垮塌的一瞬间他一个箭步冲上去将还没逃出去的女学生推了出去，而自己却永远留在了他的教室。虽然他为了孩子而不在人世了，但是他的幸福却永远留了下来，成为孩子们一辈子的幸福。李春燕是大山里最后一位赤脚医生，提着篮子在田垄里行医。一间四壁透风的竹楼，成了天下最温暖的医院；一副瘦弱的肩膀，担负起十里八乡的健康。她不是迁徙的候鸟，她是照亮苗家温暖的月亮。她没有编制，不享受国家工资和待遇，但她却坚持肩负起全村2500多人的健康。她在接受采访时脸上洋溢着的那种幸福的表情诠释了奉献这种幸福是如此沁人心脾。"人的生命是有限的，可是，为人民服务是无限的，我要把有限的生命，投入到无限的为人民服务之中去。"只有这么做，才能成为"一个高

尚的人，一个纯粹的人，一个有道德的人，一个脱离了低级趣味的人，一个有益于人民的人"。

常常奉献的人是有福的。每一次小小的奉献都会洗净我们灵魂中某个小小的斑点和污渍，每一次无私的奉献都有可能斩断我们性情中的"劣根"。对个人来说，奉献是品行修养的升华，是心灵高尚的旅行；对社会来说，奉献是人情美好的体现，是弥足珍贵的风尚；对一个民族来说，奉献是源远流长的传统美德，是催人奋发的时代精神。日复一日，年复一年，奉献使我们内心变得清洁明亮，丰富而又宽敞，使我们面对每一轮崭新的日出都能赢得一个全新的自我。

奉献者的收获是一种幸福，一种崇高的情感，是他人的尊敬与爱戴，是自己生命的延续。人所能得到的最大幸福、最自由快乐的心境，莫过于无私的奉献。修炼无私奉献精神吧，它是幸福的源泉！

案例一：有一个人想看一下天堂和地狱之间到底有什么区别。他先来到地狱，地狱装饰得富丽堂皇，但是这里的人个个面黄肌瘦、愁眉不展。吃饭的时间到了，他发现一口煮食的大锅，周围坐满了人，但是这些人却守着锅里的饭不吃。他仔细查看了一番，发现这里每个人手里握着一只长柄的勺子，无法将食物送到自己嘴里，只能眼睁睁地挨饿。看完地狱，他走进天堂，天堂和地狱一样放着一口煮食的大锅，锅周围也坐满了人，然而个个红光满面、精神焕发。他不解地问上帝："为什么天堂里的人这么快乐？而地狱里的人却愁眉不展？"上帝说："你没发现，这里的人用长柄的勺子从锅里取出的饭，先不是想到自己如何享用，而是先喂给别人吃，解决了勺柄过长的问题，大家都有饭吃，日子当然过得好了。"

地狱里的人为什么无法将食物送到自己嘴里？应该如何做才能吃到食物？

提示："不行春风难得春雨"，生命的绿意需要奉献，只有把自己的爱心、真心交付给别人，生命的天堂才会焕发光彩。善于奉献的人才是幸福的人。一支蜡烛不因点燃另一支蜡烛而降低自己的亮度，甚至在点燃别人的瞬间，自己更加辉煌！

案例二：最美乡村教师张桂梅：百个孩子的最美"妈妈"

孤儿是社会上最弱小、最困难的群体之一，而乡村孤儿的生活境况则更为艰难。为了让他们身心健康成长，除了保障基本生活外，还必须给他们更多关怀，让他们接受充满爱心的教育。在云南边陲，就有这样一位特殊的母亲，她无儿无女，却成了众多孤儿的"妈妈"；她四处募捐，终于让山区贫困女孩能够免费读高中。这就是在光明日报社和北京广播电视台联合主办的"寻找最美乡村教师"大型系列公益活动中获奖的"百个孩子的最美'妈妈'"——教师张桂梅。

1975年，18岁的满族姑娘张桂梅随姐姐从黑龙江省的牡丹江市，来到云南省迪庆州中甸县支边。此后，在长达36年的时间里，张桂梅把全身心献给了祖国西南边陲山区的教育事业。36年来，张桂梅从迪庆、大理，再到华坪县辗转从教，成长为优秀共产党员和人民教师。

1993年12月，正在大理工作的张桂梅，得知丈夫患了癌症。不久，丈夫去世。张桂梅曾失去活着的勇气。为了忘记悲伤，1996年她来到丽江华坪县华坪民族中学，承担起4个毕业班的政治课教学。刚来时，她心灰意冷，只想在这样的偏僻之地了却残生。然而，"是这片热土的父老乡亲和我的学生，他们的坚韧、向上的精神感染了我。有的孩子为了读书，竟然放弃了和父亲见最后一面，强忍着悲痛坐在教室里，去完成他们的学业和人生理想"。这一切燃起了她做人的希望。于是，她下决心帮助这些孩子。她开始缩减自己的伙食费，少吃肉，甚至不吃肉，接济他们，把自己的被子、衣服翻出来，给学生们用。一个来自永兴乡的小姑娘，穿着脏旧衣服，经常发呆，成绩很差。这引起了张桂梅的注意。了解后得知，这个小姑娘的爸爸病逝，只有妈妈一人供他们兄弟姐妹生活，日子过得很艰难。张桂梅拿出干净衣服给小姑娘换上，又帮她交学费。小姑娘很感动："张老师，你就是我的妈妈！"张桂梅感到了快乐，感受到了生命存在的意义。

就在这时，不幸再次降临。1997年4月，张桂梅忽然感觉身体消瘦得特别快，脸也变得特别黑，肚子却越来越大，疼痛难忍。去医院检查，吓了她一跳，肚子里长了一个像五个月娃娃那么大的肿瘤。医生要求她马上住院治疗，否则

生活与生涯管理

后果不堪设想。但此时，张桂梅承担着四个毕业班的教学工作，再过几个月他们就要参加全省中考。她整整哭了一夜。"老天啊！你怎么就对我这样不公平，怎么把那么多的不幸都集中到我一个人身上？少年丧母、青年丧父、中年丧夫，难道就不能允许我有一个健康之躯，为教育事业多作点贡献吗？"痛哭之后，张桂梅决定，不能把即将参加中考的学生扔下！她默默地把医生检查的结果揣入怀里，赶回学校。而华坪这片热土的父老乡亲们，此刻也向她伸出了援手！从县委到县政协、县妇联和她所在的学校，大家纷纷给她捐款，关心支持她。县委书记和县长对她说："张老师，你放心，我们再穷也要把你的病治好！"

丈夫去世后，张桂梅没有再组建家庭。她没有亲生子女，全身心扑在教育事业和慈善事业上。从2001年3月起，她一边在民族中学当老师，一边义务当上了华坪县"儿童之家"的院长，成了众多孤儿的"妈妈"。张桂梅尝试着与孩子们培养感情，细心照顾他们。孩子们的卫生习惯很差，头上有虱子，不会上卫生间，满院子都是大小便，床上、裤子里也有。她和工作人员洗得连饭都不想吃。"儿童之家"在张桂梅和同事们的辛苦努力下，迄今共抚养118个孤儿，已有50多个走向社会。而张桂梅这么多年，将自己所获得的国家以及各种奖励奖金，社会各界支援她治病的资金和自己的一部分工资，用于资助学生、困难群众和教育事业，累计捐款已达70多万元。

张桂梅在民族中学教学和管理"儿童之家"时经常能看到、听到一个个山里孩子的不幸遭遇。孩子们特别是那些贫困女孩的命运更是让她心痛——她们为了求学读书、改变自己的命运，付出了很大的代价。张桂梅觉得应该给山里穷孩子一个公平读书的机会。她萌发了一个想法，办一所贫困女子高中，让山里的女孩子都能免费接受高中教育，不再陷入"低素质母亲、低素质孩子"的恶性循环中，让她们有机会实现自己的梦想。

苍天不负有心人。在云南省委、丽江市委的支持下，2008年9月，华坪女子高级中学正式成立，第一届就招收了100名女学生。而她则当上了该校的校长。学校开学了，那些学生家长感动地说，共产党真好，当今的政府真好，还真有这么一所不收费的高中。张桂梅激动得大哭一场："我真的感谢各级组织和领导，帮我实现了这一夙愿，给了教育一个公平。"在女子高中，张桂梅一直与学生同吃同住。在这所全免费的女子高中里，她每天工作时间达到16个小时以上。为了更好地对学生实施感恩教育，掌握学校几百名学生的来历家底，她拖着病体，坚持走访了200名学生家庭，行程6000多公里，中途病倒两次，拔掉针头接着踏上家访路。

张桂梅表现出色，先后被评为全国先进工作者，全国十佳师德标兵，全国十大女杰，全国百名优秀母亲，全国十佳知识女性，云南省优秀共产党员，荣获全国五一劳动奖章。2007年，当选为党的十七大代表。张桂梅说："三尺讲台，给了我诠释教师为人师表的小舞台，传授知识和施展才能的机会。'儿童之家'的孩子们，让我懂得了做一个母亲的伟大，使我的人生丰富多彩。孩子们已经一个个长大，有的上了大学，有的已有了工作，还有的已经结了婚。我忘不了那一幕幕温馨的情景。"（来源：2011年9月7日的《光明日报》）

支撑张桂梅全身心扑在教育事业和慈善事业上的力量是什么？_____

_____

（感想：一个人生活在世，渺小得如同大海里的一滴水，但只要有对他人、对社会奉献的意识和行动，真心真意地付出，即使是一滴水，也能折射出太阳的光辉，成为最美丽的风景。人需要有一种奉献精神。奉献精神是指为实现某一理想或事业，贡献自己的力量乃至生命。一个人拥有奉献精神是难能可贵的。"春蚕到死丝方尽，蜡炬成灰泪始干"，是奉献精神的生动写照，集中反映了一个人的价值取向。一个人的人生价值的体现，不在于其地位多高、权力多大、财富多广，而在于为社会、为他人付出的爱心，作出的奉献，只有为他人、为社会、为祖国而活的人，才是真正高尚的人，这种人就是一个纯粹的人。

一个人生活在世上，是需要有奉献精神的。奉献是一种高尚的道德情操，是一种真诚自愿的付出行为，是世界上最伟大的壮举。正因有奉献，这个世界才变得美丽，如果每个人都自私自利，那么人类怎么会发展到今天，明天又会向何处发展呢？）

 思考训练

测试你真实的幸福感

这些项目是用于描述你的观点、兴趣或感受的。每个项目的右边有一个尺度，即 T t f F，这四个回答表示的意义为：

T= 肯定正确；t= 可能正确；f= 可能不正确；F= 肯定不正确。

1. 我自然而然地感到很愉快。T t f F

2. 我的未来充满光明。T t f F

3. 我很容易对自己正在做的事情充满热情。T t f F

4. 我经常能感觉到没有缘由的快乐和满意。T t f F

5. 我的生活非常有趣。T t f F

6. 我每天都做一些很好玩的事情。T t f F

7. 我基本上是一个快乐的人。T t f F

8. 我通常可以找到一些方式使自己快乐起来。T t f F

9. 我有几项爱好，我从中获得快乐。T t f F

10. 我很少感觉到真正的快乐。T t f F

11. 每天早晨我都觉得将要度过欢快的一天。T t f F

12. 我总能有真正快乐和有趣的时候。T t f F

13. 我经常觉得自己很幸运，尽管没有特别的缘由。T t f F

14. 每天都有兴奋和有趣的事情发生在我的生活里。T t f F

15. 空闲的时候，我总能找到一些有趣的事情去做。T t f F

16. 我经常无忧无虑。T t f F

17. 对我而言，生活充满冒险。T t f F

18. 毫无夸张，我觉得自己蛮好的。T t f F

计算你幸福感的总分，如果你的回答是 T，计 3 分；如果是 t，计 2 分；如果是 f，计 1 分；如果是 F，计 0 分。对于第 10 题，其计分倒过来，T 为 0 分；t 为 1 分；f 为 2 分；F 为 3 分。最高分为 $18 \times 3 = 54$ 分。37 分是一个大样本的平均数，你可以以此比较你的得分数。假如你的幸福分数是 47 分或更高，那么你现在的幸福水平高于 90% 的男性，也高于 88% 的女性。37 分属于中等，有 50% 的男性和女性的得分是 37 分或更少一些。假如你的分数低于 26 分，那么你的幸福感低于 90% 的男女。

 **拓展阅读**

有关"奉献"的名人名言

如果人仅仅为自己劳动，也许他能够成为著名的学者，伟大的智者，卓越的诗人，但是他永远也不能成为真正完善和真正伟大的人。

——马克思［德］

为有牺牲多壮志，敢教日月换新天。

——毛泽东［中］

如果你在任何时候，任何地方，你一生中留给人们的都是些美好的东西——鲜花、思想以及对你的非常美好的回忆，那你的生活将会轻松而愉快。那时你就会感到所有的人都需要你，这种感觉使你成为一个心灵丰富的人。你要知道，给永远比拿愉快。

——高尔基［苏联］

对人来说，最大的欢乐、最大的幸福是把自己的精神力量奉献给他人。

——苏霍姆林斯基［苏联］

以吾人数十年必死之生命，立国家亿万年不死之根基，其价值之重可知。

——孙中山［中］

倘使有一双翅膀，我甘愿做人间的飞蛾。我要飞向火热的日球，让我在眼前一阵光身内一阵热的当儿，失去知觉，而化作一阵烟，一撮灰。

——巴金［中］

捧出一颗心来，不带半根草去。

——陶行知［中］

月儿把她的光明遍照在天上，却留着她的黑斑给她自己。

——泰戈尔［印］

为别人尽最大的力量，最终就是为自己尽最大的力量。

——罗斯金［英］

生到世上来不是为个人，而是要把个人贡献出来一部分给国家，一部分给朋友。

——拉伯雷［法］

世界上能为别人减轻负担的都不是庸庸碌碌之徒。

——狄更斯［英］

任务二　树立良好的职业道德

主题活动一

风雨同舟活动

时间：20分钟

人数：不限，10人一组

活动目的：使学生强烈意识到，良好的道德（特别是团结协作精神）在职业团体中的作用。

活动要求：要求学生冒雨到附近指定地点，然后按原路返回，但只有一半的学生发到伞。

提示：学生在这场面试中出现这样的情况：有的发到伞的学生主动与无伞的求职者合用，风雨同伞；有的无伞的学生则与有伞的学生协商合用一把伞；还有的有伞的学生则只顾自己不顾别人，独自撑一把伞。结果，独自撑一把伞者被淘汰，而风雨同伞者则被录用。考查求职者的团队合作精神，常是公司招聘面试时考核的核心价值观。

通过这个游戏，我的感受是＿＿＿＿＿＿＿＿＿＿＿＿＿＿＿＿＿＿＿＿＿＿＿

＿＿＿＿＿＿＿＿＿＿＿＿＿＿＿＿＿＿＿＿＿＿＿＿＿＿＿＿＿＿＿＿＿＿＿＿

 知识导航一

要立业，先养德

现在的青少年朋友，很多是独生子"小皇帝"，常常是早就学会了享受，对于如何开创自己的前程和事业则十分惘然。原因是我们时下的教育，尤其是家庭教育，只是指望他们读好书，找个好工作，拿到高薪，成个好家，好像这就是人生的唯一目标。这种所谓"望子成龙、望女成凤"的观念，似乎就是最高境界。中国人口多，孩子多，加上近年就业形势紧张，本科生擦皮鞋、研究生做拉面之类的现象时有发生。当年据调查发现，一个孩子从幼儿园小朋友培养到本科毕业，大约要花费三十五万元到四十万元，如今则早已突破此数了。于是，有人便说，早知如此，何必读书，还不如趁早擦皮鞋赚钱算了。赚钱，成了这群人的唯一目标，这无疑是一种悲哀。

"人无志不立"，人如果没有志向和抱负，就不可能创立功绩，成就事业。那么，人生应该树立什么样的志向呢？

古人早有"立德、立功、立言"的"人生三立"之说，"立德，谓创制垂法，博施济众；立功，谓拯厄除难，功济于时；立言，谓言得其要，理足可传。"因此，"三立"之说有了明确、清晰的"定论"，并影响年轻人的人生观和价值观，成为不少有志者追求理想的人生目标。后来，对"三立"产生了不同的说法，如"立志、立功、立言"，又称"立言、立行、立德"，还有"立业、立家、立德、立言"的四立之说……其实，"立志"便是"立德"。社会发展到今天，以我之见，人生可概括为"立德、立业、立言"。人生在世，一要"立德"，就是要树立自己高尚的品格和情操。这种品格和情操可以概括为"富贵不能淫，贫贱不能移，威武不能屈"。二要"立业"，就是创立自己的事业和功绩。古人云"功者，事业也"，立功就是立业。事业包括家业和个人事业，创造基本的生存条件，解决吃饱穿暖、养家糊口的实际问题。要以健康、积极和向上的人生态度，打理好自己的家业，努力追求个人事业和学业的成功。人无贵贱之分，人格面前人人平等。或普通员工，或一官半职，或开店办厂，或砌房造屋，或临危不惧"拯厄除难"，或报效国家与民众"功济于时"，都是"立业"之范畴，是人生的

第二种境界。三要"立言"，就是创立能够流传于世的言论，包括著书立说，这是人生的一个至高无上的境界。

"立德、立业、立言"三者相互间有一定的关联性，但也有一定的独立性。树立高尚的品格，会有助于创立事业，建立功绩，在这个基础上，也有可能"立言"。但是，"立德"者未必能够"立业"，"立业"者又未必能"立德"。比如，有些有钱人，虽然创立了一点家业或事业，但从来没有积德行善的想法或行为，这种人就是所谓"为富不仁"者；有些人虽然是"忠良之辈"，为人不错，但又未必能创多少业绩；能够"立德""立业"者，又不一定能"立言"。立言是"人生三立"中最不易做到，也是人生"虽久不废"的重要之举。"立德、立业"者未必"不朽"，"立言"者定能"不朽"！

穆叔在《左传·襄公二十四年》中说"大上有立德，其次有立功，其次有立言。虽久不废，此之谓不朽。"在穆叔看来，人生"不朽"的最高境界是"立德"，其次是"立功"，第三是"立言"。穆叔"人生三立"理论的意义在于把立言也作为一项不朽的事业，这对中国后代文人产生了重大影响。

在这里，需要告诫广大青少年，要胸怀大志，具有古人"人生三立"的境界。贫寒时，要坚守自己高尚的品格，富贵时，不要忘乎所以，切记"立业"，报效国家和人民。

"人生三立"决非权宜之计，而是整个生命行程的目标。无志者常立志，有志者立长志。

案例一：守住以"德"为准的做人之本

美国加州的克帕尔饮料开发有限公司招聘员工，有一个叫马布里的年轻人到公司面试，在一间空旷的会议室里忐忑不安地等待着。不一会儿，有一个相貌平平、衣着朴素的老人走了进来。马布里礼貌地站了起来。这位老人眼睛一眨也不眨地盯着马布里看了半天，正在马布里不知所措的时候，这位老人一把抓住马布里的手："我可找到你了，太感谢你了！上次要不是你，我女儿可能早就没命了。"马布里没有弄清是怎么回事，丈二和尚摸不着头脑。"上次，在中央公园里，就是你，就是你把我失足落水的女儿从湖里救上来的！"老人肯定地说道。马布里这才明白了事情的原委，原来老人把马布里错当成他女儿的救命恩人了。"先生，您肯定认错人了！不是我救了您女儿！""是你，就是你，不会错的！我记得那个年轻人脸上有一颗痣。"老人又一次肯定地回答。马布里面对这位感激不已的老人只能做些无谓的解释："先生，我脸上这个位置确实有一颗痣，但真的不是我！您说的那个公园我至今还没有去过呢！"听了这句话，老人松开了手，失望地望着马布里："难道我认错人了？"马布里安慰他："先生，别着急，慢慢找，一定可以找到救您女儿的恩人的！"

后来，马布里加入了这个公司。有一天，他又遇见了那位老人。马布里关切地与他打招呼，并询问他："您女儿的恩人找到了吗？""没有，我一直没找到他！"老人默默地走开了。马布里心里很沉重，对旁边的一位司机师傅说起了这件事。不料那司机听了哈哈大笑："他可怜吗？他是我们公司的总裁，他女儿落水的故事讲了好多遍了。事实上，他根本没有女儿！""噢？"马布里大惑不解。那位司机接着说："我们总裁就是通过这件事来选人才的。他说过有德之人才是可塑之才！"

马布里被录用后，兢兢业业，不久就脱颖而出，成为公司市场开发部经理，一年为公司赢得了3500万美元的利润。总裁退休后，马布里继承了总裁的位置，成为美国的财富巨人，家喻户晓。后来，他谈到自己的成功经验时说："一个人一辈子做诚实有德之人，绝对会赢得别人永久的信任！"

马布里被录用，给我们什么启示？ _____

_____

（启示：现在很多企业在用人标准上也注意一个人是否"有德"。他们可以接受一个人的某些不足与缺陷，但绝不容忍一个员工的自作聪明和不诚实。在品格与技能的天平上，品格重于技能。因为一个人自身技能不好或学有不足，可以通过培训学习来达到要求；而一个人不诚实，往往会瞒上欺下，弄虚作假，影响工作和单位的声誉。在职场上，那些"厚道但能力不强"的人总比"有能力但不够厚道"的人更容易被人委以重任。）

案例二：晏殊美德的故事

北宋时期著名的文学家和政治家晏殊，参加科举考试，从一千多名考生中

脱颖而出，得到了皇帝的赞赏。但晏殊并没有因此而洋洋自得，相反他在接受皇帝的复试时，把那次的考试题目是他曾经做过的、得到过好几位名师的指点情况如实地告诉了皇帝，并要求另出题目，当堂考他。皇帝与大臣们商议后出了一道难度更大的题目，让晏殊当堂作文。结果，他的文章又得到了皇帝的夸奖，皇帝喜欢晏殊的诚实。

等到晏殊在史馆任职的时候，天下太平无事，皇帝便允许官员挑选名山胜景举办宴饮集会。当时的文武百官，无论大小，无不各自举办宴会，以至于市楼酒馆都纷纷大设帷帐，为参加宴饮游乐的官员提供休息处所。晏殊当时很穷，没钱出门游玩宴饮，就在家与兄弟们讲习诗书。一天，朝廷挑选辅佐太子读书的官员，皇帝几乎没有考虑就任命晏殊担任此职。大臣们不知道为什么皇上偏偏选中晏殊，便试探去问。皇帝说："最近听说馆阁大臣们都嬉游宴饮，一天到晚沉醉其中，只有晏殊与兄弟们闭门读书，这么谨慎忠厚的人，正适合教习太子读书。"

晏殊上任后，皇帝当面告知任命他的原因，晏殊却很坦白地说："我并非不喜欢宴游玩乐，只是家里贫穷没有钱出去玩。我如果有钱，也会出去宴饮的。"一番话让皇帝对晏殊的诚实更是敬佩有加，越发地爱惜和重视他。到了太子即位后，晏殊被委以大任，后来更是官至宰相。

晏殊被委以大任给我们什么启示？ _____

_____

（启示：晏殊一生官运亨通，正是以他的美德赢得了别人的信任，也为自己赢得了更轻松的人生。一个人如果具备了德，便值得信任，领导或朋友才可以委之以大任，以大事相托。一个人如果内心坦荡，没有隐瞒，没有杂念，那他的人生也应该是纯净和平顺的。）

 思考训练

简述立业与立德之间的关系。

GE 通用电气：杰夫·伊梅尔特的道德革命

2001 年 9 月 7 日，杰夫·伊梅尔特从韦尔奇手中接过权力棒，4 天后"9·11"恐怖袭击事件发生，当时也是美国股票市场刚刚泡沫破碎的重要关口。而不久后的安然、世通等事件也让伊梅尔特看到，企业的不道德行为对公司以及整个社会的危害。他认为，公司必须更具美德，加强社会责任感并关注自身与外部世界的联系。由此，通用开启了一场道德革命。结果证明，这场道德革命不但在业绩上取得了巨大的回报，更给世界带来了积极的影响，为企业的经营法则注入了新的元素。

道德，成为通用的新利器。谈及通用电器，道德往往不会是人们想起的第一特征。以前由韦尔奇掌权的年代，通用电气向来以复杂管理和长期股东绩效表现优异而闻名。不过在伊梅尔特时代，他希望以后的通用在保持这些特征的同时能获得更多认同，并在不动摇利润原则的情况下为公司注入新价值。他常常说，想在如今的年代成为一个卓越的公司，前提必须是一个具有社会责任感的好公司；公司的义务不仅只是赚取利润和遵守法律，还必须帮忙解决世界上的一些问题。他说："人们之所以想到通用电气工作，是因为他们希望在这里提升个人价值。员工们不仅希望在这里得到锻炼并获得职工优先认股权，同时更希望为之工作的公司是伟大的、与众不同的，并且真正参与提高整个人类进程的社区工作中。"

为了顺利推行公司新的价值理念，伊梅尔特首先从企业高层的思想理念上进行改变。在通用电气著名的 Crotonville 管理学院里，每个秋季都会对几十位高级经理在此进行重要项目的培训。那一年，在伊梅尔特的要求下，他们开始学习企业社会责任以及如何做好一个"企业公民"的课题。"企业公民"的内涵包括四个方面：一是好的公司治理和道德价值，主要包括遵守法律、现存规则以及国际标准，防范腐败贿赂，包括道德行为准则问题，以及商业原则问题；二是对人的责任，主要包括员工安全计划，就业机会均等、反对歧视、薪酬公平等；三是对环境的责任，主要包括维护环境质量，使用清洁能源，保护生

物多样性等；四是广义贡献，主要指广义的对社会和经济福利的贡献。2003 年通用电气全球共捐赠 1.2 亿美元用于公益事业，并在 150 多个社区贡献 100 万小时的义务劳动。在这种"付出并实践"的理念下，GE 基金会通过在整个教育体系内推进教学新方法来提高学生的知识水平。

在世界著名的财经日报英国《金融时报》和普华永道公司公布的 2004 年度"全球最受尊敬公司"的排行榜上，通用电气公司名列榜首。通用电气的案例以及越来越多的企业实践和众多的研究成果充分说明，在社会责任和企业绩效之间存在正向关联度，具有社会责任感是决定企业能否在全球化运作中取得成功的决定性因素之一。

 主题活动二

监狱警示教育活动

时间：2 小时左右

人数：不限

活动目的：通过警示教育学习活动，认识到要真正筑严自己思想道德防线，才能牢固树立自己的正确世界观、人生观和价值观，如果丧失道德底线，将会一步一步走向犯罪的深渊。

活动要求：组织学生赴监狱，并请监狱在押服刑人员忏悔发言，以他们的现身说法警示学生，对学生进行道德教育。

通过警示教育活动，我的感受是_____

 知识导航二

合理的道德系统保障和谐社会的建立

有些人因为贪婪，想得到更多的东西，结果连现在所有的也失掉了。

据一个捉猴很有经验的猎人说，他有一个捉猴的办法屡试不爽，就是在墙

面上打一个洞，洞中砌入一个中空的竹筒，在竹筒的一端放一个鸡蛋，猴子从墙外竹筒中看见里面有一个鸡蛋，便从竹筒的另一端伸手去抓，握了鸡蛋后的手便不能从竹筒里缩回来，但猴子舍不得放下鸡蛋，结果束手就擒，这比贪吃的鱼还愚蠢啊，鱼发现吞钓钩了还想往外吐，猴子却舍不得放弃手中足以害命的鸡蛋。

有一天，一只狐狸走到一个葡萄园外，看见里面水灵灵的葡萄馋涎欲滴。可是外面有栅栏挡住，无法进入。于是狐狸一狠心，绝食三日，减肥之后，终于钻进葡萄园内饱餐一顿。当它心满意足地想离开葡萄园时，发觉自己吃得太饱，怎么也钻不出栅栏。无奈，只好再饿三天，才钻了出来。狐狸的故事颇像人生过程，人生就是赤条条地来，又赤条条地离去的过程，积极进取值得称赞，过分贪婪只会加快"赤条条地离去"的过程。

早在 1925 年，美国科学家麦开做了一个实验：将一群刚断奶的幼鼠分为两组，第一组享受"最惠国待遇"，予以充足的食物让其饱食终日。第二组享受"歧视待遇"，只提供相当于第一组 60% 的食物以饿其体肤。结果大大出乎人的意料，第一组老鼠难逾千日，未到中年就"英年早逝"；第二组老鼠寿命翻番，直到高龄方才寿终正寝，而且皮毛光滑，行动敏捷。更耐人寻味的是，其免疫功能乃至性功能均比饱老鼠略高一筹。后经科学家把实验范围扩及细菌、苍蝇、鱼等生物，结果均相似。科学家通过不断努力，得出结论认为：动物终其一生能消耗的能量有一个固定的限额，限额一旦用完就意味着生命永久停止，吃得多，限额就完成得早；吃得少，魂归地府也就慢些。

贪婪的人总希望得到更多，由于不满足，结果命运让他失去一切，贪心只会愚弄自己。

一股细细的山泉，沿着窄窄的石缝，叮咚叮咚地往下流淌，也不知过了多少年，竟然在岩石上冲刷出一个鸡蛋大小的浅坑，里面填满了黄澄澄的金砂，天天不增多也不减少。

有一天，一位砍柴的老汉来喝水，偶然发现了泉水中闪闪的金砂。惊喜之下，他小心翼翼地捧走了金砂。从此，老汉不再受苦受累，过个十天半月，就来取一次金砂，不用说，日子很快富裕起来。老汉虽守口如瓶，但他的儿子

还是通过跟踪发现了爹的秘密，他埋怨爹不该将这件事瞒着，不然早发大财了……儿子向爹建议，拓宽石缝，扩大山泉，不就能冲来更多的金砂吗？爹想了想，自己真是聪明一世，糊涂一时，怎么没想到这一点？说干就干，父子俩叮叮当当，把窄窄的石缝凿宽了，山泉比原来大了好几倍，又凿大凿深了坑。父子俩想到今后可得到更多的金砂，高兴得一口气喝光了一瓶白干儿，醉得一团泥……父子俩天天跑去看，却天天失望而归，金砂不但没有增多，反而从此无影无踪。父子俩百思不得其解——金砂哪里去了呢？富有"进取心"的父子俩聪明的结果只是竹篮打水一场空，其实真正的进取心是靠辛苦勤奋换取更多的劳动果实，不通过自己努力付出的高要求就是贪婪。进取心不会使人失去理智，而贪心却使人像被猪油蒙了心，变得愚蠢失常。

富翁家的狗在散步时丢失了，于是发了一则启事：有狗丢失，归还者，付酬金1万元。送狗者络绎不绝，但都不是富翁家的。富翁太太说，肯定是真正捡到狗的人嫌钱太少。于是富翁把酬金改为2万元。一位乞丐在公园的躺椅上打盹时捡到了那只狗，他第二天一大早就抱着狗准备去领酬金，但却发现，酬金已经变成了3万元。乞丐又折回破窑洞，把狗重新拴在那里。在接下来的几天，乞丐一直在启事旁边观看，当酬金涨到使全城的市民都感到惊讶时，乞丐返回他的窑洞。可是那只狗已经死了，因为这只狗在富翁家吃的都是鲜牛奶和烧牛肉，对乞丐从垃圾桶里捡来的东西根本受不了。

每个人都希望自己命运变好，但乞丐不该陷入渴求更好的贪婪中，一心追逐非分之想的名利怎能是进取呢？贪婪的人一定会栽跟头的。

案例一：贪官"许三多"的反面教训

许迈永，原来曾经是浙江省杭州市副市长，现已因腐败而落马。因为"钱多、房多、女人多"，许迈永被人们称为"许三多"。2011年5月12日，许迈永因受贿1.45亿余元，贪污5300万余元，滥用职权，违规退还有关公司土地出让金7100万余元，被宁波市中级人民法院一审判处死刑，并处没收个人全部财产。

1975年，许迈永考入湘湖师范学校大专班，毕业后分配到萧山一所初中当物理教师，1984年，在干部年轻化的大背景下，25岁的许迈永出任了萧山市

（现杭州市萧山区）城厢镇副镇长，一年后就被提拔为中共萧山县委宣传部副部长。在这一时期，许迈永表现出了很强的工作能力和极高的工作热情，不管是在工作上还是在生活上，都给当时共事的同事留下了极为深刻的印象。当地一位与许迈永共事过的老干部回忆，许迈永"为人和善，血气方刚，有魄力，说一不二"。还有萧山区文化馆一位副馆长至今对当年这位上级领导的一次讲话场面记忆犹新，"那时他刚到宣传部，才二十六七岁，长得一表人才，而且讲得太专业、太有水平了，我们都认为他年轻有为，以后前途无量"。许迈永担任县委宣传部副部长一年半，又被提拔担任卫生局党委书记。又是一年半后，1988年11月，许迈永又任萧山市委办公室主任。又过了不到一年半，1990年1月，许迈永升任萧山市委常委、组织部长。此时许迈永还不满31周岁。3年后，许迈永担任萧山市委常委、副市长。1996年开始，许迈永又兼任杭州钱江外商台资投资区江南管委会党工委委员、副主任。许迈永敛财也是从此时开始的。从1997年至2002年他成为杭州（香港）实业有限公司总经理。后来又到杭州市担任重要职务。

2002年9月，许迈永主管杭州之江国家旅游度假区、西溪湿地、钱江新城等项目。他开始疯狂敛财，许迈永敛财的方式很简单：坐"地"生财。在杭州流传着这样一种说法：许迈永被查处，源于他主管多年的西溪国家湿地公园项目。2004年，杭州市政府启动了西溪湿地综合保护工程，分三期进行，项目总投资高达40亿元。通过开发工程，许迈永收取了大量的不义之财，另外在干部提拔和人事任免、调动方面，许迈永也是狮子大开口。

许迈永身居发达地区、敏感岗位，手握重要权力，在这些年房地产市场快速发展的同时，许迈永利用职务上的便利，在湿地改造工程以及相关的房地产运作中"摸爬滚打"，用以权谋私的手段，为不少开发商提供了相当大的"便利"。这个"许三多"，走上以权谋私的腐败之路，越陷越深，越来越疯狂。面对许迈永明确而直接的索要，一些被称为"铁公鸡"的开发商，为了不得罪许迈永而付出了"血本"。

此时，许迈永的钱多了，房子也多了，在这两样东西多起来的时候，不知不觉中，围绕在他身边的女人也多了起来，有女商人，有女白领，还有女大学

生。许迈永在担任杭州市副市长时，可谓是大权在握，因此，巴结他的商人不计其数，其中有很大一部分都是女商人。女商人要想获得赚钱的项目，不仅会向许迈永行贿，而且会向他献身，这样才能保证他死心塌地地为自己服务。和女商人打交道，许迈永可谓财色双收。另外，为了升职或加薪而以身相许的女白领也不在少数。

经办案机关查明，1995 年 5 月至 2009 年 4 月间，许迈永利用职务上的便利，为有关单位和个人在取得土地使用权享受税收优惠政策、受让项目股权、承建工程、结算工程款、解决亲属就业等事项上谋取利益，收受、索取他人财物，共计折合人民币 1.45 亿余元。侵吞国有资产共计人民币 5300 万余元，违规退还有关公司土地出让金 7100 万余元，造成特别恶劣的社会影响，而许迈永的涉案金额之高，也刷新了国内的贪腐纪录。

"许三多"是如何一步一步走向犯罪的深渊的？＿＿＿＿＿＿＿＿＿＿＿

＿＿＿＿＿＿＿＿＿＿＿＿＿＿＿＿＿＿＿＿＿＿＿＿＿＿＿＿＿＿＿＿＿

（提示：贪官，走向犯罪都是从道德败坏开始的，道德防线崩溃了，结果是万劫不复。所以以德立身是做人的内在标准，没有这个标准，最终必然导致失败。以德立身，懂得守德的巨大力量，这样才会在社会中立于不败之地，才会终生享受成功的快乐，由此可见，以德立身也是我们铺就成功之路的基石。）

案例二：食品不安全亦因生产经营者道德沦陷

三聚氰胺奶粉、化学火锅、苏丹红……那些年，媒体接二连三曝出食品安全事件，部分百姓甚至感到"没什么可吃了，吃什么都不安全"。2009 年 2 月 28 日颁布的《中华人民共和国食品安全法》被称为"我国食品监管法制化进程中的重要里程碑"。颁布后其实施效果如何？反观现实，只能用"喜忧参半"来形容。有一段时间，内地民众在香港、澳门地区大量购买进口婴幼儿奶粉，造成香港、澳门地区一度出现奶粉供应紧张。此后，有媒体报道大陆有不法企业，将皮革下脚料水解后制成蛋白粉混到牛奶里，以提高牛奶的蛋白含量。一时间，国产奶粉和整个乳制品行业再次成为关注焦点。按照监管部门的说法，2010 年并没有发现所谓的"皮革奶"，但调查发现，消费者对国产品牌的奶粉信心明显不足，近七成受访消费者表示不会选择国产奶粉。经历 2004 年阜阳奶粉事件和 2008 年三鹿奶粉事件的重创后，无论是政府还是企业，对于婴幼儿奶粉质量的重视程度之高、监管力度之大均达到了前所未有的程度，其间进口奶粉也曾被查出质量问题。一些企业出现超越企业和社会道德底线的丑闻，让整个行业为之买单，甚至陷入灭顶之灾，一蹶不振。企业超越道德底线的经营行为让消费者信心消失殆尽，消费者选择"用脚投票"又致使企业在低利润空间下愈发疯狂，从而形成恶性循环。

人们感到"没什么可吃了，吃什么都不安全"的症结所在是＿＿＿＿＿＿＿＿＿

＿＿＿＿＿＿＿＿＿＿＿＿＿＿＿＿＿＿＿＿＿＿＿＿＿＿＿＿＿＿＿＿＿＿＿

（提示：从这些事件中我们可以看出，由于某些人为追名逐利，不惜以身试法，不择手段，一次次突破道德底线或职业准则，甚至触犯法律，做出一种失德违法的举动。那么面对当前的状况，我们应该怎样来重建道德诚信的体系呢？这是我们大家要反思的问题。党的十七届六中全会提出"社会主义核心价值体系是兴国之魂"的重要论断，同时指出："一些领域道德失范、诚信缺失，一些社会成员人生观、价值观扭曲，用社会主义核心价值体系引领社会思潮更为紧迫。"道德同教育是不可分开的，但是道德的教育不能局限在教条式的教育，道德应该成为一种感召力量。也就是说，道德需要体验，需要认同，然后个人才可能发自内心地去践行道德的要求。

现在在道德伦理精神等层面存在的一些问题，可能是一个长期的复杂因素共同作用的结果，也是一个长期积累的结果，尤其中国现在还处在一个大的社会转型和变革阶段，道德重建可能是当下中国社会非常重要的一个议题，但它不是一朝一夕就能够解决的问题，而是一个需要长期、持续努力，需要每个人发自内心去参与的。重建社会道德没有人能够置身事外，只要人人都献出一点爱，这个世界，将变成更美好的人间。在价值取向多元化的今天，总有一些基本的准则是需要人人都遵守的，尤其需要对基本道德底线形成一种共识，这不仅仅是中华民族五千年来集体品格的传承，同时也是为人类社会所广泛认同的道德品质。）

生活与生涯管理

思考训练

测试抵御诱惑的能力

现代社会存在太多的诱惑，它们总是展示迷人的一面，引诱我们渐渐远离自己的理想与目标。每个人都会面对种种诱惑，学生做作业时，会受到游戏的诱惑；小孩子会受到糖果的诱惑；官员会受到贿赂的诱惑；减肥者会受到食物的诱惑；我们每个人都会受到金钱的诱惑。如果没有这么多的道德规范与法律约束，也许我们已经无数次成为各种诱惑的俘虏了。即使有这些约束，有时诱惑力如此之大，以至于我们会失去理智，做出一些冲动的行为。对小孩子来说，后果也许并不严重；但是对于成年人，却有可能一失足成千古恨，造成不可挽回的局面。即使后果不那么严重，但一再地失去自制也会令人事后陷入自责、自弃的境地。当面对诱惑时，最有力的支持来自你自己，内心坚定的自制力是抵御引诱的有力武器，它使人从无能为力的受迷惑状态中解脱出来，恢复控制自我的能力，重新做自己的主宰。

下面的问卷，可以测量你抵制诱惑的能力。请仔细阅读以下 10 个陈述，根据自己的实际情况回答"是"与"否"。

1. "这是最后一次了"是你常用的口头禅。

2. 你经常做出令自己后悔的事。

3. 你总是不等到月底就花完这个月的薪水。

4. 你是个很好说话的人，说服你不是什么难事。

5. 你经常不能完成自己制订的学习目标。

6. 你时常陷入接二连三的麻烦中。

7. 你时常去幻想那些不切实际的事，并深深地沉溺于其中。

8. 你经常赖床。

9. 你的保证与诺言已不太被人相信了。

10. 你每次到超市购物都超出原来的购买预算。

计分标准："是"为 1 分，"否"为 0 分。总分在 0～3 分为 A，总分在 4～10 分为 B。

A. 抵抗诱惑的能力强。你具有相当顽强的自制力，能够有效地控制和调节自己的行为。你的理智常占据上风，对"我想做"与"应当做"的关系把握得很清醒。你能够完成一些自我要求，从而对未来的新计划充满信心。你需要注意的是，不要对自己过于苛刻。

B. 易于向诱惑屈服。你一而再、再而三地做了引诱的俘虏，你的设想与计划常半路夭折，以至对自己不抱什么幻想。如果你是这种情况，不要泄气，人身上总是存在这样那样的缺点，而人生的挑战就在于正视这些缺点，并想方设法加以克服。要解决缺乏自制力的问题，应从小事做起，如强迫自己在寒冷的冬天从温暖的被窝中爬出来，逐渐培养自制的习惯。还可以对于自己的自制行为设定一定的小奖励，像如果一周都早起的话，就奖励自己吃一顿美食；认真完成了某项计划的话，就给自己买件新衣服等。

 主题活动三

地上的小纸团

时间：20分钟

人数：不限，10人一组

活动目的：使学生强烈意识到，单位录取员工是非常注重员工的品行和职业道德的，平时要加强道德修炼。

活动程序：创造一个模拟应聘的场景。应聘学生一个个满怀信心地回答考官的提问，当他们退出门时，都可以看到在干净的地毯上很不协调地扔着一个纸团。

提示：如果学生对纸团视而不见，就意味着求职失败；如果有人捡起纸团，在纸团中有一行字"热忱欢迎您到我们公司任职"。就这件事情，表面上捡纸团是一件小事，实际上却微妙地反映了一个人的人格修养和公共道德。

通过这个模拟场景，我的感受是＿＿＿＿＿＿＿＿＿＿＿＿＿＿＿＿＿＿

＿＿＿＿＿＿＿＿＿＿＿＿＿＿＿＿＿＿＿＿＿＿＿＿＿＿＿＿＿＿＿＿

 知识导航三

扬道德，贵修炼

孔子曰："君子有九思：视思明，听思聪，色思温，貌思恭，言思忠，事思敬，疑思问，忿思难，见得思义。"（《论语·季氏》）意思是：做一个君子，要想着这九个方面。看到一个现象时，要想一下，是否透过现象看到了本质，是否真正理解、明白所看到的东西；听到什么的时候，要考虑一下，听明白了没有，轻信了没有；说话处事时，要老想着自己的脸色不要冰冷地板着，任何时候脸色都要温和才是；要考虑自己的态度是否恭谨，不论贵贱，自己的态度都得恭敬；说话时，要想一下，自己是否在撒谎，是否说了实在话；做事时，要想一下自己是否在敬业、认真；有问题或疑问时，是否马上问，以求得正确解答；碰到麻烦时，要克制自己的情绪，要学会三思而后行，学会忍让；若是可以不劳而获时，要想一下是否取之有道，是否自己应该得到。

孟子曰："故天将降大任于斯人也，必先苦其心志，劳其筋骨，饿其体肤，空乏其身，行拂乱其所为，所以动心忍性，曾益其所不能。人恒过，然后能改；困于心，衡于虑，而后作；征于色，发于声，而后喻。"（《孟子·告子下》）这段话表明，修身决非举手之劳吹灰之易，必须经过艰苦的锻炼。

儒家曾提出重要的思想道德观：修身、齐家、治国、平天下。原文是："古之欲明明德于天下者，先治其国；欲治其国者，先齐其家；欲齐其家者，先修其身；欲修其身者，先正其心；欲正其心者，先诚其意；欲诚其意者，先致其知；致知在格物。物格而后知至，知至而后意诚，意诚而后心正，心正而后身修，身修而后家齐，家齐而后国治，国治而后天下平。自天子以至于庶人，壹是皆以修身为本。其本乱而末治者，否矣。其所厚者薄，而其所薄者厚，未之有也。"（《礼记·大学》）这个道德观念是逐级递增的：自己的思想都没有端正，就无法提高修养；自身都没有修炼好，就一定操持不好一个家；一个家庭都没有操持好，就一定不能治理一个国家；一个国家都没有治理好，也就谈不上让天下人折服了。由此可见，"修身"是"齐家治国平天下"的基础，"齐家"是"治国平天下"的关键。真正成功、名垂青史的人，无不重视修身立德这一做人的根基。

案例：有一天，西域来了一个经商的人将珠宝拿到集市上出售。这些珠宝琳琅满目，全都价值不菲。特别是其中有一颗名叫"珊"的宝珠更是引人注目。它的颜色纯正赤红，就像是朱红色的樱桃一般，直径有一寸，价值高达数十万，引来了许多人围观。大家都啧啧称奇，赞叹道："这可真是宝贝啊！"

恰好龙门子这天也来逛集市，见了好多人围着议论纷纷，便也带着弟子挤进了人群。龙门子仔仔细细地瞧了瞧宝珠，开口问道："珊，可以拿来填饱肚子吗？"

商人回答说："不行。"

龙门子又问："那它可以治病吗？"

商人又回答说："不行。"

龙门子接着问："那能够驱除灾祸吗？"

商人还是回答："不能。"

"那能使人孝悌吗？"

回答仍是："不能。"

龙门子说道："真奇怪，这颗珠子什么用处都没有，价钱却超过了数十万元，这是为什么呢？"

商人告诉他："这是因为它产在很远很远没有人烟的地方，要动用大量的人力物力，历经不少艰险，吃不少苦头，好不容易才能得到它，它是非常稀罕的宝贝啊！"

龙门子听了，只是笑了一笑，什么也没说便离开了。

龙门子的弟子郑渊对老师的问话很不解，于是向老师请教。龙门子便教导他说："古人曾经说过，黄金虽然是重宝，但是人吞了它就会死，就是它的粉末掉进人的眼睛里也会致瞎。我已经很久不去追求这些宝贝了，但是我身上也有贵重的宝贝，它的价值绝不止数十万元，而且水不能淹没它，火也烧毁不了它，风吹日晒全都丝毫无法损坏它。用它可以使天下安定，不用它则可以使我自身舒适安然。人们对这样的至宝不知道朝夕去追求，却把寻求珠宝当作唯一要紧的事，这岂不是舍近求远吗？看来人心已死了很久了！"

思考：龙门子所说的"至宝"指的是_____

_____

（提示：龙门子所说的"至宝"，就是指人们自身的美德。一个人要立足社会，首先要注意自己的道德修养，不可盲目热衷于外在的财富，做人需要修身，修身立德必不可少。古今中外，名人关于修身立德的著述可谓汗牛充栋。）

 思考训练

测试你的自我控制能力

第一，请如实选答下列各题。

1. 你时常怀疑别人对你的言行是否真的感兴趣（　　）

a. 是的　　　　　b. 介于 a、c 之间　　　　　c. 不是的

2. 神经脆弱，稍有一点刺激你就会十分激动（　　）

a. 时常如此　　　b. 有时如此　　　　　　　c. 从不如此

3. 早晨起来，你常常感到疲乏不堪（　　）

a. 是的　　　　　b. 介于 a、c 之间　　　　　c. 不是的

4. 在最近的一两件事情上，你觉得自己是无辜受累的（　　）

a. 是的　　　　　b. 介于 a、c 之间　　　　　c. 不是的

5. 你善于控制自己的面部表情（　　）

a. 是的　　　　　b. 介于 a、c 之间　　　　　c. 不是的

6. 在某些心境下，你会因困惑而陷入空想，将工作搁置下来（　　）

a. 是的　　　　　b. 介于 a、c 之间　　　　　c. 不是的

7. 你很少用难堪的语言去刺伤别人的感情（　　）

a. 是的　　　　　b. 不太确定　　　　　　　c. 不是的

8. 在就寝时，你常常（　　）

a. 不易入睡　　　b. 介于 a、c 之间　　　　　c. 极易入睡

9. 有人侵扰你时，你（　　）

a. 能不露声色　　b. 介于 a、c 之间　　　　　c. 总要说给别人听，以泄己愤

10. 在和别人争辩后,你常常感到心烦意乱,筋疲力尽,而不能继续安心工作(　　)

　　a. 是的　　　　　b. 介于 a、c 之间　　　　c. 不是的

11. 你常常被一些无谓的小事所困扰(　　)

　　a. 是的　　　　　b. 介于 a、c 之间　　　　c. 不是的

12. 你宁愿住在嘈杂的闹市区,也不愿住在僻静的郊区(　　)

　　a. 是的　　　　　b. 不太确定　　　　　　　c. 不是的

13. 未经医生许可,你是从不乱吃药的(　　)

　　a. 是的　　　　　b. 介于 a、c 之间　　　　c. 不是的

第二,计分方法。

计分表

选项 得分 题号	a	b	c
1	2	1	0
2	2	1	0
3	2	1	0
4	2	1	0
5	0	1	2
6	2	1	0
7	0	1	2
8	2	1	0
9	0	1	2
10	2	1	0
11	2	1	0
12	0	1	2
13	2	1	0

将你的选择与计分表对照,得出每道题的分数,然后求和。总分在 16～26 分为 A;9～15 分为 B;0～8 分为 C。

第三,说明:

A. 紧张困扰

你时常被紧张情绪困扰,缺乏耐心,心神不定,过度兴奋;时常感觉疲乏,又无法摆脱以求宁静。在集体中,对人和事缺乏信念。每日生活战战兢兢,不能控制自己。你可以认真分析一下导致心理紧张的原因:如果是外来的,要设法克服;如果是内在的,应学会忙里偷闲,培养多方面的兴趣,使自己绷紧的弦放松下来。

B. 心理适中

你适度紧张,有利于完成自己的学习或工作任务,生活得充实;偶有高度紧张之感,可积极加以控制和调节。

C. 心平气和

你心平气和,通常知足常乐,能保持内心的平衡。但是,有时过分疏懒,缺乏进取心。你要提高自己的进取心,不能过分安于现状。

 拓展阅读

获得首届全国道德模范称号的徐伟事迹

徐伟,男,1984 年出生于安徽省庐江县顺港乡阳檀村,天津工业大学信息与通信工程学院电子信息工程专业 024 班学生。

徐伟这个年轻的大学生,是一名新时代的共产党员。面对三个落水儿童,他见义勇为、舍己救人的感人事迹,表现了一个共产党员在严峻考验面前能够挺身而出,真正履行了入党誓词中向党和人民所做的庄严承诺。

2005 年 12 月 27 日,天气阴暗,刮着凛冽的北风,工大校园内一如往日地安静有序,同学们都沉浸在期末考试前的紧张复习中。下午四点十五分,平静的泮湖上传来了急切的呼救声"救命呀!""有人掉进冰窟里啦!"路过此地的徐伟,听到呼救声快步向出事地点奔去。泮湖的面积虽不大,但水很深,只见两个少年在冰水中挣扎，其中一个少年只露出一只手。危急时刻他来不及多想，急忙奔至冰窟旁，俯下身子一只手紧紧抓住冰窟边缘，一只手用力去拉落水少年。突然冰面再次开裂，徐伟和另一个少年也一同掉进刺骨的冰水中。面对突如其来的险境，徐伟艰难地将三名少年托出水面，并沉着地帮助他们用手扒牢冰面，嘱咐他们别动，而后自己双手紧紧扒住冰缘，用力往冰面上爬，刚刚探出上半身不料哗啦一声冰又塌了，他再次扑通掉入湖中，双手和胳膊多处被划伤，鲜血汩汩直流。他强忍疼痛回过头对三个吓呆了的孩子说："你们别害怕，我一定能爬上去，而且也一定能把你们救上去，你们要坚持住！"此刻他只有一个念头："一定要爬上去，一定要救出三个孩子"。他找到周围一块较硬的冰凌急忙死死抓住，接着深深地吸了一口气，用尽全身力气奋力一跃爬上了冰面。这时远处有人闻讯赶来，但周围的冰面已经开始摇晃，为了避免出现更多的危险，徐伟冷静地告诉周围的人："不要再过来了，把你们的木棍递给我。"利用这根木棍，徐伟将三个少年一个接一个从冰窟中拉上来。三个少年得救了，徐伟同学筋疲力尽地坐在那里，累得说不出一句话来……徐伟舍己救人的英雄事迹很快传遍校园内外。他的同学激动地说："你是我们大学生的光荣和骄傲！"他的朋友发短信说："你是一条真正的汉子！"

徐伟在平时的生活、学习中一直坚持这样的信念：做人不能只为自己活着，要懂得付出。在老师和同学眼里，徐伟朴实、谦和、自强、自信。如今，因为救人的义举，鲜花和荣誉纷纷向徐伟涌来，但徐伟依然是原来的徐伟，挂在他嘴边的一句话就是"大家都会这样做的，正好让我赶上了"。

参考文献

［1］章志光.学生品德形成新探［M］.北京：北京师范大学出版社，1993.

［2］朱小蔓.教育的问题与挑战［M］.南京：南京师范大学出版社，2000.

［3］沈建.体验性：学生主体参与的一个重要维度［J］.中国教育学刊，2001，（02）.

［4］夏正江.教育理论哲学基础的反思——关于"人"的问题［M］.上海：上海教育出版社，2002.

［5］赵清元.试论志愿者服务平台的建设——以上海市静安区江宁社区为例［J］.淮海工学院学报（社会科学版）,2009,（S1）.

［6］张晋.构建大学生志愿服务长效管理机制的思考［J］.思想理论教育,2010,（13）.

［7］［加］马克斯·范梅南.生活体验研究：人文科学视野中的教育学［M］.宋广文,等译.北京：教育科学出版社,2003.

模块三

管理职业行为

　　规则是指制定出来供大家共同遵守的制度或章程。规则可以是书面形式的成文规定，也可以是约定俗成、代代相传的不成文规定。规则通常是因为得到每个社会公民承认和遵守而存在的。社会由种种规则维持秩序，不管这种规则是人为设定的还是客观存在的，只要是规则，便具有制约性。

 学习目标

1. 理解规则与执行的关系, 强化对规则意识重要性的认识。
2. 熟悉我们的行为模式, 学会理解并遵守规则。
3. 掌握行为模式的有效管理方式, 构建有序的生活方式。

 知识标签

行为模式　规则意识　破窗理论　人身权　民事责任

任务一　树立规则意识

主题活动一

驿 站 传 书

时间：20分钟

人数：不限，10人一组

活动目的：认识到沟通对团队目标实现的意义，以及大家共同建立和修正制度规则的重要性。

活动程序：全队成员排成一列，每个人相当于一个驿站，培训师先让其自行约定信号及信号的传递方式。然后培训师将一组自然数交给排尾，由排尾传递给排头。要求如下：

1. 不能讲话（包括有规律地发出声音）和移动；

2. 不能使用纸条、笔及手机等工具；

3. 前面的人不能往后看；

4. 后面的人不能把手伸到前面人的眼前比划；

5. 成员分享活动感受。

提示：在游戏中，团队成员如果缺乏组织纪律性，不按规定动作"出牌"，不全身心地投入，在执行力方面出了问题，要么会影响传送效率，要么会出现传送"走样"，造成整体工作被动或失败。

通过这个游戏，我的感受是＿＿＿＿＿＿＿＿＿＿＿＿＿＿＿＿＿＿＿＿

＿＿＿＿＿＿＿＿＿＿＿＿＿＿＿＿＿＿＿＿＿＿＿＿＿＿＿＿＿＿＿＿＿＿

 知识导航一

认识人的行为模式

1. 什么是人的行为以及行为模式

（1）行为的概念

行为是人类为了维持个体的生存和种族的延续，在适应不断变化的复杂环境时所作出的反应。行为可以分为本能行为和社会行为。

本能行为是人生下来就具有生物遗传性的无条件反射行为，它构成了其后一切行为发生的基础。如新生儿刚刚从妈妈肚子里分娩出来后，往往会以一声响亮的啼哭声作为来到人世的第一句宣言。而在牙牙学语之前，婴幼儿通常以哭声来表示不适或提醒大人需要喂食等，这些行为都是先天的无条件反射行为，属于人的本能行为。

社会行为是人后天在社会环境中由社会刺激引起的行为，或者一个人的行为的结果引起另外一个人或人群的行为。个人行为一般都受社会环境因素的影响和制约，因此人的行为具有社会性。

（2）人的行为模式

人的行为模式是人行为过程的基本样式或一般规律。研究人的行为模式，对研究人的行为及进行行为辅导有着重要的意义。人是生物有机体，具有自然性；同时，人又是社会的成员，具有社会性。作为自然性的人，其行为趋向生物性；作为社会性的人，其行为趋向精神性。人的行为根据其精神含量，可分为低级行为、中级行为与高级行为。生物性行为是人的低、中级行为，精神性行为是人的高级行为。人的行为大多属于高级行为。

2. 如何识别他人的行为模式

我们发现：在平常与人交流的过程中，有一些人说话特别快；而另外有一些人说话又特别有节奏，抑扬顿挫声音非常动听；还有一些人，说话速度非常慢。这就是人类的行为模式，也叫思考模式。

每个人都通过五种感官系统——眼睛、耳朵、鼻子、舌头和身体的本体感觉来接收外在的信息。但是，在我们的大脑内部，只有三个内感官处理系统，那就是内视觉、内听觉和内感觉,即嗅觉、触觉和味觉三个外感官所接收到的信息在大脑内部统归内感觉处理。

因此,在神经语言程序学(NLP)中就把人的行为模式分为三种:视觉型、听觉型和感觉型。

视觉型的人:用他们的眼睛去看这个世界。

听觉型的人:用他们的耳朵去听这个世界。

感觉型的人:用他们的心灵去感受这个世界。

大多数时候,我们根本不知道自己是用哪种方式在进行沟通或者处理这些数据,因为这些行为都是在潜意识下自动运行的。但没有人会只采用一种方式而完全摒弃另外两种方式,我们的大脑会随着外界的刺激而自动在这三种方式间不断转换,但都有一个"优先采用的系统",那就是视觉、听觉、感觉三种方式之一。当我们用这种方式来处理这些信息时,就会感到特别舒畅、愉悦。

所以,学习了如何解读别人的"优先采用系统"后,我们就很容易理解他人,从而与他人获得良好的沟通效果。

(1)视觉型的行为特征

第一,身体姿势:视觉型的人如果坐在那里,一般喜欢背部后倾,头部及肩部微向上抬。一个非常容易注意到的表现就是他们的呼吸会非常浅,通常只到胸部以上。

第二,他们通常会肌肉比较紧,肩和腹部肌肉拉紧、皮肤苍白或颜色消褪。

第三,他们的手势:视觉型的人在说话的时候,手势通常会比较多,身体语言较为丰富,而且手的位置较高,幅度也较大。

第四,眼睛线索:视觉型的人,当你问他一些事情的时候,通常他的眼睛会向左右、上方移动。

第五,视觉型的人说话时,语速会相当快,像连珠炮似的,第一句还没有讲完,第二句又说出来了。并且他们非常喜欢用以下的一些词语:出现、注视、看见、专注、观点、想象、光明、前景、看样子、清晰、看来等。

问题:视觉型的人是不是喜欢相信他看到的东西?

（是的。因为他大脑处理信息的方式都是用图像来表示的，也就是我们所说的内部的表象系统是内视觉。所以，你问他一些事情时，他的大脑里出现的都是图像，而图像传输的速度是最快的，所以他的语言和手势为了能跟上大脑中图像变换的速度，就必须说话速度很快。）

（2）听觉型的行为特征

第一，身体姿势：身体略为前倾，头部侧向两旁，肩部微向后，双手交叉在胸前，特别喜欢把手交叉起来。

第二，肌肉均匀的张力及有韵律的轻微移动，特别有节奏。例如，一听到音乐就会有节奏地摇动。

第三，他们的手势：手势多数在耳朵或口部附近，有时会触及口部或下巴。相对于视觉型，他们的手势会比较单调一些，而且不会像视觉型那么快。

第四，他们的眼睛线索：通常当你问他们一些事情的时候，他们的眼睛会左右平行地移动。

第五，听觉型的人，说话的速度比较适中，你不会觉得快，也不会觉得慢，而且会抑扬顿挫非常明显。女性说话会比较婉转动听，同时会有喋喋不休的表现，特别注意细节和条理。所以，通常他们在开会时或者说起某一件事时，就很难收口。

第六，他们的呼吸会比视觉型的人更深一些，呼吸到胸的中部，横膈膜位置上或整个胸部长长吐气、速度中等。

第七，他们的语言里会经常有以下的词语：听说、动静、悦耳、协调、动听、节奏感等。他们经常会说"把这件事说给我听听""说了一则好消息""让我告诉你这件事情吧""这件事情没有什么好说的了"。

第八，他们对于环境的安静要求比较高，与人沟通时，头会比较喜欢侧向着说话人。

（3）感觉型的行为特征

第一，他们通常会身体向前倾，头部及肩部倾斜向下，呼吸深而慢。而且这种类型的人，他们的体型会比较大一些，很多的胖人就属此类。

第二，他们的肌肉放松，有较大的移动情形，皮肤较深、较完整的颜色或脸有红晕。即他们看起来比较放松,坐椅子时往往会陷在椅子里,喜欢穿较为宽松的衣服。

第三,他们的手势比较少,而且很慢。

第四,说话的声音比较低沉而缓慢,他们做事情时,也会相对较慢。

第五,在回答别人问题时,眼睛通常往右下角移动。

第六,这种类型的人喜欢触摸,如果去买衣服一定要亲手摸摸,感受一下质地、手感等,相对来说也比较喜欢身体上的接触。

第七,他们比较喜欢用的词语:感到、接触、冷漠、感动、刚强、舒服、引导、深表同情、心平气和、掌握等。他们比较喜欢说的话是:"我感觉到这件事不太好""我的感受是……""让我先感受一下"。

(提示:每个人都会有以上三种的行为特征,一般来说只有一个是最常用的,也就是只有一种是自己最喜欢用的方式。但如果一个人三种方式都很平均的话,这个人的人缘会特别好。因为不论是哪一类人他都可以很好地交往。)

3. 如何与这三种类型的人相处

(1)视觉型 视觉型的人喜欢快、简单,重视视觉的享受、色彩的鲜艳。所以,和视觉型的人沟通时,自己的形象很重要。和视觉型的人沟通时,可以给他提供一些图片,而且一定是精美的图片。讲话时,只讲第一、第二、第三的重点。他说什么,需要你立即回应,并且回应的速度要快。

(2)听觉型 听觉型的人喜欢说也喜欢听,但他们对于听的要求较高,需要用多变的音调和他们讲话。他们喜欢处理文字,因此可多用文件等文字的东西和他们沟通。文字的内容一定要有条理、详尽,要有细节。在家里,他们喜欢整洁,所以一定不能乱糟糟。他们喜欢安静的环境,喜欢听优美的音乐。

(3)感觉型 感觉型的人感性,对于感觉的敏感性非常强。尽量不要用压迫他们的方式和他们沟通,在一起时,说话的速度应比较慢、比较柔和。同时,对于他们多表示关心。感觉型的朋友,会比较随性,他们不太会注意自己的外表,但却非常注重自己的感受是否舒服。他们会比较喜欢柔和的物体,比如衣服、沙发。

 思考训练

你是否需要改变自己的行为模式

如果你的学习和生活正处于困惑中，你又非常渴望摆脱困境，你可以从以下 20 种行为中找出自身具有的模式，树立起信心，走出困境，拥抱幸福。

（1）你真的想改变你的行为。　　　　　　　　　　　　　　是　否

（2）如果你想改变你的行为，你会现在就做。　　　　　　　是　否

（3）你能够对自己的行为、思想、感觉作出正确评价。　　　是　否

（4）你不会惩罚背后说自己坏话的人。　　　　　　　　　　是　否

（5）你会将某些人当作楷模，学习其优点。　　　　　　　　是　否

（6）做一件事情，尽量将计划做得明确些，并坚持。　　　　是　否

（7）即使你付出 80% 的努力却只带给你 20% 的益处，你也坚持去做。是　否

（8）学会理解别人，同情是技巧，不是弱点。　　　　　　　是　否

（9）做事就像走路，向后看，也向前看，知道自己走了多远。是　否

（10）在金钱和名誉面前能够控制自己。　　　　　　　　　是　否

（11）知道自己怕的是什么，并且不会让它控制自己。　　　是　否

（12）做计划时，订一个或最多两个目标。　　　　　　　　是　否

（13）一个小的幸运要走一段长路，先争取比较容易获得的胜利。是　否

（14）能够认识正确和效果之间的区别。　　　　　　　　　是　否

（15）决定自己想做什么，虽然社会分工不同，都是很好的选择。是　否

（16）与人发生冲突或争吵之后，你还能使相互的关系正常化。是　否

（17）工作中你经常使用提醒字条，这样你就不会忘记该做的事情。是　否

（18）当你发觉自己错了，很快说"对不起"。　　　　　　　是　否

（19）对别人做的坏事，你知道何时和如何反击。　　　　　是　否

（20）能够自我反省，找出不足。　　　　　　　　　　　　是　否

每题 5 分，肯定得分，否定不得分。100 ~ 80 分表示你完全有信心克服当前的不幸。79 ~ 60 分表示某些项目目前还存在困难，你需要努力。60 分以下表示你的认识还不充分或你根本不想改变以前的习惯。

拓展阅读

行为学法则

法则一：从外在看内在，从别人看自己。透过别人，你才能认识真正的自己。

法则二：你是什么样的人，就会认为别人是什么样。你不能容忍他人的部分，就是不能容忍自己的部分。

法则三：你内在是什么，就会被什么样的人吸引。你对外排斥什么，对内就排斥什么。

法则四：你约束别人，自己也会被约束。你越恨就越束缚，你越爱就越自由。

法则五：如果你很排斥，它就是你必须学习的课题。如果你很欣赏，它就可以蜕变成爱。

（提示：去爱一个你不喜欢的人，你一定会在生命中学到一些东西。去爱一个无缘无故责备你的人，你就会学到生命的艺术。）

主题活动二

服从还是不服从

大学时代的好友从外地来探望你，这时公司正好派你出差，你是服从公司安排还是向公司请假？

提示：服从是领导之母。没有服从就没有胜利。服从是行动的第一步，没有服从就没有执行，也就没有一切。

我对这个问题的解答是＿＿＿＿＿＿＿＿＿＿＿＿＿＿＿＿＿＿＿＿＿＿＿＿＿

＿＿＿＿＿＿＿＿＿＿＿＿＿＿＿＿＿＿＿＿＿＿＿＿＿＿＿＿＿＿＿＿＿＿＿＿＿

 知识导航二

行为中的规则意识及层次

1. 什么是规则意识

规则意识是指发自内心的、以规则作为自己行动准绳的一种意识。比如，遵守校规、遵守法律、遵守社会公德、遵守游戏规则的意识。

2. 树立规则意识

规则意识是现代社会每个公民都必备的一种意识。树立规则意识有三个层次：

首先，要有关于规则的知识。比如，不偷不盗、爱国守法、明礼诚信、团结友善、勤俭自强、敬业奉献、爱护环境、讲究卫生、遵守纪律、尊敬师长等。

其次，要有遵守规则的愿望和习惯。谁都知道偷车是不应该的，是违反社会秩序、违反校规校纪的行为。但是，为什么偷车事件还会屡屡发生呢？这是因为有人并没有一个遵守规则的良好习惯。因此，重要的不是知道规则，而是愿意和习惯于遵守规则。这尤其表现在没有强制性力量阻止违反规则的时候，也自觉予以遵守。车子未加锁，周围又没人？怎么办？是顺手牵羊，还是帮其看管？古人说得好：君子慎独。君子在独自一人的时候是很慎重的，因为没有人监督你，人性中的不好的一面就会跳出来，千方百计地诱惑你。如果没有遵守规则的愿望和习惯，在四周无人的情况下，很有可能会顺手牵羊。而在一念之间，你可能就铸成大错，后悔莫及。

再次，遵守规则应成为人的内在需要。从规范向素质的转变，对于个人来说，意味着规则不再仅仅是一种外在强制，从而在某种意义上使人获得真正自由。按孔子的话来说，这就是"从心所欲不逾矩"。大家可能觉得这种要求太高，能达到这种境界的人是圣人。其实不然。

案例：我国的一位外贸官员，身在国外，有一次如厕，出得门来，被一位年轻女士拦住，询问他可曾见到一个小男孩在厕所里，她说儿子进厕所很久了，还没有出来。外贸官员想起，他刚才确实听到厕所里有敲击声，他折回头循声找去，看见男孩在修理水箱拉杆，因为拉杆突然失灵，冲不下水。男孩认为，自己用过厕所如果不冲干净，对不起下一个用厕的人，也有失自己的尊严，这就是规则意识。

提示：社会是一个整体，只有人与人之间相互遵守规则，才会使生活变得愉快、社会更加和谐和安定。

在你成长的过程中，你做过破坏规则之事吗？试回忆＿＿＿＿＿＿＿＿＿＿＿

思考训练

2011 年 1 月 15 日上午，参加研究生入学考试的西安考生陈晓原，因为忘带身份证，被监考老师拒之考场门外。为了能进教室参加考试，陈晓原两度下跪。但陈晓原的下跪没有撼动考试规则，她最终没能考试。根据陕西省招生办的规定，研究生考试考生必须携带准考证和身份证，迟到 15 分钟不得进入考场。这一事件引起了广泛的关注及争议。（据 2011 年 1 月 18 日《新京报》）

请以"女研究生的眼泪考验国人的规则意识"为题，做一番评论。

拓展阅读

地铁上进食骂战背后的规则意识

网传青岛地铁 3 号线上，几名乘客因吃东西引发骂战，视频传上网络后引来无数网友关注。视频发布者称："他们赶了一早上的车，饿得实在撑不住了，就在地铁上吃了块面包……"事情起因虽小，但折射的却是部分人心中的规则意识。

美国著名经济学家萨缪尔森在其经典著作《经济学》中给大家描述了一个关于"合成谬误"的例子：足球场的观众席上，假如前面的观众站起来能看得更清楚，而当全部人都站起来的时候，结果就是谁都看不清楚。他的意思是，规则乃是经济学上提高效率的制度安排，如果不遵守规则，结果只能是大家遭

殃。可见,对于任何一种规则,人们需要做的首先是遵守,其次再谈论其正当性和合理性。对于地铁中的规则,乘客只能去遵守,而不是违背和上演骂战,背后映射的乃是对国人素质的拷问。

一个社会的进步,尤其是文明社会的进步需要的是有素质的公民,这是公民社会的根本要求。"禁止地铁中吃东西"的初衷是为了塑造良好的地铁环境,形成良好的社会风气。按照制度经济学的观点,地铁的规定乃是一种正式制度安排,因为有详细的罚则。而正式制度的遵守需要非正式制度的约束,即人们的习惯。在这样的基础上才能形成遵守正式制度的好风气。

主题活动三

五个简单的问题

目标:用实例说明某些行为是可以预料的,培养学生的观察力

时间:15分钟

教具:根据人数每人配备一张纸、一支笔

过程:首先发给每位与会学生一张纸和一支笔。请他们在听到五个问题后迅速给出答案。答案应为他们的第一反应。然后快速说出问题:

1. 你最喜爱的颜色是什么?

2. 说出一件家具。

3. 说出一种花。

4. 在1~4之间选一个数字。

5. 说出动物园中的一种动物。

然后给出下列答案:红色、椅子、玫瑰、3、狮子。

讨论:

1. 每个问题有多少人"答对"?(请"答对"者举手。选择这些答案的人数多得惊人。)

2. 在你看来说明什么问题?(人类的某些行为、态度或反应是可以预料的。关键是要做一个敏锐的观察者。)

变化:

1. 选择一些生活的细节或者容易被忽略的规律来替代问题。

2. 难度变化:让学生自己发现可预料的行为并检测。

 知识导航三

影响人类行为的主要因素和改变

1. 哪些因素影响人类行为

首先是主观因素。

(1)生理因素是指人的生理特征、生理机能、身体状况等。不同的年龄、性别、婚姻状况、体质等因素虽然不是决定行为的主导因素,但是对人的行为有一定的影响。

(2)心理因素主要有理想、信念、人生观、价值观、道德观念、法制观念以及性格、气质、能力、兴趣等个性特征。心理因素对人的行为具有重要影响。

(3)文化因素主要包括文化素养和职业素养。文化素养是指受教育程度、方式、文化水平、知识结构等。职业素养是指职业教育、职业技能、职业道德、职业经验等。这些因素也在一定程度上影响人的行为。

(4)经济因素所指的是由于所处的经济状况不同,如家境的贫富不均、个人收入差距等经济因素,会对人的行为产生很大的影响。

其次是客观因素。

(1)自然环境包括生活环境和工作环境,是指人们生活、工作空间的各方面条件和设施。这类因素是满足人的基本需要的物质条件,对人的心理和行为有着重要的影响作用。良好的生活环境和工作环境能够使人心情舒畅、精力充沛地投入工作,而生活环境窘迫,工作环境恶劣,必然使人的情绪受到影响,精力被分散,行为受到牵制。

(2)组织环境主要是指组织中的领导方式、人际关系、组织形式、组织文化、组织合力等。①领导因素是指组织各级领导人员的领导方式、领导作风、领导素质、领导艺术等。这些因素对成员的行为有直接影响,有效的领导者能

够充分调动下属的积极性，引发积极行为；相反，领导作风不正或领导无方，必然挫伤成员的积极性，引发消极行为。②人际关系因素是指成员在正式组织以及非正式小团体中与他人的关系、交往和沟通，这种交往与沟通对人的思想和行为都会产生重要影响。③组织形式是指组织结构、责权划分、管理制度等。这些因素的合理与否，在一定程度上制约着成员积极性的发挥。④组织文化是共同的价值观、信念、行为规范和传统习惯等，它决定着单位的风气，约束并影响着成员的行为。⑤组织合力是指组织对成员的凝聚力和吸引力，组织合力越大，对成员行为的影响就越大。

（3）社会环境是指整个社会的政治环境、经济环境、文化环境以及国际环境等。这些因素对人的行为的影响虽然是间接的，但其作用亦不可低估。例如，重大的政治经济事件、传统习惯和国际交往等，都会不同程度地影响人的行为。

2. 人的行为可从哪些方面获得改变

人类为了适应工作和环境的需要，必须经常改变自己的行为。人类行为的改变对个体来说，既具有生理意义，也具有社会意义。行为的改变主要包括以下几方面内容。

（1）知识的改变。知识的改变，一般比较容易做到，它可以通过读书、学习、听报告、个人进修或信息交流等途径来实现。个人知识结构的改变，可使人认识到改变行为的必要性。

（2）态度的改变。态度是人们对事物的评价倾向，与人们的认识密不可分。态度往往带有强烈的情感成分，并非理智所能随意驾驭。另外，态度的改变还常常受到各种人际关系的影响，因此，要比知识的改变更困难一些。

（3）个体行为的改变。人的行为不仅是由人的动机决定的，同时还包含着态度的意向成分。态度的意向成分决定着个人对态度对象的行为倾向，对行为起着准备作用。态度和行为虽然不是一对一的关系，但是态度对行为的影响有不可忽视的作用。行为的改变，还要受人们习惯的影响，而习惯是一种常年化的行为结果，它是构成一个人性格的重要成分。所以，行为的改变一般要更困难一些。

（4）群体行为的改变。相对个人行为的改变，群体行为的改变更加困难。因为群体本身就是一个强化单位，群体的意识、规范、道德、传统、风俗、习惯等，制约着每个群体成员的行为。群体行为的改变，必须首先针对整个群体，而不是针对个人，这样，才能使每个群体成员在心理上减轻压力，使得群体行为的改变变得容易接受。

案例：津巴多的监狱模拟实验

斯坦福大学心理学家菲利普·津巴多和他的同事完成了一项角色试验。他们在斯坦福大学心理系办公楼的地下室里建起了一座"监狱"，以每天15美元的价格雇了24名大学生参加为期14天的实验。这些学生情绪稳定、身体健康、遵纪守法，在各项人格测验中的得分均属"正常"。实验者给这些学生随机分配角色：一部分人为"看守"，另一部分人为"犯人"，并制定了一些基本规则。为了使实验"逼真"，津巴多得到了帕洛阿尔托市警察署的协作。警察在没有事先通知的情况下进入扮演犯人的学生家中，在朋友和邻居面前逮捕了该学生，给他们戴上手铐，并塞入警车。然后把这些学生带到警察署，录完口供并按压手印后送入"斯坦福监狱"。模拟实验原定两周时间。刚开始时，被分配做"看守"的学生与被分配做"犯人"的学生之间没有多大差别。做"看守"的学生也没有受过专门训练来看守犯人。他们只是被告知要"维护监狱的法律和秩序"，不理会"犯人"的胡言乱语（例如，"犯人"说的"禁止使用暴力"）。为了更真实地模拟监狱生活，"犯人"可以接受亲戚和朋友的探视。不过，模拟"看守"可以每8小时换一次岗，而模拟"犯人"除了出来吃饭、锻炼、上厕所以及办些必要的事情之外必须全天待在牢房里。"犯人"们没用多长时间，就承认了看守的权威地位。特别是在实验的第二天，"看守"们"粉碎"了"犯人"试图进行的反抗之后，"犯人"的反应更为消极。不管"看守"吩咐什么，"犯人"都唯命是从。"犯人"真的开始相信，正如"看守"经常提醒他们的那样，他们低人一等、无力改变现状。而且，在模拟实验的过程中，每一名"看守"都做过虐待"犯人"的事情。令人诧异的是，在整个实验过程中——甚至在遭受虐待的日子里，没有一个"犯人"站起来说："不许这样。我和你一样是学生，这只不过是一个实验而已。"由于参加实验的学生在

101

实验中表现出了病态反应，研究人员不得不在实验进行了 6 天之后提前终止了实验。请注意，参加这次实验的人都是经过严格挑选的神智正常、情感稳定的人。

提示：一个简单的假设角色可以很快进入个人的社会现实中，他们从中获得自我认同，继而影响他们的行为。可见，人的角色地位改变将对人的社会心理与社会行为产生多么大的影响。

你是否遇到过因个人原因或环境改变导致行为发生偏差的事？如果有，请举例＿＿＿＿＿＿＿＿＿＿＿＿＿＿＿＿＿＿＿＿＿＿＿＿＿＿＿＿＿＿＿＿＿＿＿

＿＿＿＿＿＿＿＿＿＿＿＿＿＿＿＿＿＿＿＿＿＿＿＿＿＿＿＿＿＿＿＿＿＿＿＿

思考训练

有一个网上流传很广的故事，中国几名留德大学生见德国人循规蹈矩，做事刻板，不知变通，就存心捉弄他们一番。他们在相邻的两个电话亭分别写上"男""女"的字样，然后就躲在暗处，看"死心眼的"德国人到底会怎样做。结果他们发现，所有到电话亭打电话的德国人，看到"男""女"的标志后，都毫不犹豫地进入自己该进的亭子。有时"女亭"这边电话闲置，"男亭"那边宁可排队也不进入"女亭"。试对这个故事进行评述。

拓展阅读

如何改变行为模式

如果我们想改变自己的行为，一个有效的办法就是：把我们的旧行为和痛苦连在一起，而把所希望的新行为和快乐连在一起。请记住以下几个步骤：

第一步，确定什么是你所要的，而又是什么妨碍了你。你要的越是明确、越是具体，就越能够发挥力量，快速地达成目标。

第二步，找出改变的杠杆，认定不变会有很大的痛苦，而现在就变会有很大的快乐。

第三步，中止你原有的行为模式。要想中止一个人的行为模式，最好的方法便是给他们来个出其不意，施加他们一些完全没想到的事。你不妨给自己想一些能中止旧习惯的方法，看看有哪些能够改变情绪低落、烦恼和消除内心压力的方法。下次若是你觉得有些情绪不佳时，不妨赶快跳起来，仰望蓝天喊叫一声，这个动作看起来或许有些好笑，不过确能改变你的状态，让你的思绪不再往牛角里钻。

第四步，另外找出一个新的且好的行为模式。

第五步，不断调整新的行为，使之成为习惯。最简单的调整方式便是一而再、再而三地重复那个新的行为，使它在我们的脑子里成为粗壮的神经链。

任务二　遵循规则，有序管理

 **主题活动一**

参赛资格谁来决定

我在美国时，一次与两位同事去附近的社区球场打球，没过一会儿，4个年龄都在十七八岁的美国小伙子过来想和我们一起打球。我们当即表示同意，但问题是我们中方有3人，美方却有4人。当我们提出问题后，他们4人马上走到罚球区一个接一个投篮。两轮投篮结束后输的一位默默退到了场外。我恍然大悟，原来他们以定点投篮来决定谁有资格参加比赛。

提示：当体现公平的活动规则成为人们自觉遵守的行为规范时，效率也就随之而来。

我的看法_____

_____

知识导航一

没有规矩不成方圆

中国有句俗话：没有规矩不成方圆。其意思是，没有规矩的约束，人类的行为就会陷入混乱。到底怎样的生活才更惬意？没有规则的自由是不是一种真的自由？德国人的名言是，循规蹈矩，一丝不苟才是轻松的活法，而凡事无章可循，才使人疲惫不堪。德国人把用规则看守的世界称为"天堂"。在这个"天堂"里，规则首先是要科学合理的，其次要有对规则的集体信任。

或许有些人会将此视为刻板固执，嗤之以鼻。但实际上，规则不仅保证着人们在工作、学习和生活上的公平公正，带给他们效率，甚至保证着他们心灵的自由：知道有所为有所不为，灵魂才在高处放声歌唱。在好规则面前，懂得捍卫和赞美，才是人类崇高精神的体现。心中有正义良善的规则，犹如灵魂有了信仰和指向，人的生活才会享受更多的明媚阳光。

其实，我们就时刻生活在规则之中，有制度、章程、法规等。但是，有的人被规则包围了，被规则驱使着，感觉很被动；有的人把规则装进了心里，化作了行动，感觉很自由。

这是为什么呢？是规则意识的作用。即使在无人看守时，也自觉遵守规则，这就具备了规则意识。古人认为：个人修养的至高境界，就是慎独。独自一人做事时，同样遵守规则，这就是修养。

要坚持自己合乎规则的行为，并转化为自身的一种内在需要，形成一种自然习惯。当然，形成习惯并非"一日之功"，我们通过自己的行动，才能促使规则意识内化，促使责任感升华，促使"规则无人看守"时的自律。当规则意识深深地镌刻在一个人心灵的碑石上，当责任感自然地践履于个人的行动中，他就感觉不到规则的束缚，感到的是义不容辞和责无旁贷，于是，精神的自我完善也就水到渠成了。

案例：1764年的一天深夜，一场大火烧毁了哈佛大学的图书馆，很多珍贵的古书秘籍被毁于一旦，让人痛心疾首。有名学生尤其面色凝重。突发的火灾把这名普通学生推到了一个特殊的位置，逼迫他做出选择。在这之前，他违反图书馆规则，悄悄把哈佛牧师捐赠的一本书带出馆外，准备优哉游哉地阅读完后再归还。突然之间，这本书就成为哈佛牧师捐赠的 250 本书中的唯一幸存的珍本。怎么办？是据为己有，还是光明坦荡地承认错误？经过一番激烈的思想斗争后，终于敲开了校长办公室的房间，说明理由后，郑重地将书还给学校。霍里厄克校长接下来的举动更令人吃惊，收下书表示感谢，对学生的勇气和诚实予以褒奖，然后又把他开除出校。

提示：让校规看守哈佛，比用其他东西看守哈佛更安全有效。

我的感受是_____

_____

思考训练

2006 年有城市曾一度开展交通大整治，在路口布岗放哨，对违规者处以 50 元罚款，一位女研究生不服处罚，和交警发生了肢体冲突，不仅被处以 10 天拘留，随后也丢了工作。让管理部门始料未及的是，市民对女研究生多抱有同情之心，甚至有论者发问，当权者利用手中的权力肆意妄为而得不到应有的约束，一个弱女子却因为轻微的违规而付出惨重的代价。

试对该现象进行评述。

主题活动二

改进本校校纪校规（学生手册）的设计缺陷

仔细阅读学校的校纪校规（学生手册），找出设计有缺陷的规定，并提出改进方案。

生活与生涯管理

知识导航二

管理的优势在规则

1. 规则的重要性

案例：春秋时期，有一次孙武去见吴王阖闾，与他谈论带兵打仗之事。吴王见他说得头头是道，心想我得看看他的实效如何。于是吴王要求孙武替他训练宫女。孙武答应了，并挑选了一百个宫女，让吴王的两个宠姬担任队长，有板有眼地操练起来。

孙武先将列队训练的要领清清楚楚地讲了一遍，但正式喊口令时，这些宫女笑成了一团，乱作一堆，谁也不听他的。孙武再次讲解了要领，并要两个队长以身作则。但他一喊口令，宫女们还是满不在乎，两个当队长的宠姬更是笑弯了腰。孙武严厉地说道："这里是演武场，不是王宫。你们现在是军人，不是宫女。我的口令就是军令，不是玩笑。你们不按口令训练，这就是公然违反军法，理当斩首！"说完，便叫武士将两个宠姬杀了。场上顿时肃静，宫女们吓得谁也不敢出声，当孙武再喊口令时，她们步调整齐，动作划一，很快成了训练有素的军人。孙武派人请吴王来检阅，吴王正为失去两个宠姬而惋惜，再没有心思来看宫女训练，只是派人告诉孙武："先生的带兵之道我已领教，由你指挥的军队一定纪律严明，能打胜仗。"孙武没有说废话，而是从立信出发，换得了军纪森严、令出必行的效果。

提示：规定应该少定，一旦定下之后，必须严格遵守。令出必行才能保证成功。

请谈谈这个故事对你的启示_____

_____

2. 最有序的管理是规则管理

案例：这是一个发生在第二次世界大战中期，美国空军和降落伞制造商之间的真实故事。在当时，降落伞的安全度不够完美，即使经过厂商努力改善，使得降落伞的良品率已经达到了99.9%，应该说这个良品率即使现在许多企业也很难达到。但是美国空军却对此公司说"No"。他们要求所交降落伞的良品率必须达到 100%。于是降落伞制造商的总经理便专程去飞行大队商讨此事，看是否能够降低这个水准？因为厂商认为，能够达到目前这个程度已接近完美了，没有必要再改。美国空军一口回绝，因为事关人命，品质不能有折扣。后来，军方要求改变了检查品质的方法。那就是从厂商交货的降落伞中，随机挑出一个，让厂商负责人穿上后，亲身进行跳伞。这个方法实施后，不良率立刻变成零。

提示：最好的管理来自最好的规则，最好的规则来自最好的设计。将规则的设计目标与执行者的切身利益最大限度地结合在一起，是规则相关链条中不可缺少的一环。

管理实践表明，把一切建立在自我觉悟的基础上，那是软弱无力的；把一切寄希望于"人治"则不可避免这样或那样的随意性、盲目性。尊重和遵守规则是一种教养、一种制度、一种文化、一种现代人必需的品格。没有这样一种品格你将无法在社会中生存。我们平时津津乐道的素质，不仅是一种文化水平，也是一种道德修养，同时更是一种规则意识。

 思考训练

2002 年 6 月，《南方都市报》刊登了一只猴子摘香蕉的故事。实验人员把五只猴子关在一只大笼子里，笼子顶上悬挂一串黄澄澄的香蕉，但这串香蕉连着一个机关，一旦香蕉被接触，马上就会有水从笼顶大面积喷下来。有一只猴子想去拿香蕉，结果水喷了下来，所有的猴子都淋湿了。之后，每只猴子都做了这种尝试，结果都是一样。于是，猴子们有了一个共同的认识：不要去拿香蕉，以免淋水。实验人员用外面的一只猴子置换了笼子内的一只猴子，新猴子名叫皮皮。皮皮进入笼子，定下神来，发现笼顶悬挂的香蕉，大喜过望，马上跳起来摘香蕉。结果，被其他四只猴子打了一顿。因为这四只猴子不想被水淋湿。皮皮不甘心，又试了几次，不但没有摘到香蕉，反而被打伤。实验人员又用外面的一只猴子置换笼子中的一只，这只新猴子叫卡卡。卡卡同皮皮一样，看到香蕉后，迫不及待要去摘。当然，如皮皮刚进入的情形一样，被其他四只

生活与生涯管理

猴子打了一顿……最后，原来的猴子都被换成新猴子，但大家都不敢去动香蕉。但是都不知道原因，只知道动香蕉会被其他猴子"扁"。

在这个故事中，没有一个明确的首领先制定形式上的规则，但最后依然形成了规则，规则存在于原来的猴子的记忆中，并且它们会把这种记忆不断传递给新来的猴子。

请问：故事给你什么启发？

 拓展阅读

健康重要还是规则重要

日本人遵守规矩的意识非常强烈。有一次，一个母亲带着孩子开车上了高速公路，正碰上堵车，大家都把车停下等着。这时，孩子开始内急，但也得忍着，因为日本法律规定，司机和乘客不能在高速公路上下车，即使前面堵车，你必须在车里等待。这就是说，孩子不能下来小解。万般无奈，母亲拿了一只塑料袋，让孩子把尿撒到里面，然后，开车带回自己家。这个消息经媒体披露，引发了一场全国性的大辩论，有的认为法律的制定应人性化，让普通老百姓有回旋的余地；有的认为这位母亲这样做很好，是遵纪守法的典范。但没有一种观点认为，孩子应该下车撒尿。

主题活动三

日本人的绝招是什么

某企业因为经营不善导致破产,后来被日本一家财团收购。厂里的人都在猜测日本人能带来什么先进的管理办法。出乎意料的是,日本只派了几个人来。制度没变,人没变,机器设备没变。日方就一个要求:把先前制定的制度坚定不移地执行下去。结果不到一年,企业就扭亏为盈了。

提示:失去执行力,就失去了企业长久生存和成功的必要条件。没有执行力,就没有核心竞争力。

知识导航三

规则管理的关键在执行

好的制度,还需要好的执行力相配合。每个单位都有很多规章制度,但我们的制度执行力肯定不如实验中的猴子那么强。让制度成为合理有效的规则,让全体员工自觉遵守规则,让规则来管理,是一个优秀组织应该做到的。

1. 执行是规则管理的最关键环节

无论多么好的规则,如果不能得到有效的执行,就变成了一纸空文。更重要的是,不严格执行一旦形成习惯和风气,将会影响整个组织的有效运转,甚至会导致组织的灭亡。

在管理情境中,我们不需要很多人来研究制度的条款,追究它们的合情与合理性。但我们需要所有人不折不扣地执行制度。执行力的关键在于透过组织文化影响所有员工的行为,因此组织很重要的定位就在于营造执行力文化。

2. 规则的延续性

猴子的规则很有延续性,懂得规则背后缘由的猴子离队以后,这种规则依然成为新来的猴子的团队精神。

有些组织制度执行力不强,主要是没有常抓不懈,对政策的执行不能始终如一地坚持,虎头蛇尾,导致虽有好的制度,规定也得不到有效执行。

3. 规则的创新性

世界上哪怕曾经是最优秀最完美的规则,也不可能永远有效。因此,在检查规则落实情况时,不仅要关注全体员工行为与规章制度的符合性和有效性,还要查找规则是否存在与文化理念相冲突的地方,以不断改进组织的规章制度。规则文化要求组织有这样一种氛围,即为了组织发展,每个员工都可以提议有关部门对规则进行修改。我们制定的规则必须能不断纠错并能修复,有所创新。这是规则文化不断成长的标志。

思考训练

小 测 试

（1）在家庭中,我们是父母的孩子。在学校里,我们是老师的学生。在社会上,我们是国家的公民—— 这说明（　　　）

A. 人是善变的　　　　　　　B. 每个人都拥有不同的角色或身份

C. 人善于适应新环境　　　　D. 每个人都想不断改变自己

（2）鲁迅小时候上学经常迟到。为了保证自己以后上课绝不迟到,他在课桌上刻下一个"早"字,时刻提醒自己不要再迟到。此后,他真的没有迟到过。对此,你的认识是（　　　）

① 鲁迅是一个负责任的人　② 鲁迅做好了自己该做的事　③ 鲁迅有良好的自我控制能力　④ 鲁迅是一个时刻依靠提醒才不迟到的学生

A. ①②③　　　B. ②③④　　　C. ①②④　　　D. ①③④

（3）"日月星,花鸟虫,因时序,相平衡;循轨道,行车船,有规矩,成方圆。"这句古训揭示的一个重要道理是（　　　）

A. 做任何事情都要有规矩、懂规矩、守规矩

B. 画圆要有规,无规就画不成圆

C. 制方要有矩,无矩就制不出方

D. 人的活动要受思想动机、目的、愿望的支配

（4）"无规矩不成方圆"这条古训是人们在实践中总结出来的至理名言，其含义是（　　）

① 人人都有自己的生活准则，按自己的准则办事　② 做事要有规矩，懂规矩　③ 社会公共生活要有共同准则　④ 人的社会生活少不了规矩

A. ①②③　　　　B. ②③④　　　　C. ①③④　　　　D. ①②④

（5）下列对规则理解错误的是（　　）

A. 社会生活中的规矩是社会成员都应遵守的行为准则

B. 社会生活离不开规则，守规则十分重要

C. 生活中每一种准则都差不多，无特殊行为规范

D. 社会生活规则有有形和无形两类

（6）在学校，我们既要遵守学生守则和学生日常行为规范，也要时常检查自己的行为，反思我们的言行是否妨碍他人。这说明（　　）

A. 公共生活规则有有形和无形两类

B. 在公共生活中人们没有自由

C. 服从公共生活的规则是一种被迫行为

D. 公共生活的规则使人的生活变得不方便

（7）繁忙的马路，由于有了交通规则，变得秩序井然。激烈的比赛，因为有了规则的约束，变得友好文明。这说明规则（　　）

① 能够解决一切矛盾　② 使利益不同的人们能够协调相处　③ 使彼此的竞争交往能够有序地展开　④ 有有形和无形两类

A. ①②　　　　B. ③④　　　　C. ①④　　　　D. ②③

（8）服从公共生活的规则对我们而言应该（　　）

① 是自我约束　② 是被迫行为　③ 是一种生活方式和习惯　④ 是一种无奈的选择

A. ①②　　　　B. ③④　　　　C. ①③　　　　D. ②④

（9）春节是中国最隆重的团聚的节日，外出的人总是不远万里回家团聚。在车站许多乘客自觉排队购票和进站的行为充分体现了（　　）

A. 自觉遵守公共规则　　　B. 自觉保护公共环境

C. 自觉爱护公共设施　　　D. 尊重和平等地对待他人

（10）走在路上，需遵守规则。影剧院里，需遵守规则。游乐场所，需遵守规则——社会公共生活充满了规则。面对充满规则的公共生活，我们应采取的态度是（　　）

A. 逃避、远离　　　　　　B. 积极参与

C. 无所谓，与我无关　　　D. 需要时参与，不需要时远离

 拓展阅读

破 窗 理 论

美国斯坦福大学心理学家菲利普·津巴多于1969年进行了一项试验。他把两辆一模一样的汽车分别停放在两个不同的街区。其中一辆停放在中产阶级居住的帕洛阿尔托街区，另一辆停放在相对杂乱的布朗街区。停放在布区的那辆，他又将其摘掉车牌、顶棚打开，结果这辆车一天之内被盗。而帕区的那辆，一周之后仍完好无损。后来，津巴多把完好无损的那辆车敲碎一块玻璃，结果仅数小时车就不见了。

此后，犯罪学家凯琳也发现了类似的现象：在她上班的路旁，有一座漂亮的大楼。一天，她见到楼上一扇窗户的玻璃被打破，显露出破窗与大楼的不协调。过一段时间，她惊奇地发现，破窗没得到维修，大楼又多了几个破碎的窗子。

"破窗理论"以及"偷车试验"告诉我们：人的行为和环境均具有强烈的暗示性和诱导性，对于不良行为和环境，我们必须具有及时修好"第一扇被打碎的玻璃窗"的积极警觉态度和雷厉风行的作风。

任务三　生活中的法律智慧

主题活动一

"PS" 风 波

　　某高校大三女生小张，在浏览学校论坛时发现，一个署名"冰淇淋"的人，将3张明星照片发到了互联网上，小张仔细一看，脸虽是明星的，但身体部分却是自己的，而且还穿着睡衣，同学一看便知道是自己，小张极为气愤。据调查，这是小张的同学胡某所为。

　　（1）胡某的做法是否妥当？

　　（2）该案例对公民正确行使民事权利有何启示？

知识导航一

生活中的法律常识

　　法治是一种"公共的善"，它所创造的公共空间应当是一种促使人们追求幸福和自由的生存空间。法治目标只有和大多数人的人生追求形成良性互动才会体现一种终极关怀。公众可以在知识层面上是法律外行，但是，在内在的心灵层面，却要有一种与法律精神不谋而合的东西，唯有如此，才不会与公共理性和规则有隔膜。法治是人类交往与社会生活中的一种德行。当下的生活世界是无法脱离法律目光的审视和考量而存在的。从某种意义上说，一个对法律接受很困难的人，其对现代生活的适应能力是值得怀疑的。精英人物的杰出之处往往在于他能够迅速地把握不同环境中的游戏规则，用出色的适应能力获取生活的高效益。很难设想一个在法律空间内"水土不服"的人会很好地调适自己的生活心态，控制自己的生活行为。

生活与生涯管理

1. 人身权与民事责任

社会是由人组成的，人与人之间就形成了各种各样的社会关系。在这些社会关系中，有一部分是由民法调整的，比如说所有权关系、合同关系等。这里的民法，是规定并调整平等主体的公民之间、法人之间及其他非法人组织之间的财产关系和人身关系的法律规范的总称。是国家法律体系中的一个独立的法律部门，与人们的生活密切相关。民法主体依法享有民事权利，履行民事义务。

民事权利中一项很重要的权利是人身权。人身权又称非财产权利，是指不直接具有财产的内容，与主体人身不可分离的权利，它包括生命、健康、名誉、隐私、肖像、姓名等权益。

（1）生命健康俱可贵

生命健康权是一个人最基础的权利。《中华人民共和国民法典》（以下简称《民法典》）规定，自然人享有生命权、身体权和健康权。自然人的生命安全和生命尊严，身体完整和行为自由，以及身心健康受法律保护，任何组织或者个人不得侵害他人的生命权、身体权和健康权。

（2）姓名权、肖像权受保护

《民法典》规定，自然人享有姓名权，有权决定、使用、变更或者许可他人使用自己的姓名，但是不得违背公序良俗。任何组织或者个人不得以干涉、盗用、假冒等方式侵害他人的姓名权。肖像权是人们对其外部形象所享有的人格利益。公民对自己的肖像享有再现、使用和排除他人侵害的权利。《民法典》规定，自然人享有肖像权，未经本人同意，肖像作品权利人不得以发表、复制、发行、出租、展览等方式使用或者公开肖像权人的肖像。最高人民法院在司法解释中进一步规定，以营利为目的，未经公民同意利用其肖像做广告、商标、装饰橱窗等，应当认定为侵犯公民肖像权的行为。

（3）名誉隐私不可侵

名誉权：公民、法人享有名誉权，公民的人格尊严受法律保护，禁止用侮辱、诽谤等方式损害公民、法人的名誉。

隐私权：隐私，不一定是什么不可告人的秘密。法律对隐私的保护，是针对私人生活中不愿意让人知道的信息，是为了保障人们私人生活的安宁，使其不受干扰。我国对公民隐私的保护,是宪法规定的公民权利,如通信自由、住宅不受侵犯等的具体体现。我国民法对于公民的隐私,是与名誉权一并保护的。最高人民法院在相关司法解释中进一步规定,以书面、口头等形式宣扬他人隐私的,应当认定为侵害公民名誉权的行为。

侵犯民事权利,就要承担相应的责任,即民事法律责任。另《民法典》规定,向人民法院请求保护民事权利的诉讼时效期间为三年,法律另有规定的除外。超过诉讼时效起诉的,法院不再支持民事主体要求保护权利的主张。

2. 信守合同与违约

合同是平等主体的自然人、法人、其他组织之间设立、变更、终止某种民事权利义务关系的协议。在合同关系中,享有合同权利的人称为债权人,负有合同义务的人称为债务人。

提到订立合同,我们首先想到的就是白纸黑字的合同书。其实,根据《合同法》的规定,合同不仅限于书面形式,还包括口头形式和其他形式。订立书面合同并不是传统观念的小人之举,我们要树立合同意识。合同的订立是当事人各方通过平等协商就合同条款达成意思表示一致的过程。任何一份合同,无论采取何种形式,都离不开提出条件→接受条件的过程。这个过程称为要约与承诺。有时一份合同要经历反反复复的要约与承诺才最终得以成立。要约是一方当事人向对方发出希望与对方订立合同的意思表示。承诺是受要约人同意要约的一种意思表示,应该由受要约人在要约确定的期限内及时向要约人作出,其内容必须与要约的内容一致。要约邀请不等于要约,不具有法律约束力;承诺一旦作出,即具有法律约束力,合同即告成立。

合同的内容一般应包括当事人名称或姓名和住所;标的;数量;质量;价款或报酬;履行期限、地点和方式;违约责任;解决争议的方法等。

有效合同要求订立合同的行为人具有相应的民事行为能力,外在表示行为与内心意思相一致,并遵守法律、行政法规,尊重社会公德,不得扰乱社会经济秩序,损害社会公共利益。

有下列情形之一的,合同无效:一方以欺诈、胁迫手段订立合同,损害国家利益;恶意串通,损害国家、集体或第三人利益;以合法形式掩盖非法目的;

生活与生涯管理

损害社会公共利益；违反法律、行政法规的强制性规定。

在履行合同的过程中，有时难免会因一些主客观原因导致当事人一方不履行合同义务，或者履行合同义务不符合约定，这就构成了违约。违约一方应当承担法律责任，这就是违约责任。违约责任既是不履行合同义务者应该付出的代价，也是法律对权益受损的一方给予的救济。违约责任的承担方式有继续履行，赔偿损失，采取补救措施，支付违约金等。违约责任的免责情形有：法定免责（不可抗力）：当客观上发生地震、洪水、火灾、战争等不能预见、不能避免并不能克服的客观情况，合同当事人未能按约定履行合同义务是由这一不可抗力导致时，当事人的违约行为可以免责。约定免责：双方在订立合同时达成的免责情形，只要符合法律规定，届时可以对违约方免责。

3. 劳动就业与维权

大学毕业后，走上工作岗位的毕业生作为劳动者，在工作中难免遇到各种涉及自己劳动权益的法律问题，这就需要了解和掌握与劳动相关的法律知识。

通往成功就业之路的第一步是签订劳动合同。劳动合同是劳动者与用人单位确立劳动关系、明确双方权利义务的协议，它表示劳动者与用人单位正式确立了劳动关系。依据劳动合同，劳动者与用人单位之间的权利义务得以固定和明确，劳动者与用人单位的合法权利得以维护和保障。我国《劳动法》规定，建立劳动关系应当订立劳动合同。

签订合同前仔细阅读合同条款，全面了解权利和义务。劳动合同的条款分为必备条款和补充条款两类。必备条款是任何劳动合同必须具备的条款，包括：劳动合同期限，工作内容和工作地点，工作时间和休息休假，劳动报酬，社会保险、劳动保护、劳动条件和职业危害防护。补充条款有：试用期等。

根据《劳动法》的规定，当用人单位与劳动者发生劳动争议，当事人可以协商解决，也可以依法申请调解、仲裁、提起诉讼。双方当事人可在自愿、平等的基础上就争议的问题进行友好协商。如果协商一致，可以达成和解协议；但是和解协议不具有必须履行的法律效力。协商解决和调解都不是处理劳动争议的必经程序。所以，如果劳动者根本不打算与单位协商和调解，可以直接提起劳动争议仲裁。劳动争议仲裁的裁决是有法律约束力的，当事人没有异议就必须履行。如果对仲裁裁决不服，可以向法院提起诉讼。劳动争议仲裁是提起劳动争议诉讼的必经程序，当事人不能越过仲裁而直接向人民法院起诉。

案例：2006年2月，江苏省海门市一家空调设备公司招聘一名办公室文员。江苏徐州某学院陈某得到招聘信息后，便持《2006届毕业生双向选择就业推荐表》前去招聘会上报名应聘。几天后双方签约。2006年2月27日，陈某如约来到空调设备公司，双方签订《劳动合同协议书》约定：2006年陈某担任职务为办公室文员；合同期限为一年，从2006年2月27日至2007年2月27日止；其中试用期三个月，从2006年2月27日至2006年5月27日止；试用期月薪为500元；试用期满后，按陈某技术水平、劳动态度、工作效益评定，根据评定的级别或职务确定月薪。此时陈某尚未毕业属在校生，正在撰写毕业论文。合同订立后，陈某便到公司上班，其间，利用业余时间完成毕业论文。2006年4月21日，陈某去公司上班途中遇交通事故，被送往医院救治。陈某在治疗、休息期间，经学校同意以邮寄方式完成了毕业论文及答辩，于2006年7月1日拿到毕业证书。2006年8月，伤愈后的陈某多次向公司交涉，认为双方既然签订了劳动合同，其身份属于公司员工，应该享受工伤待遇，但遭到公司拒绝。2006年11月8日，陈某向海门市劳动部门提出认定劳动工伤申请。公司得知陈某提出工伤申请后，也于同日向当地劳动争议仲裁委员会提出仲裁申请，认为陈某在签订劳动合同时仍属在校大学生，不符合就业条件，要求确认双方的劳动合同无效。陈某针对公司的仲裁申请，请求确认双方劳动合同约定试用期为三个月、月薪500元的条款违法，要求其月薪按社会平均工资标准执行，同时要求公司为其办理社会保险，缴纳各种保险金。

请问：（1）陈某是否具备签订劳动合同的主体资格？（2）实习、勤工助学和就业的区别是_____

---

4. 律师——维权的好帮手

律师是专门的法律执业人员，在我国社会主义建设进程中扮演着一种越来越重要的角色。因为大量的纠纷涉及法律专业问题，当事人需要律师的帮助。

律师是依法取得律师执业证书，为社会提供法律服务的执业人员。律师的基本职责是维护当事人的合法权益，维护法律的正确实施，维护社会公平和正义。

律师承接的业务有：①诉讼业务：接受民事、行政案件当事人的委托，担任代理人，参加诉讼；接受刑事案件犯罪嫌疑人的聘请，为其提供法律咨询，代理申诉、控告，申请取保候审；接受犯罪嫌疑人、被告人的委托或者人民法院的指定，担任辩护人；接受自诉案件自诉人、公诉案件被害人或亲属的委托，担任代理人，参加诉讼；代理各类诉讼案件的申诉。②非诉讼业务：接受公民、法人和其他组织的聘请，担任法律顾问；接受当事人的委托，参加调解、仲裁活动；接受非诉讼法律事务当事人的委托，提供法律服务；解答有关法律的咨询，代写法律文书和有关法律事务的其他文书等。

律师在参与诉讼时的不同称谓为：辩护人——受刑事案件的犯罪嫌疑人、被告人委托或法院指定而担任；代理人——受民事、行政案件的原、被告以及刑事案件的受害人委托而担任。

案例：张某涉嫌非法集资被逮捕和起诉。庭审时，辩护人王律师为张某作无罪辩护，引起旁听观众的激愤，因为他们把钱投到了张某宣称可获得高额回报的项目中却血本无归。庭审结束后，王律师遭到围攻和责骂，被指责替坏人说话，为坏人开脱罪责。王律师担任张某的辩护人，是在替坏人说话吗？不是，因为我国法律保障刑事案件被告人享有辩护权。《宪法》规定："被告人有权获得辩护。"《刑事诉讼法》也规定："被告人有权获得辩护，人民法院有义务保证被告人获得辩护。"辩护权是由我国刑事和刑事诉讼法的两大职能"惩罚犯罪与保障人权"所决定的。

根据我国的法律援助制度，律师、公证员、基层法律工作者等法律服务人员，都要在国家设立法律援助机构的指导和协调下，为经济困难或特殊案件的当事人给予减、免收费的法律帮助。

律师提供法律援助的形式包括：法律咨询，代拟法律文书；刑事辩护和刑事代理；民事、行政诉讼代理；非诉讼法律事务代理。各地司法行政机关还规定律师每年必须办理一定数量的法律援助案件。

思考训练

一个由四人组成的探险小组正在一个山洞里考察，洞口突然崩塌，还好，探险小组可以用手机和外面联系——救援队、地质专家和生物学家马上赶来，经过测量和研究，地质专家告诉被困在洞内的探险人员，打开洞口需要十天的时间，探险人员问外面的生物学家，说他们没有带任何食物，能够活多少天，生物学家说最多七天，洞里的人又问，如果杀死其中的一个人，其他三个人吃死者的肉，能够活到洞口被打开吗？生物学家极不情愿地说是。这以后，洞里的人就再也没有和外面联系了。

到了第十天，洞口被打开了，有三个人还活着，原来，这四个人在洞内进行了抓阄，三个幸运者将抽到那个死签的人杀死并把他的肉给吃了。这三个人身体恢复后，被告到了法庭，在案件讨论会上，不同派别的法官展开了激烈的争论。信奉实证法学的法官认为，法律应严格遵循条文，不应有特例，只要是故意杀人，就应该问罪。信奉自然法学的法官则认为，探险人员被困在山洞里，与外界隔绝，不应再适用人类社会的法律，而应根据自然界物竞天择、适者生存的法则，也就是他们吃掉同伴和我们平时吃其他的动物一样，不应该问罪。而信奉社会法学的法官则认为，这个案子应该听听社会民众的意见，不妨搞一个民意调查，看看大多数人的意见是怎样的？……

案例给我们什么启示？

拓展阅读

警察为了抓嫌疑犯而破坏了私人住宅怎么办

一个暴徒跑到你家，紧闭大门负隅顽抗，警察要逮住这个小偷又必须破门而入。警察如果冲进你家，就要损坏你家的房屋，侵犯你的财产权，警察为了不侵犯你的财产而放纵小偷，又会导致社会不安。在这种情况下，你该怎么办？请看下面这个案例。

美国明尼苏达州明市警察局得到消息，有两个犯罪嫌疑人将在该市东北角

某地出售偷来的毒品。晚上6点30分，警察到达该地点，不久犯罪嫌疑人带着毒品出现。当警察准备出击时，犯罪嫌疑人发现了警察。嫌疑人驱车以最快速度逃逸，警察在后穷追不舍。最后，嫌疑人弃车分头步行逃窜，其中一个嫌疑人逃到了原告的家里，藏在他家的房间里。原告的孙女和她的男朋友跑出房子，并报告警察。警察立即包围了原告的房子，同时呼叫警察局紧急应急小组，请求支援。当时是晚上7点。紧急应急小组由受过专门训练的人员构成，通常的任务就是对付那些负隅顽抗的犯罪嫌疑人、绑架者或者极度危险的犯罪人。在双方僵持阶段，警察一直用高音喇叭和电话与该嫌疑人取得联系。但是，直到晚上10点，警察没有得到嫌疑人任何回应。这时，警察开始按照通常的工作程序采取下一步行动。首先，警察向房子里投放催泪弹，至少25枚，想把嫌疑人逼出房子。警察几乎向每层的房间投掷了催泪弹，几乎损坏了房屋的所有窗户。其次，警察向房子里投掷震动型手弹，企图迷惑嫌疑人。最终，警察冲进房间，将正准备从窗户爬出的嫌疑人抓获。催泪弹和震动弹对原告的房屋造成严重的损坏。

原告对警察局的上级明市市政府提起不法侵害的诉讼，最后上诉到明尼苏达州最高法院。最高法院法官汤姆加诺维奇说，本案件的事实是清楚的，那就是警察在处理危险犯罪的过程中，向原告房子里投放了催泪弹和震动弹，毁坏了原告的财产。市政府要对原告承担损害赔偿责任，这是宪法的要求。

（摘自徐爱国.名案中的法律智慧［M］.北京：北京大学出版社，2005.）

主题活动二

大学生维权意识调查

活动时间：课外

调查对象：园区各大高校在读学生

调查方法：抽样问卷调查

调查目的：通过对部分大学生维权意识的抽样问卷调查，了解当代大学生的维权意识和能力，进而提出改进建议。

提示：大学生维权意识的增强，维权活动的开展，应是社会进步的表现，它反映了我国法制建设的进步。

通过这个实践，我的感受是_____

_____

 **知识导航二**

学会用法防患于未然

法律最基本的作用是规范人们的行为，其次才是充当裁决纠纷的准绳。但法律并不总是开宗明义地告诉你日常生活中如何去做，而且法律所构建的行为模式远不是我们生活的全部。面对不确定的法律和道德风险，注重日常生活中的每一个细节，防患于未然，也许比事后向任何大律师求救更为有用。下面所述，都是我们日常生活中经常遇到的事，但也许是我们比较容易忽视的地方。

1. 管好你的身份证及复印件。手机入网、银行开户、预订机票、入住酒店，都要求我们出示身份证原件或复印件，甚至进入某小区、参加某会议，也会让我们出示。在把身份证复印件交给对方时，最好在复印件上证件与空白处签名按指纹，注明"此复印件仅限于办理××××之用"和时间。如无必要，不要把身份证原件留给他人。

2. 慎重签名。生活中要求我们签名的地方很多，我们要多留些心眼。比如，要求你在某几项条款中作出选择时，不要光想着在你需要的一项中画钩，别忘了在你不需要的那几项中划叉。不要在他人手写的某张纸上签名，因为你难以确保他今后不再添加其他文字；在一份打印或复印的文件上签名时，注意你的签名与正文之间的距离不要太远。养成签名后立即写上时间的好习惯，即使没有这样的要求。千万不要在某人递给你的一份空白纸上签名。附带提一句，认真练习你的签名，起码不要让谁都容易模仿。

3. 索取并保留单据。几乎所有产品都把提供发票或收据作为我们享受售后服务的前提，因此索取并保留单据的重要性自然无须多言。相信大家都会把购买手机、空调、汽车等较大价值产品的发票保存好，如用盒子装这些发票和

凭证并固定放在家中或其他隐私性比较强的场所，而且在使用后原封不动地放回去。我们购物时要记得向商家索取发票，这是我们的权利。

4. 递交材料时让对方签收。这在诉讼中非常重要，不要以为收据只存在于货币的交付过程中。诉讼是一个有着严格程序的流水作业，程序是律师最后的权利，对普通人而言恐怕也是。在把材料特别是有严格提交时限的材料或者重要的原始证据提交给国家司法机关时，一定要让对方签收。当事人请律师时，往往出于对律师的信任，将原始证据都交给律师，但此时一定不要忘了让律师签收。

5. 留下痕迹。比如：你出差，保留你的机票或者旅馆发票；每个月的电话单你都可以打印下来；会见陌生人时，向对方索要名片；现金交纳大宗款项时，顺便把你从银行提款的单据也保留下来……很难说这些一定会发挥用场，但在某些时候它确实能给你重要的保障。

6. 远离风险。君子不立危墙之下，日常生活中发现并远离风险，是一门学问，需要不断摸索总结，多学习并掌握有关法律知识，对于自身保护，防患于未然还是有极大益处的。

 思考训练

2004 年 9 月，18 岁的盛某考进了湖北省武汉市的一所全国重点大学。2005 年 11 月，盛某申请办理兴业银行的信用卡一张，并恶意透支人民币 1552 元。2007 年 6 月 11 日，盛某冒用王彩芸的身份证并伪造学生证，骗领中国建设银行信用卡，随后透支了 3980.94 元。2008 年 7 月，盛某冒用同学耿利刚的身份证，将一张兴业银行的信用卡挂失，骗领得新卡，又透支了 1833.60 元。利用这个身份证，盛某在 2008 年 8 月至 12 月间，向银行谎称耿利刚的信用卡损坏，骗领到建设银行新卡，又恶意透支了 1085.52 元。而伪造收入证明也成了盛某的手段之一。2007 年 10 月至 2008 年 6 月间，他用伪造的武汉恒亿电子科技发展有限公司收入证明，先后骗领到招商银行 14 张信用卡，并透支了 7.5 万余元。随后，他又用耿利刚的身份证伪造"云南冶金集团总公司新立有色金属公司"收入证明，骗领招商银行 6 张信用卡，透支了 9994.08 元。用这个收入证明，盛某还从中信银行骗领了 6 张信用卡，透支了 7000 元。几年间，盛某共申领了 33 张信用卡，骗取人民币 18.9312 万元，他将这些款项用于赌博或购买彩票。最终在 2009 年 1 月 4 日，盛某由于无法偿还银行贷款向公安机关自首。

请问：盛某以虚假身份证明骗领信用卡以及恶意透支行为，触犯了什么法律，该受到何种惩罚？

拓展阅读

走出生活中的法律误区

误区之一："法不责众"。"法不责众"是人们思想观念中较为根深蒂固的一种错误认识，他们认为，如果违法的人多了，法律的尺度就能放宽，甚至不追究他们的责任。在这种错误认识的驱使下，有些违法行为成群结伙地干，如有些地方非法收费、有些单位制造伪劣产品等。而且，"法不责众"常常会被少数违法者所利用，如一些村委会长期拖欠债务，一旦法院来强制执行，个别村领导便以"法不责众"为由来唆使群众进行阻拦、闹事，甚至煽动群众集体上访。实际上，法律不会因为违法者人数极少而严加惩处，也绝不会因为违法者人数众多而放宽尺度，更不可能不予处罚。而且，"众"只是一个相对概念，从局部来看，他们似乎人多势众，但与法律所保护的整个主体相比，在任何情况下都是极少数的。因此，任何违法犯罪行为，一经查证属实，必将受到法律相应的惩罚。

误区之二："欠债还钱，天经地义"。"欠债还钱，天经地义"在老百姓心中已是毋庸置疑的道理，欠债哪有不还钱的？但在法律上，"欠债"还真有不还的时候。我国《民法典》规定了诉讼时效，也就是说，向人民法院请求保护权利是有期限的。一般情况下，期限是三年，从知道或者应当知道权利被侵害时起计算。但是，从权利被侵害之日起超过 20 年的，人民法院则不予保护。《民事诉讼法》也规定了申请执行期限，双方或一方是公民的，申请执行期限为一

年，双方都是单位的，申请执行期限为六个月，这就要求人们，当知道自己的权利受到侵害时，不要盲目等待债务人还钱，要及时向人民法院起诉，人民法院判决或调解后，债务人不在法律文书确定的期限内偿还债务的，不要被其花言巧语所骗，要及时申请人民法院强制执行。一旦超过了诉讼时效和申请执行期限，除非债务人自愿偿还，否则，法律也爱莫能助。

误区之三："家丑不可外扬"。中国人有个传统，都喜欢向脸上贴金，而将所谓的"家丑"藏在自己的心中。正是这种不分具体情况死要面子的传统，使得多少家庭发生了本不应该发生的悲剧，广大妇女更是身受其害。如今反对家庭暴力的呼声越来越高，而"家丑不可外扬"这种观念正为家庭暴力提供了滋生的沃土。一些妇女即使遭遇了家庭暴力，在外也装作若无其事，甚至强作笑颜，给人以家庭和睦的假象。"家丑不可外扬"不但会制造家庭悲剧，也能祸害一方，给人民的生命财产安全带来重大威胁，如某地发生了煤矿塌方、瓦斯爆炸等事故，煤矿领导甚至地方领导害怕走漏消息给自己的"政绩"带来影响，总是千方百计地私下做工作，置人民的生命财产于不顾。殊不知，这样带来的危害更大，后果更严重。"家丑不可外扬"害人不浅，因此，所谓的"家丑"该"扬"时还得"扬"，尤其是违法犯罪和重大责任事故，更是捂不得，否则，等待你的只能是更大的伤害和教训。

误区之四："有理走遍天下"。"有理走遍天下"本为世人所津津乐道，但在法制观念不断更新的今天，我们不得不对它进行重新审视。现在人们相互之间发生纠纷，往往会诉诸法律，但法律确认事实则要求有相应的证据来证明。最高人民法院公布的《关于民事诉讼证据的若干规定》中规定，法院受理案件后，要向各方当事人送达举证通知书，并在该通知书中载明根据案情所指定的不少于30日的举证期限，在举证期限内不提交证据的，视为放弃举证权利。对于逾期提交的证据材料，如果对方不同意质证的，法院则不再组织质证。而没经过质证的证据材料，法律是不会认定的，那么，相应的"事实"也就得不到法律的认定。所以，如果对案件采取坐视的态度，不积极主动地去调查取证，尽管在法庭上振振有词，但最后相关事实仍有可能因无证据证实而得不到法律的支持。因此，从这个意义上讲，"有理"未必能"走遍天下"。

误区之五："天网恢恢，疏而不漏"。人们总爱用"天网恢恢，疏而不漏"来说明犯罪分子一定会受到法律的惩罚。殊不知，这只是一种美好的愿望，"天网"也有"漏"的时候。不可否认，目前受到各种因素的制约，仍有相当部分的案件不能侦破或不能及时侦破，而我国《刑法》对犯罪分子的追诉是有一定时效限制的，如对法定最高刑为无期徒刑和死刑的，经过 20 年，即视为已过了法定追诉时效期限，不再追究犯罪分子的刑事责任。因此，作为受害人，更要积极主动地与公安机关相互配合，争取早日破案。同时也应注意，有时候法律也会力不从心，当不幸降临时，切不可因犯罪分子没有受到应有的惩罚而对法律丧失信心，更不可丧失生活的信心和勇气。

参考文献

［1］王丽娜. 法律——人类行为的规则［M］. 北京：清华大学出版社，2002.

［2］叶青. 生活中的法［M］. 上海：上海社会科学院出版社，2004.

［3］石上枯桐. 规则定成败——突破中国式管理死弯［M］. 广东：广东经济出版社，2010.

［4］［美］曼狄诺. 羊皮卷全书［M］. 黎策，编译. 吉林：吉林大学出版社，2010.

［5］［日］匠英一. 每天懂一点行为心理学［M］. 郭勇，译. 江苏：江苏文艺出版社，2011.

［6］［美］斯蒂芬·罗宾斯蒂莫西·贾奇. 组织行为学（第 16 版）［M］. 孙健敏，等译. 北京：中国人民大学出版社，2019.

模块四

管理生涯目标

　　贸易巨子宾尼说过："一个心中有目标的普通职员，会成为创造历史的伟人；一个心中没有目标的人，只能是个平凡的职员。"有无目标是成功者与平庸者的分水岭。我们都知道两点之间直线最短，有目标就是努力走直线，无目标就是凭感觉，容易绕圈子。可见，目标管理对一个人的成功而言至关重要。但目标管理也不是简单地为了实现目标，而应该是为了实现自己幸福的人生。

 学习目标

1. 理解生涯目标的作用。
2. 掌握确定生涯目标的方法。
3. 懂得实现生涯目标的途径。

 知识标签

生涯目标　SMART 原则　MPS 方法　幸福人生

任务一　幸福人生与生涯目标

 主题活动一

目标在哪里

刘易斯·卡罗尔的《爱丽丝漫游奇境记》中有这么一个小故事：

"请你告诉我，我该走哪条路？"爱丽丝说。

"那要看你想去哪里？"猫说。

"去哪儿无所谓。"爱丽丝说。

"那么走哪条路也就无所谓了。"猫说。

通过这个小故事，我的感受是 _____

_____

 知识导航一

生涯目标的作用

　　生涯目标是指个人在选定的职业领域内未来时间点上所要达到的具体目标，包括短期目标、中期目标、长期目标和人生目标。戴尔·卡耐基说过："要拥有美好的人生，得先给自己确定一个奋斗的方向，决定自己的生活方式，这是幸福的起点。"人人都希望自己有成功的职业生涯，人人都追求自己幸福的人生，我们要通过有效的目标管理来实现幸福人生。

　　上面关于爱丽丝的小故事，其寓意就是讲人需要有明确的目标，当一个人没有明确的目标时，自己不知道该怎么做，别人也无法帮助你！天助先要自助，当自己没有清晰的目标和方向时，别人说得再好也是别人的观点，不能转化为自己的有效行动。

生涯目标对人生起着导向的作用。有了正确的选择，生活才有方向；有了事业上的追求，生活才有动力。相反，就会像上面小故事中的爱丽丝一样，去哪里也不知道，走哪条路更是不知道。因此，对于一个人来讲，不怕你现在处在哪里，怕的是你没有方向或是走错了方向，生涯目标可以帮助我们选择方向。有目标的人才能抗拒短期的诱惑，有目标的人才会坚定地朝着自己的方向前进，有目标的人才会感觉充实，有目标的人才会实现幸福人生。

生涯目标除了对人生起着导向作用外，还能对人生起着激励作用。一旦确定人生目标，为使美好的未来和宏伟的憧憬变成现实，就会以坚忍不拔的毅力、顽强的拼搏精神和开拓创新的行动去为之努力奋斗。马克思16岁时，就在自己的中学毕业论文中写下了"为人类的幸福而努力并身体力行"；爱因斯坦16岁时在作文中写道"对于一个严肃认真的大学生来说，应当为自己所向往的理想树立尽可能明确的思路"；周恩来12岁时就发出"为中华之崛起而读书"的誓言，表达了他从小立志振兴中华的伟大志向。

总之，目标为我们指明方向，并不断激励着我们走向成功，目标能帮助解放自我，这样我们才能去享受眼前的一切，从而实现自己幸福的人生。

思考训练

每人写一篇题为《中国梦——我的梦》的500字左右的小短文。

拓展阅读

"救 命 水"

曾有一支英国探险队，在穿越撒哈拉大沙漠时迷了路。而这时，骄阳似火，飞沙漫天，却又滴水全无。当队员们在生死线上挣扎的时候，队长突然惊喜地喊道："这里还有一壶水，但这是我们的保命水，在穿越沙漠之前，谁都不能喝！"正是这壶水，给了大家求生的坚定信念。大家最终走出茫茫戈壁后，激动地打开水壶，里面流出的却是黄色的沙粒。

主题活动二

共 话 目 标

说出各自的目标，再一起进行梳理，你会发现，生涯目标是五花八门的，目标如何分类比较合适？

通过讨论交流，明确我的目标是 _____

知识导航二

生涯目标的类型

职业生涯目标不是单一的，在不同的发展阶段，人生的追求和对职业的需要是不同的。著名生涯管理专家萨帕经过二十多年的大量实验研究，提出了人一生的完整的职业发展阶段模式，把人的一生分为成长阶段（Growth stage，0～14岁）、探索阶段（Exploration stage，15～24岁）、建立阶段（Establish stage，25～44岁）、维持阶段（Maintenance stage，45～64岁）和衰退阶段（Decline stage，65岁以上）。每一阶段都有一些特定的发展任务需要完成，每一阶段需达到一定的发展水准或成就水准，而且前一阶段发展任务的达成与否关系到后一阶段的发展。因此，按照萨帕理论，职业生涯发展目标的构成是多层次的。按时间顺序，职业生涯目标由人生目标、长期目标、中期目标和近期目标构成。

1. 职业生涯的人生目标。人生目标是沿着职业理想指引的方向所确立的最终的奋斗目标。是在对自身条件、社会环境、组织环境等主客观因素进行大量分析之后得到的结果。人生目标没有立竿见影的效果，而是要通过职业生涯一步步努力实现的。人生目标由若干个长期目标组成。人生目标的规划一般在40年左右。

2. 职业生涯的长期目标。长期目标具备长远性，其特点是符合自身个性，与社会发展需求相结合，富有挑战性和创造性，在一定的时间范围内可行，为

实现人生目标服务。长期目标的规划一般在 10 年左右。

3. 职业生涯的中期目标。中期目标是指个人职业生涯不同时间点所设定的阶梯式目标，如在校期间的目标，毕业后 3 ~ 5 年的目标等。中期目标要连接长期目标和近期目标，和长期目标保持一致，为实现长期目标服务。中期目标规划一般为 3 ~ 5 年。

中期目标其实就是通往人生目标的台阶或阶梯，这里我们可以借用举重训练中常用的训练方法（见 136 页拓展阅读），来更好地理解中期目标的重要性。

4. 职业生涯发展的近期目标。近期目标一般为 2 年以内的规划，就是眼前要达成的目标。近期目标包括具体的行动（工作、学习、培训等）。例如，要学什么专业课程、要参加什么技能培训、加入什么学生社团、阅读什么课外书籍等。千里之行始于足下，近期目标就是我们的"足下"。对于职业院校学生来讲，近期目标的设计，要使自己尽可能在正式步入某个职业前具备相应的能力素质和技能。

近期目标和长期目标同样重要，只要每一个近期目标不断实现，今天的阶段目标就有可能成为明天的中期目标，当一个中期目标成为新的近期目标，我们与长期目标又近一步，当所有长期目标一个接一个变成近期目标，那么人生目标就会走到你的眼前。

职业生涯目标按性质进行分解，可分为外职业生涯目标和内职业生涯目标。

1. 外职业生涯目标。它是职业生涯发展的外部表现，主要包括工作内容目标、职务目标、经济目标、工作环境目标、工作地点目标等。

（1）工作内容目标。它是指毕业后工作的具体内容，如从事管理工作、销售工作、技术服务、生产等。这个目标和一个人的个性特长关系密切，但也不绝对。从行业来讲，一般应考虑与自己所学专业相关的行业。

（2）职务目标。也就是某年我要达成的职务。清晰的职务目标应该是"专业"加"职务"，如"销售经理""护理部主任"等。对于选择了专业技术型发展路线的人，则直接体现在本专业技术领域取得的成果及相应的职称晋升上，如工程师、高级工程师等。

（3）经济目标。经济是基础，是支持你生存的基本物质保证。这既是我们工作的一大目的，也是一个重要的激励源。但这个目标的设定一定要符合自己的能力和行业实际。

（4）工作环境和工作地点目标。这是你对工作地点和工作环境的特殊要求，如你毕业后要在宁波的一个医院工作。大城市、大单位，小城市、小单位，各有长处，这可以根据自己的喜好来确定。

2. 内职业生涯目标。侧重于在职业发展过程中自身知识和经验的积累、能力和素质的提高以及内心的感受，主要包括：工作能力目标、工作成果目标、提高心理素质目标、观念目标、掌握新知识目标等。这些因素不是靠别人赐予的，而是通过自身努力获得的个人财富。

（1）工作能力目标。工作能力是对一个人处理职业生涯中各种工作问题的能力的总称，如组织领导能力、策划能力、管理能力、研究创新能力、人际关系沟通能力、团队协作能力等。工作能力目标应该切合实际，具有挑战性，并与该阶段的职务职称目标所要求的条件相匹配。

（2）工作成果目标。这是反映工作绩效的重要指标。比如，发展新方法、研制新产品、创造新的销售业绩等。

（3）提高心理素质目标。心理素质的提高训练包括自我意识训练、智力训练、情感调控、意志培养、个性塑造、学习指导和人际交往指导七个方面。通过自我剖析，并结合职业素质要求来确定你提高心理素质的目标。如耐挫能力、包容他人等。

（4）观念目标和掌握新知识目标。一个人的观念影响着我们对事物的认识和反应。在社会高速发展、各种新观念新知识层出不穷的时代，不断更新自己的观念，学习掌握新知识，让自己总是站在前沿地带，这是保证我们职业生涯不落伍、事业蓬勃发展的重要环节。

内职业生涯目标反映的是内部因素，外职业生涯目标反映的则是外部因素。内职业生涯发展是外职业生涯发展的前提，内职业生涯带动外职业生涯的发展。外职业生涯的因素通常由别人决定、给予，也容易被别人否定、剥夺；内职业生涯的因素由自己探索、获得，并且不随外职业生涯因素的改变而丧失。只有使内外目标协调发展，你的职业生涯才能得到有效实施和执行。

 思考训练

一个组织有其目标，一个员工也有其目标，两者不一定完全一致，但要能实现自己的目标，必须要把个人的目标融入组织的目标。如何才能做到这一点呢？

（没有个人发展的组织发展是不可持续的，没有组织发展的个人发展是没有生命力的。在规划组织发展的同时必须考虑个人的发展，同样，个人在考虑自身发展时也必须同组织的发展相融合，这样的目标更有意义，更容易实现。脱离组织目标的个人目标是不可能实现的。）

 **拓展阅读**

阶梯式的举重训练方法

这种方法为保加利亚功勋举重教练员伊万·阿巴杰耶夫所创造。他认为人体有巨大的潜力和对外界环境的适应能力，开始时对新的刺激不适应，经过一段时间的训练就会适应。这时若不进行新的刺激、新的适应，机能就得不到新的发展，训练水平不可能达到新的高度。以抓举训练为例，暂定第一阶段抓举训练强度为 100 公斤，经过若干天的训练，运动员适应这个重量并且成功地举起 100 公斤两次，就可以增加新的重量，从 102.5 公斤至 105 公斤，开始第二阶梯的适应性训练。这样不断地增加重量，进行新的适应，使训练水平一级一级地提高。

 **主题活动三**

毛毛虫找苹果

有四条毛毛虫，都很喜欢吃苹果，长大后，都决定去森林找苹果。

第一条毛毛虫非常努力地找着，突然前面出现了一棵苹果树，它不知道这里有苹果树，更不清楚上面会有可口的红苹果。当它看到其他毛毛虫往上爬时，稀里糊涂地就跟着往上爬。没有目的，不知终点，更不知自己到底想要哪一种苹果，也没想过怎么样去摘苹果。它的最后结局呢？也许找到了一只大苹果，幸福地生活着；也可能在树林中迷了路，过着悲惨的生活。不过有一点可以确定，这条毛毛虫过的是没有意义的生活，就是不知道自己生存的意义。

第二条毛毛虫很清楚自己的目标是一只大苹果，看见苹果树就努力地爬上去。但是，它不知道大苹果会长在树的什么地方，但它猜想：大树枝才能承受大苹果！于是它就慢慢地往上爬，遇到分支的时候，就选择较粗的树枝继续爬。于是它就按这个标准一直往上爬，最后有一只大苹果出现在它的面前。这条毛毛虫刚要扑上去大吃一顿，但是放眼一看，它发现这只大苹果是全树上最小的一个，上面还有许多更大的苹果。更令它泄气的是，如果上一次没有选择这个分支，而是另一个，那就会有一只很大的苹果。

第三条毛毛虫也很清楚自己需要一只大苹果，就研制了一副望远镜，并用望远镜搜寻了一番后才开始朝着最大的那只苹果前进。同时，它发现当从下往上找路时，会遇到很多分支，有各种不同的爬法；但若从上往下找路时，却只有一种爬法。它很细心地从苹果的位置由上往下推至目前所处的位置，记下这条确定的路径。于是，它开始往上爬，当遇到分支时，它一点也不慌张，因为它知道该往哪条路走，而不必跟着一大堆虫子去挤破头。按理说它已经有了一个计划，最后会得到那只大苹果，可是真实的情况往往是，这条毛毛虫由于爬行速度缓慢，最后别的虫子得到了那只苹果，或者那只苹果烂掉了。

第四条毛毛虫先给自己做了一个计划，清楚自己要什么样的苹果，也清楚苹果的生长情况。因此当它拿着望远镜观察时，它的目标并不是一只大苹果，而是一朵含苞待放的苹果花。它计算着自己的行程，估计当它到达的时候，这朵花正好长成一只成熟的大苹果，它就可以大快朵颐了。结果可想而知，那只又大又甜的苹果归它所有了。

讨论：这个故事对你的启示是＿＿＿＿＿＿＿＿＿＿＿＿＿＿＿＿＿＿＿＿

＿＿＿＿＿＿＿＿＿＿＿＿＿＿＿＿＿＿＿＿＿＿＿＿＿＿＿＿＿＿＿＿

 **知识导航三**

生涯目标与幸福人生

托尔斯泰说过:"理想是指路明灯。没有理想,就没有坚定的方向;没有方向,就没有生活。"生涯目标体现了一个人对人生价值的追求,目的是要实现职业理想,从而实现个人的人生价值。更重要的是,它能分解职业理想的步骤,也可以帮助你时时调整自己的目标,让它更具可实现性。生涯目标管理使我们每一步的人生足迹都具有计划性和目的性,使我们的职业发展和生活有明确的方向性和价值观,避免了迷茫和失落。

我们从生涯目标与人生幸福关系的角度来分析一下以上故事中四条毛毛虫的成败经历。

第一条毛毛虫并不知道自己需要什么,一生都没目标,是只没有人生目标的迷糊虫。遗憾的是,现实生活中的很多人就像这条毛毛虫一样。

第二条毛毛虫虽然知道自己想要什么,但是只知道用一些常规的方法,并不是很系统,所以就离那只苹果越来越远,就算有靠近的机会也不会被发现。

第三条毛毛虫对于自己的人生目标很清楚,但是它的目标过于远大,行动又太缓慢,成功就会离它很远了。机会、成功不等人。同样,人生也极其有限,必须把握好机会,再加上一个适合自己的计划,那么就会有一个很好的命运。

第四条毛毛虫,它不仅知道自己的目标,也清楚知道达到目标的方法以及需要的条件,然后制订切实可行的计划,在望远镜的指引下,它的理想就离自己越来越近了。很显然第四条毛毛虫的幸福指数是最高的。它在目标的指引下积极地制订计划,一步步地向自己的目标前进,最终它收获了成功和幸福的果实。

1. 幸福人生不能没有生涯目标

美国哈佛大学有一项关于"目标对人生的影响"的跟踪调查,其调查对象为一群智力、学历、环境等条件大体相同的年轻人。调查结果是,3% 的人有清晰的长期目标,且 25 年中从未改变过,25 年后他们成为创业者、行业领袖和社会精英；而 27% 无目标的人，他们生活在社会底层，常失业，靠救济为生，常常抱怨社会（如表 4—1 所示）。

表 4—1 目标对人生的影响调查统计表

类型	25 年前目标			25 年中目标是否改变	25 年后目标设计者的结果
	有与无	清晰与模糊	长期与短期		
3% 的人	有	清晰	长期	从未改变	成为创业者、行业领袖、社会精英
10% 的人	有	清晰	短期	有改变	成为各行业的专门人才，生活在中上层
60% 的人	不清楚	模糊	—	—	生活安稳，没有特别的成就
27% 的人	无	—	—	—	生活在社会底层，常失业，靠救济为生，他们抱怨社会

从以上例子可以看出，目标对人生的影响非常巨大。有一个清晰的、稳定的目标，且为了实现这个目标而努力付出的人成功的可能性更大，没有目标的人几乎没有成功的可能。

赫曼·赫赛说："生命究竟有没有意义并非我的责任，但怎样安排此生却是我的责任。"一个有意义的生命，应该是由事业与生活去诠释的：事业是生命的伴侣，生活是生命的血液，没有事业相伴，生命是孤单的；没有热血流淌，生命是缺乏激情的。所以成就事业与创造生活对生命来说都非常重要，两者骨肉紧相连，同为生命歌。因此，一个人的生活目标，在一定意义上说就必须有事业的追求。职业不仅是人们谋生的手段，更是实现个人价值，追求和实现理想生活的重要途径，没有职业的幸福人生是难以想象的。

根据古典的观点，一个人的职业发展有三个阶段，分别是工作（Job）、职业生涯（Career）和幸福地工作（Calling）。在 Job 阶段，我们主要为了生活、生存而工作；在 Career 阶段，我们为了个人的职业价值最大化以及更好地生活而工作；而在 Calling 阶段，则是一种更高级的职业状态，是到了一个人可以"运

用天赋"以及"自我实现价值"的时候，就会进入这种"工作本身就是最好的酬劳"的幸福的职业生涯。实际上，我们每个人的每份工作都同时有上述三种职业生涯状态，只是所占的比例各不相同。在人的职业发展过程中，各个阶段可以缩短，但不能跨越。职业发展的目的就是要帮助人们更快走过前两步，在职业生涯中，人们的自我意识伴随着职业角色的发展而发展，在社会发展、职业组织发展的前提下，个人的需要得以满足，个人的潜能得以发挥，个人的目标得以实现，从而为实现幸福人生创造条件。

2. 实现目标不等于实现幸福人生

哈佛大学本·沙哈尔的幸福课中讲了一个有关某先生的故事，某先生在上学前非常快乐，在上小学的时候，就确定目标要进最好的初中，因为只有进了最好的初中才能进入最好的高中。于是他进小学以后，压力很大，非常努力学习，小学毕业后他的目标实现了，进入了梦想中的初中，他感到非常快乐。但他进入初中后只高兴了两个星期，压力又来了，因为竞争非常激烈，但他为了进入最好的高中，还是忍受着，努力学习，结果目标也实现了，进入了梦想中的高中，他从没这么高兴过，因为他已成了全国最出色的孩子中的一员。可进入高中后才一周，他又开始焦虑了，高中竞争非常激烈，因为要想进入梦想中的大学，除了努力学习外，还必须参加两个运动队、三个学生组织，因为他必须充实简历。他感觉这样的学习一点乐趣也没有，但是他对自己说："这只是暂时的，痛苦是短暂的，等我进入了全国最好的大学就会有回报的。"然后他付诸行动，结果目标又实现了，他又感到非常兴奋，然后他说："现在，我终于能放手，好好放松一下了。"但是在大学第一周过去后，压力又出现了，又有了新的竞争，并且每个人都像他一样努力，因为他们都想得到一个梦想中的工作。尽管他在学习中感受不到太多的快乐，但是为了梦想的工作，他还是忍受着，努力着，因为他为了获得一封进商学院的推荐信，从商学院毕业后可以找到一个真正理想的工作并享受生活。然后他真的进了商学院，也找到了理想的工作，作为一个员工，他很高兴。但是过了几个月，压力又来了，因为他周围的所有人都是最优秀学校的毕业生。他每周工作八十到九十小时，一点也没有享受，但是他必须这样做，因为他非常想成为合伙人，因为只有成为合伙人后才获得终身任期，他的生活才可以安顿下来。尽管不太喜欢，他还是努力付出，经过五年的努力，他实现了，又是一阵兴奋，并给自己一个长假，好好地享受了一次。这时，他已成家，并有了自己的房子和汽车，生活富裕，感觉自己功成名就了。感觉良好地过了三个月，压力又来了，因为他只是一个初级合伙人，他想成为高级合伙人。又经过几年的努力，他又成功了，成为高级合伙人，生活上更富有，更觉得自己已经成功了，可以放松自己了。可又过了两个月，压力又来了，因为他只是一个高级合伙人，他希望成为常务董事，可常务董事只有一个，要获得这个位置非常难。但是他是个不能止步不前的人，虽然没有多少快乐，也没有多少时间陪家人，心中的焦虑让他必须证明自己，他足足花了七年时间实现了这个梦想。当他心怀喜悦坐在高级办公室里，望着窗外美丽的景色，感受人生得意的时候，董事会主席进来了，赞扬他为公司作出的贡献，同时也宣布，他要退休了，因为他已经72岁了。

从以上例子可以看出，某先生尽管通过努力实现了自己的目标，实现目标时也都有短暂的快乐和幸福，可从他的一生来看，幸福快乐的时间还是不多的，更多的是压力、焦虑和忍受，这样的生涯目标对实现幸福人生来讲不是最合适的。要实现幸福人生，不光是使自己在实现目标时感到快乐，同时也要使自己在实现目标过程中感受快乐，这样的生涯目标管理才是实现幸福人生的有效途径。

哈佛大学曾作过一个有关"幸福体验"的调查，结果发现，凡幸福者的共同之处并不在于人们事先估想的金钱、健康、情感和地位，而是在于心中明确地知道自己的生活目标，体会到自身在迈向目标计划时的喜悦感受。这是因为"目标"可以带给刚刚踏入社会者拼搏进取的坚定信念，而"幸福"恰恰便是在这种信念驱使下出现的。

随着社会的发展和生活水平的不断提高，人们的自我意识逐步增强，追求全面发展的意识也越来越强烈。人们在渴望拥有丰富的知识、能力、良好的人际关系和健康身心的同时，也渴望在事业上有所建树，并享有幸福和谐的家庭生活和丰富多彩的休闲生活。我们追求成功的职业生涯，最终是要获得个人的全面发展，实现自己的幸福人生。我们经常说"找工作""求职"，工作是可

以找来的，而一份职业则是要努力寻求才能得到的。职业的发展需要用心"经营"。一份工作是暂时的，而职业的发展是永恒的。在这里，职业不只是谋生的手段，更是实现人生价值，追求美好生活的重要途径。因此，我们只有对自己的生涯目标进行积极有效的开发和管理，才可能拥有成功的职业生涯，而实现幸福人生。

心理学家大卫·沃森指出："当代研究中指出，追求目标，而不是到达目标，才是带来幸福和积极情感的要素。"目标是让我们能享受眼前，目标是意义而不是结局。如果想保持幸福感，必须改变我们通常对目标的期望：与其把它当成一种结局，不如把它当作意义。当目标被认可有意义时，会帮助我们去规划旅途上的每一步，而不像被认为是结局时，它所带给我们的只是无数的困难和挑战。"正确的目标认知，给我们的是一种安宁的感觉。"正如希尔顿所说的那样："对于追求幸福的人来说，我们的建议是，去追求包括成长、人际关系和对社会有贡献的目标，而不是金钱、美貌和声望。对后者的追求，通常是出于必须和压力的心态。"因此，我们不光要有目标，而且还要确立有意义，能带来快乐，又适合自己的目标，这样才能通过目标的追求来实现幸福人生。

 思考训练

1. 如何理解目标的意义和结果？

2. 你认为有意义的目标是什么，如何理解"目标是超越私心，为了这个世界而促成某些事情的决心"？

（有时个人的目标是实现了，但却觉得没什么意义，这也是常常会发生的事。主要问题在于你定的这个目标是不是有意义。所以在确定个人目标时，不能光考虑自己，个人目标不是自私的目标，只有融入组织和社会，实现目标对组织发展、对社会发展有意义的时候，这样的目标实现不光有结果，还是有意义的。）

拓展阅读

幸 福 指 数

近年来，美国、英国、荷兰、日本等发达国家都开始了对幸福指数的研究，并创设了不同模式的幸福指数。如果说 GDP、GNP 是衡量国富、民富的标准，那么，百姓幸福指数就可以成为一个衡量百姓幸福感的标准。百姓幸福指数与 GDP 一样重要，一方面，它可以监控经济社会运行态势；另一方面，它可以了解民众的生活满意度。可以说，作为最重要的非经济因素，它是社会运行状况和民众生活状态的"晴雨表"，也是社会发展和民心向背的"风向标"。人们也普遍认为：幸福指数是体现老百姓幸福感的"无须调查统计的"反映，是挂在人民群众脸上的"指数"。

幸福指数的指标包括：A 类指标，涉及认知范畴的生活满意程度，包括生存状况满意度（如就业、收入、社会保障等），生活质量满意度（如居住状况、医疗状况、教育状况等）；B 类指标，涉及情感范畴的心态和情绪愉悦程度，包括精神紧张程度、心态等；C 类指标，指人际以及个体与社会的和谐。

美国的经济学家 P. 萨缪尔森提出了一个幸福方程式：效用 / 欲望 = 幸福指数。欲望是一种缺乏的感觉与求得满足的愿望，心理学家马斯洛把这种需求分为五种层次，从下至上：第一个层次是人的基本生理需要，第二个层次是安全需要，第三个层次是归属和爱的需要，第四个层次是尊重的需要，第五个层次是自我实现的需要。效用是从消费物品中所得到的满足程度，是对欲望的满足。判断一个人幸福与否，可以从答案中得到，数字越小就代表越不幸福，如果效用比欲望高，得出的得数就比 1 大，那就证明是个幸福的人。同理，幸福的指数也是根据得数来判断，数字越大就证明越幸福。

效用也是一种感觉，它的大小与有无完全是一种主观感受，因人、因时、因地而不同。欲望是求得满足的愿望，它是由一个人的观念来决定的，每个人的欲望因观念的不同所期望的层次不同，所以在同处一种环境中，幸福与不幸福就因人而异。所以，这个方程式得出来的结果也是因人而异的，也就是说，

幸福是一种主观感受，不是客观的分析。如果想评判自己幸福不幸福，也可以用上述欲望的五个层次来划分。

任务二　设计生涯目标

如何让目标"落地"

有个同学举手提问："老师，我的目标是想在一年内赚100万元，请问我应该如何实现我的目标呢？"老师便问他："你相不相信你能达成？"他说："我相信。"老师又问："那你知不知道要通过哪个行业来达成？"他说："我现在从事保险行业。"老师接着又问他："你认为保险业能不能帮你达成这个目标？"他说："只要我努力，就一定能达成。""我们来看看，你要为自己的目标做出多大的努力，根据我们的提成比例，100万元的佣金大概要做300万元的业绩。一年300万元业绩。一个月25万元业绩。每一天8300元业绩。"老师说，"每一天8300元业绩。大概要拜访多少客户？"老师接着问他。"大概要50个人。"学生答。"那么一天要50人，一个月要1500人，一年呢？就需要拜访18000个客户。"这时老师又问他，"请问你现在有没有18000个A类客户？"他说："没有。""如果没有的话，就要靠陌生拜访。你平均一个人要谈上多长时间呢？"老师问。他说："至少20分钟。"老师说："每个人要谈20分钟，一天要谈50个人，也就是说你每天要花16个小时以上与客户交谈，还不算路途时间。请问你能不能做到？"他说："不能。老师，我懂了。目标不是凭空想象的，是需要凭着一个能达成的计划而定的。"

分组讨论这个小故事对你的启示是 _____

_____

 知识导航一

生涯目标设计须遵循的原则

目标的设计千差万别，影响因素也很多，但经过不断的研究和实践，人们已积累了一些普适性的基本经验，我们在设计生涯目标时，要符合 SMART 原则：

1. 具体明确（Specific）。对一个人来讲，目标有很多，有职务目标、经济目标、知识技能目标、工作成果目标、心理素质目标等。因此，在确定目标时，必须明确所要达成的目标，并对目标进行细分，然后按照各分解目标的重要性和紧迫性做出一个明确的时间规划，一直分解到能实现的目标，今天干什么、明天干什么。如果你不知道明天应该干什么，目标将永远只是一个美好的愿望，不可能变成现实。

2. 可量化（Measurable）。制定的目标要有一个可衡量的具体标准，可量化才能可评估，让自己可以准确地评估目标实现程度或是否实现了预期目标。如"提高自己的人文修养"，这样的阶段目标是不可量化的，可以改为"在这个月内，读完 2～3 本文学书"等。

3. 可以达到（Achievable）。就个人能力而言，实现这个目标是现实的，并非遥不可及，但又有一定的难度，要经过一定的努力才能实现。如毕业之后两年内在基层工作，积累经验，锻炼技能，这是可以达到的。而毕业后两年内就要成为一个大企业的中层管理干部，一般而言这个目标则是不太可行的。个人需要根据自己的现实条件尤其是优势来设计目标，志存高远，无可厚非，但太高了会让人可望不可及，使人处于空想状态，太低了使人保守不前，失去目标的激励作用，都是没有意义的。职业生涯目标必须高低恰到好处，目标设定要保持"度"。

4. 有意义、有价值（Realistic and Rewarding）。有的人目标实现了，但是非常痛苦。这样的目标，即使成功了也不能算是一个好的目标。当制定的目标达到后自己感觉特别有价值，在实现的时候有成功的喜悦，实现目标过程感到快乐，这才是一个好目标。这就要求个人制定的目标应该尽量保持整体平衡，

在达成目标的同时，自己的健康、家庭、工作能够得到均衡发展。如："我为了当上护士长，宁愿每天累得半死。""我为了当上医院的高层领导，宁可付出自己的一切。"这就违背了整体平衡的原则，使工作和生活失去了意义，毕竟人生除了事业之外，还有交际、婚姻、健康等，这些因素也直接影响职业的选择和发展。目标不宜过急，欲速则不达，不宜过满，避免劳累过度，不宜过死，要懂得变通和适时调整。

5. 明确时限（Time-bounded）。一般而言，阶段目标时限以"3～5年"为一个阶段最适宜。据中国人力资源开发网发布的 2004 年中国"工作倦怠指数"调查报告显示：工作不到 4 年的受调查者出现工作倦怠的比例最高，直到工作 5 年之后才出现了明显下降。刚工作不久的年轻人，由于多为从事一些基础性工作，比较容易对现实工作不满，或者看不清未来职业发展的方向而产生工作倦怠。而在工作了 5 年之后，开始获得较多的工作经验及较高的工作职位，从能力上比那些新参加工作的要强很多，于是自信心大增，工作倦怠程度开始降低。而对具体的分解目标，则应该制定出更为详细具体的时间表，在限定的时间内完成。

思考训练

用 SMART 原则分析一下你的生涯目标。

拓展阅读

生涯发展兴趣最重要

前微软公司全球副总裁、创新工场董事长兼首席执行官李开复博士，在回顾自己人生发展的轨迹时，对自己根据兴趣而对人生目标做出重大选择至今难以忘怀。"我刚进入大学时，想从事法律或政治工作。一年多后我才发现自己对它没有兴趣，学习成绩也只在中游。但我爱上了计算机，每天疯狂地编程，很快就引起了老师、同学的重视。终于，大二的一天，我做了一个重大的决定：放弃此前一年多在全美前三名的哥伦比亚大学法律系已经修成的学分，转入哥伦比亚大学默默无名的计算机系。我告诉自己，人生只有一次，不应浪费在没有快乐、没有成就感的领域。当时也有朋友对我说，转专业会付出很大代价，但我对他们说，做一个没有激情的工作将付出更大的代价。那一天，我心花怒放、精神振奋，我对自己承诺，大学后三年每一门功课都要拿 A。若不是那天的决定，今天我就不会拥有在计算机领域所取得的成就，而很可能只是在美国某个小镇上做一个既不成功又不快乐的律师。"

 **主题活动二**

2004 年至 2011 年国家公务员考试录取率和最热职位比例

年份	总分	行测分	合格人数	招考人数	录取率	最热职位
2011	100	55	1418000	16205	1.57%	4889∶1
2010	105	55	1468079	15526	1.06%	4224∶1
2009	105	60	1050000	13566	1.28%	4723∶1
2008	105	55	800000	13977	1.67%	3592∶1
2007	110	60	535574	12724	2.38%	4007∶1
2006	115	60	365000	10282	2.86%	2014∶1
2005	120	60	310656	8400	2.70%	322∶1
2004	135	65	181488	7900	4.35%	—

公务员热近年来是高烧不退，为了这个铁饭碗，竞争到了白热化的程度。结合上表的数据，谈谈你是怎么看待这种现象的？影响一个人制定职业目标的主要因素是什么？

生活与生涯管理

知识导航二

制定生涯目标的方法

大学生对未来有美好的憧憬，不少人相信"不想当将军的士兵不是好士兵"这句话。很多大学生总是希望能找到既符合自己兴趣、特长，又有权有钱有闲的工作。其实，在现实生活中将军的位子很少，如果大家的目标都是当"将军"，那么这种主观愿望就会与客观条件产生很大差距，使你在执行计划时遭遇许多挫折。因此，制定职业生涯目标时要从实际出发，从自己的性格、气质、能力、特长出发，充分发挥自己的优势，扬长避短，同时又要考虑社会需求及自己所处的环境。只有立足本人实际的发展才更有保障。

我们在设计生涯目标时，可以问自己以下几个问题：

我喜欢干什么——兴趣；我适合干什么——性格；我可以干什么——能力、知识结构；允许我干什么——环境（含家庭、学校和社会环境）。

生涯目标的设计要以自己的最佳才能、最优性格、最大兴趣、最有利的环境等信息为依据。

第一，充分自我认知，择己所能，择己所长。根据西卡森特米哈伊的沉浸理论，在沉浸状态中，我们享受着巅峰体验，同时也做出了巅峰表现，这时我们感受快乐、展现良好的状态。有清晰的目标是沉浸体验的前提，但如果目标难度高而能力不足时，我们会感到焦虑。相反，如果能力高超而目标难度太简单时，我们就会感到乏味；只有当目标难度和人的能力匹配时，沉浸体验才有可能出现，而给我们更高层次的幸福感。因此，在设计自己的生涯目标时，要充分分析自己，要择己所能，使生涯目标和自己的能力相匹配。

第二，依据客观现实，考虑个人、学校、专业与社会的关系，做到择世所需。"理想的种子只有找到合适的土壤才能长成参天大树。"确定生涯目标时，要把个人兴趣和社会需要结合起来。我国的大学教育已是大众化教育，大学生群体的成才并不存在一个统一的标准。职业有高低，但不分贵贱，"三百六十行，行行出状元"。大学生要成长成才，就要树立市场经济观念，把个人兴趣和社会需要结合起来，根据市场的变化调整好自己的心态和谋事方向，不断解决好自身发展面临的各种问题，努力成长为一名全面发展的符合现代社会需要的人才，使生涯目标和职业理想符合实际。

高职高专的学生一入学就基本确定了职业方向，若你所选的专业是你兴趣所在，特长所在，说明你在选择专业时已经深入地思考过自己到底适合做什么。如果一个人对某种工作感兴趣，他在工作时就会具有高度的自觉性和积极性。反之，一个人对工作没兴趣，就不可能将自己的精力投入到工作中，也就不可能取得成功。但兴趣爱好是可以培养的，当你在所学的专业的职业群中没找到自己感兴趣的职业，也就是说当不能选我所爱的时候，就应当正视现实，爱我所选，不断深入了解专业与职业，慢慢培养兴趣。同样，性格可以调适、能力可以提高、价值取向可以调整，因为每个人都有自己的潜能，只要挖掘出来并付出努力，就能主动适应职业对从业者的个性要求，就可能有一个成功的职业生涯。

对已经专业定向的高职高专学生来说，更应该立足本人实际，从所学专业入手，将自己培养成基础扎实、能力强、素质高的高端技能型人才。

我们可以使用 MPS（意义—Meaning、快乐—Pleasure、优势—Strengths）方法设计目标。也就是根据自己认为有意义的，能带给自己快乐的，并符合自己优势的三个方面进行综合选择。

根据本·沙哈尔《幸福的方法》中的一个例子：我觉得有意义的事情包括解决问题、写作、帮助孩子成长、参与政治活动以及音乐等。让我快乐的事情有航海、烹饪、阅读、音乐，还有和孩子们在一起。富有幽默感、热情、与孩子们沟通的能力，以及处理问题的能力是我天生的优势，如图 4-1 所示的 MPS 方法（1）。

交集中的答案是什么？从图 4-2 所示的 MPS 方法（2）中马上可以看出，和孩子们在一起工作可以带给我们快乐和意义。再细化一下，现在考虑到我的个性和生活习惯，比如，我做事非常有计划，喜欢每日有规律地工作，我还喜欢旅游，所以工作最好有比较长的休息时间。要同时符合以上条件，做教师是最好的选择，这样，我们的工作内容目标就确定好了。使用这种方法不一定能帮助我们找到薪水最高的工作，却可以帮我们找到获得幸福的工作。

意义（Meaning）　　　快乐（Pleasure）　　　优势（Strengths）

解决问题
写作
帮助孩子们成长
参与政治活动
音乐

航海
烹饪
阅读
音乐
和孩子们在一起

幽默感
热情
与孩子们
沟通的能力
问题处理能力

图 4-1　MPS 方法（1）

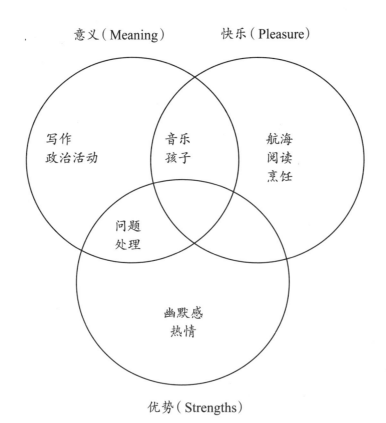

意义（Meaning）　　　快乐（Pleasure）

写作
政治活动

音乐
孩子

航海
阅读
烹饪

问题
处理

幽默感
热情

优势（Strengths）

图 4-2　MPS 方法（2）

148

　　MPS 方法主要在选择工作时使用，但如果选择的机会不多或根本没有选择机会，那又怎么办呢？其实，在一些情况下，职业本身就可以发挥员工潜力，并且为他们带来意义和快乐。如护士，若总想着自己工作的不利，如工作很辛苦、责任很大、总和病人打交道、又要上夜班等，就可能给自己带来压力，甚至焦虑。但如果从自己工作的作用来讲，通过自己的努力工作，为病人带去安全感，减轻病人的痛苦，帮助病人康复，这样就能感受到工作的意义，自己不是一个简单的打工者，工作使命感会油然而生，而获得更多的幸福感。在一个针对医院清洁工的调查研究中发现，一组人觉得自己的工作就是打工，很无聊，没意义，另一组觉得在清洁工作中充分地发挥了创造性，他们与护士、病人及家属交谈，把医务人员和病人的舒适看成是自己的责任。从整体上来说，他们看待工作的角度更高，在其中找到了意义：他们不只是倒垃圾和洗衣服，正是他们的工作让医院正常运转，帮助病人康复。

　　要获得更多的幸福感，有时候对工作的认可比工作本身更重要。如上面提到的医院清洁工，当他们认定了一个事实，那就是他们的工作可以带来真正的改变，比起不认可自己工作的医生（那些看不起自己工作价值的人），他们其实是更幸福的。由于他们在工作中找到了更多的使命感，从中得到了更多的意义和快乐。他们与服务对象的关系也不是简单的金钱关系，而是一个有机整体。

思考训练

请用 MPS 方法设计你的生涯目标。

拓展阅读

成功学培训大师的 17 条成功原则

　　美国成功学培训大师拿破仑·希尔的 17 条成功原则：积极的心态；确定的目的；多走些路；正确的思考；自我控制；集体心理；应用心理；令人愉快的

个性；个人的首创精神；热情；集中注意力；协作精神；总结经验教训；创造性的见识；预算时间和金钱；保持身心健康；应用普遍规律的力量。

 **主题活动三**

目标的变化

人的职业目标从小开始就在发生变化，小时候可能想当解放军、当警察，长大了可能想当科学家、当老师，也可能想当公务员，想做老板等。交流各自职业目标的变化过程，为什么会有这样的变化呢？

 **知识导航三**

生涯目标的调整

生涯目标不是一成不变的。从上面李开复博士的例子可以看出，他根据自己的兴趣，及时调整了生涯目标，促成了其生涯的成功。因此，我们要审时度势，根据情况的变化及时调整生涯目标，不能固执己见。

所谓调整是指重新调配和安排，使之适合新的情况和要求，因为当今社会是个快速变化的时代，生涯目标实施过程就需要不断调整。在实施职业生涯目标的过程中难免会出现这样或那样的问题，如社会的发展、职业的变化、个人目标的改变等，这就需要我们在实践中定时定期检验目标完成的情况和评估环境的变化，从而做出正确的调整，使生涯目标与个性特长相匹配，与社会要求相适应。职业生涯目标调整的主要内容：

1. 职业方向的调整。职业方向的正确与否是职业发展成功的关键因素，影响职业方向变化的原因主要有三点：一是自身兴趣爱好发生变化；二是内外环境的变化；三是在制定职业发展目标时，缺少对工作的真实体验，对自身认识不够。因此在综合分析，冷静思考的基础上，要根据变化的情况对职业方向做出适时的调整。

2. 职业目标的调整。职业目标是一个人在从业或从业之初为自己制定的，关系到自身发展的最初的目标。如果从业过程中出现问题，目标是首选调整对象，因为目标是发展方向的归途。目标发生变化就要根据自身发展条件重新确定途径，如果短期目标难以实现，就调整为长期目标，而长期目标相对容易实现，可以作为近期发展目标，或者是职业目标不准确，不符合自身实际情况，那么就根据现实条件调整职业目标。

3. 职业发展路线的调整。职业发展路线是沿着职业发展方向，实现职业发展目标的必经之路。选择什么样的路线关系到职业发展目标实现的快慢，如果出现路线和目标不相适应的问题，就要考虑是否适时调整职业发展路线。

4. 策略和措施的调整。有时职业发展不顺利并不是职业方向选错了或职业目标有问题，而是我们针对职业目标所采取的策略和措施不合适，这时就要考虑调整策略和措施，以免影响今后的发展。

思考训练

我们通过高考进入了一个学校，选择了一个专业，有的可能不喜欢所学的专业，有的可能很喜欢所学的专业。在学习过程中有的可能很适应，有的可能不太适应。根据不同情况，你怎么来调整自己的专业选择或策略措施？

拓展阅读

尽早确定目标可以少走弯路

卓越网副总裁刘俊说："我在贝塔斯曼工作时，逐渐明确了自己的发展方向。要成为 CIO（首席信息官），而不是 CTO（首席技术官）。"毕业后到浦东新区环保局做技术工作的刘俊，本以为可以最大限度地发挥自己计算机与环境科学双学士的专长，但是却事与愿违。两年后他跳槽到日本东星软件公司，当时的规划就是做一名技术人员。刘俊说，真正的职业规划是从进入贝塔斯曼公司开始的。"当时虽然仍是做技术，但我接触到了企业的流程，并且对此产生了极大的兴趣。"

贝塔斯曼的企业流程是固化在程序里的，很多新员工不知道企业如何运

作。而刘俊因为懂技术，可以了解他们的程序，从而得以了解企业的运作。"在学习的过程中，我逐渐明确了自己的方向，技术人员通常有两条路，要么一直朝纯技术方向发展，成为CTO，要么把技术作为了解企业的一个手段，发挥技术优势，运用在管理上，成为CIO。我根据自己的兴趣选择了后者，确定大目标后，今后的每一步发展及充电都是为了这个大目标而努力。"尽早确定大目标可以少走很多弯路。"做技术的人常常考虑，今天是 Windows 2000，明天是 Windows 2003，希望技术越走越深。而懂技术的管理人员，更多考虑如何使企业的效率最大化。如果你的目标是 CTO，应该去读软件工程硕士。而我的目标是 CIO，所以去读 MBA。"刘俊因为很清楚自己的大目标，所以在工作中会有意识地向这个方向倾斜。在贝塔斯曼看程序时，刘俊更多的不是看技术，而是看流程。仔细研究哪些是德国人做得好的，而哪些是在中国不太适用的。刘俊花了一年的时间把贝塔斯曼从澳大利亚引进的整个流程看清楚后，又到中美合资的太平洋安泰保险公司，去学习不同领域的管理流程。

任务三　实现生涯目标

学一学：分解目标

1952 年 7 月 4 日清晨，加利福尼亚海岸飘起了浓雾。在海岸以西 21 英里（1 英里约合 1.6 千米）的卡塔林纳岛上，一个 43 岁的女人准备从太平洋游向加州海岸。她叫费罗伦丝·查德威克。

那天早晨雾很大，海水冻得她身体发麻，她几乎看不到护送的船。时间一点点过去了，千千万万人在电视上看着。有几次，鲨鱼靠近她，被人吓跑了。

15 小时之后，她又累，又冻得发麻。她知道自己不能再游了，就叫人拉她上船。她的母亲和教练在另一条船上。他们都告诉她离海岸很近了，叫她不要放弃。但她朝加州海岸望去，除了浓雾什么也没看到……

人们拉她上船的地点，离加州海岸只有半英里！后来她说，令她半途而废的不是疲劳，也不是寒冷，而是因为她在浓雾中看不到目标。查德威克一生中就只有这一次没有坚持到底。

根据这个故事谈谈分解生涯目标的重要性。

（制定目标是一回事，完成目标又是另外一回事，制定目标是明确做什么，完成目标是明确如何做。只有当目标够得着时才会有更好的激励作用。人不可能一口气实现人生目标，需要不断努力，一点点积累，一步一步地走向人生目标。所以要分解好生涯目标，通过实现具体目标来激励自己。）

 **知识导航一**

分解生涯目标

分解目标是实现目标的重要方法。在人生发展过程中，实现一个宏伟远大的目标必须分解成若干易于达到的阶段性目标。目标分解是根据个人心境、知识、能力等的差距，将目标分解为某确定日期可以采取的具体步骤。目标分解的目的是让我们清楚第一步做什么，下一步做什么，激励我们的行动。目标分解是将目标清晰化、具体化的过程，是将目标量化成可操作的实施方案的有效手段。目标分解是帮助我们在现实与愿景之间建立起可以拾阶而上的路径。

弗洛姆在《逃避自由》一书中阐述，作为社会中的个体，人总是需要在局部目标达到之后不断确立新的信仰和目标，人的一生既是短暂的又是漫长的，任何成功都绝不可能一蹴而就，再伟大的成就也是由一个个小目标的实现累积而成的，纵观每一个成功者的奋斗史，都是在达成无数个小目标之后，才最终成就伟大的事业。所以，要把人生总目标分解成长短不同的阶段性目标，各个击破，逐步接近总目标；而实现一个个阶段性目标带来的成就感和自信心，也会让你对自己的人生总目标更有信心和把握。看似遥不可及的宏伟目标，只要大方向是正确的，是适合自己的，是在自己的能力所及范围之内的，那么，只要遵循化整为零、循序渐进的成功规律，把目标进行分解，再一步一步脚踏实地，稳扎稳打，你的生涯目标终会实现。

生活与生涯管理

思考训练

把你的生涯目标进行分解，列出具体的阶段目标。

拓展阅读

一个个小目标实现大成就

1984 年，在东京国际马拉松邀请赛中，名不见经传的日本选手山田本一出人意外地夺得了冠军。当记者问他凭什么取得如此惊人的成绩时，他说了这么一句话："凭智慧战胜对手。"

当时许多人都认为这个偶然跑到前面的矮个子选手是在故弄玄虚。马拉松赛是体力和耐力的运动，只要身体素质好又有耐性就有望夺冠，爆发力和速度都还在其次，说用智慧取胜确实有点勉强。

两年后，意大利国际马拉松邀请赛在意大利北部城市米兰举行，山田本一代表日本参加比赛。这一次，他又获得了冠军。记者又请他谈经验。山田本一性情木讷，不善言谈，回答的仍是上次那句话："用智慧战胜对手。"这回记者在报纸上没再挖苦他，但对他所谓的智慧迷惑不解。

10 年后，这个谜终于被解开了，他在他的自传中是这么说的：每次比赛之前，我都要乘车把比赛的线路仔细地看一遍，并把沿途比较醒目的标志画下来，比如第一个标志是银行，第二个标志是一棵大树，第三个标志是一座红房子……这样一直画到赛程的终点。比赛开始后，我就以百米冲刺的速度奋力地向第一个目标冲去，等到达第一个目标后，我又以同样的速度向第二个目标冲去。40 多公里的赛程，就被我分解成这么几个小目标轻松地跑完了。起初，我并不懂这样的道理，我把我的目标定在 40 多公里外终点线上的那面旗帜上，结果我跑到十几公里时就疲惫不堪了，我被前面那段遥远的路程给吓倒了。

主题活动二

恰当的行动方案

有一个自以为是的毕业生总找不到合适的工作，自认为怀才不遇，对社会感到非常失望，决定跳海了结此生。这时正好遇到一位老人，老人问他为什么要走上绝路，他把自己不能得到认可和欣赏的情况告诉给老者，老人从脚下的沙滩上捡起一粒沙子，让年轻人看看，然后就随手扔到沙滩上，对年轻人说："请你把那粒沙子捡起来。"

"根本不可能。"年轻人说。

老人没说话，接着从口袋里掏出一颗珍珠，也随便扔了下去，然后对他说："能不能把珍珠捡起来？"

"当然可以。"年轻人回答道。

这个故事给你什么启示？

知识导航二

制订行动方案

古语云："预则立，不预则废。"为了实现你的生涯目标，必须根据自己的实际情况，制订好行动方案，并有计划地实施。对于高职高专学生来讲，主要是要建立与职业发展目标相一致的学业规划。高职院校的学制一般为3年，在每一学年中，学生的学习重点与心理特征都有所不同。根据这一自然的年限划分，高职学生可以按学年为阶段设置阶段目标，进行自己的职业生涯发展规划，并按照每个阶段的不同目标和自身成长特点，制订一些有针对性的实施方案。下面是各阶段目标和实施方案的例子，供大家参考：

1. 一年级为探索期。阶段目标是职业生涯认知和规划期。实施方案首先要实现由高中生到高职学生的角色转变，重新确定自己的学习目标和要求。其次，要开始接触职业和职业生涯等概念，特别要重点了解自己未来所希望从事

的职业或与自己所学专业对口的职业,进行初步的职业生涯发展规划设计;熟悉环境,建立新的人际关系,提高交流沟通能力,在职业探知方面可以向高年级同学或毕业生询问;积极参加各种各样的校园文化活动、社团活动和社会实践活动,锻炼交流技巧,提高实践能力;在学习方面,要学好专业基础知识,加强英语、计算机等的学习,掌握现代从业者所应具备的最基本技能,为将来的职业选择打下良好的基础。

2. 二年级为定向期、准备期。阶段目标是初步确定毕业方向及相应能力与素质的培养,掌握求职技能,为择业做好准备。实施方案首先认识自己的需要和兴趣,确定自己的价值观、动机和抱负。考虑未来的毕业方向——深造或就业,了解相关的活动,并以提高自身的基本素质为主,通过参加学生会或社团等组织,培养和锻炼自己的领导组织能力、团队协作精神;学好专业核心课程,练好专业技能;可以开始尝试兼职、社会实践活动,最好能在课余时间长时间从事与自己未来职业或本专业有关的工作,提高自己的责任感、主动性和受挫能力,并经总结分析而积累职业经验。

在加强专业知识学习的同时,考取与目标职业有关的职业资格证书或通过相应的职业技能鉴定。参加和专业有关的暑期工作,和同学交流求职工作心得体会,学写简历、求职信等求职技巧,提高求职技能。了解搜集有关本职业就业的信息渠道,关注、搜集公司信息,如果有机会要积极尝试。如果决定继续深造,也要做好复习准备,向相关教育部门索取招生简章等。

3. 三年级为冲刺期。阶段目标是成功就业。这个阶段学生的毕业方向已经确定,大部分学生的目标应该锁定在工作申请及成功就业上。这时,可先对前两年的准备做一个总结:首先检验自己已确立的职业目标是否明确及阶段目标的实现情况。其次,开始毕业后工作的申请,积极参加招聘活动,在实践中检验自己的积累和准备。最后,预习或模拟面试。积极利用学校提供的资源,了解就业指导中心提供的用人公司资料信息、强化求职技巧、进行模拟面试等训练,尽可能地在做出较为充分准备的情况下进行实践演练。另外,要重视顶岗实习机会,通过顶岗实习从宏观上了解单位的工作方式、运转模式、工作流程,从微观上明确个人在岗位上的职责要求及工作规范,为正式走上工作岗位奠定良好的基础。

思考训练

某学生根据自己的读书目标制订了一个读书计划：①周一到周五每天读半小时课外书，不少于20页。周六、周日每天读一个半小时课外书，不少于60页。②每周记读书笔记不少于400字。除了积累好词佳句，还要揣摩作者的写作方法、质疑作者的某些观点，把所思所获记录下来。③每读一本书后写一篇读后感。每篇读后感不少于400字。④每本书至少读三遍，第一遍做到略读，第二遍做到细读，第三遍做到带着问题读。

根据你的阶段目标，试着制订你的学期（或学年）学习计划。

拓展阅读

不听劝告的猎人

一个猎人，带上猎枪、弹药、袋子以及和他意气相投的忠实的朋友狗，到森林中去打猎，但枪筒里却未装上火药。有人劝他在家里就把火药装上，他不以为然地说："不需要，我非常熟悉这条道路，连麻雀也看不到。要到达目的地需要整整一个小时，路上装100次火药都来得及。"于是就带上空枪走了。

可结果呢？命运女神仿佛故意跟他开玩笑。他刚刚离开出发地，就看见一群野鸭在湖面上嬉戏。如果他事先装好火药，他一枪就能打中六七只。尽管他此刻赶紧装上火药，但是野鸭有了警惕，还没等他装好，野鸭就大叫一声，振翅起飞，马上就消失得无影无踪。

猎人继续在森林里转悠，结果一无所获，甚至连一只麻雀都没有碰见。而且不幸的是，天突然下起了大雨。就这样，全身淋得湿透的他只好空手回家。

（机会属于有准备的人。当你规划好职业生涯，准备踏上征途时，你是要做一个有准备的人还是一个没有准备的人呢？如果不希望得到像猎人一样的结果，那就要好好地制订你的行动计划并一步一个脚印地去落实。）

生活与生涯管理

主题活动三

如何实现目标

案例:《职业化——21世纪第一竞争力》的作者李宏飞,在大学里学的是英语专业,第一个工作是在假日集团的一家五星级饭店做培训员,经过两年的努力,成了培训经理。当时,假日集团总部有自己的培训机构——假日大学,负责对假日集团下属的企业管理人员进行培训。在担任培训经理期间,她给自己确定了下一个职业目标,那就是要在四年之内成为一名优秀的人力资源总监。为了实现这个目标,她学习了许多有关职业化的知识,如主管人员的技能、职业经理人的素养、客户满意服务标准等,后又考取了中国人民大学商学院企业管理专业硕士研究生,通过积极的准备,她只用三年时间就成了一家大型企业的人力资源总监,提前实现了自己的职业理想。

分析案例,谈谈李宏飞给你的启示是什么?

知识导航三

实现生涯目标

"为之成,不为则不成,凡事皆然。人之所以不成者,人之不为也。"这句话告诉我们行动的重要性。获得留名青史的丰功伟绩也好,实现人生中的各种目标、成就也罢,首先都要从采取行动开始。在确定了职业生涯的目标后,行动便成了关键的环节。这里所指的行动,是指落实目标的具体措施。作为高职学生,我们应针对自己的职业生涯目标制订实施计划,并付诸实践,以保证目标的实现。临渊羡鱼,不如退而结网。即使我们的职业发展规划做得完美无缺,如果不采取行动、不付诸实践,它始终只是一份计划、一张纸,时间一长,很可能变成一张废纸。俗话说,成功是百分之一的灵感加百分之九十九的汗水,理想一旦确定,唯一要做的就是采取行动。

影响生涯目标实现的因素很多,要有社会发展的大平台,要有朋友同事的帮助，更需要自己付出艰苦的努力。在生涯目标实施过程中最重要的是：

1. 做好职业准备。要成就事业，先成就自我。有的人有了明确的目标，也努力地学习各种成功的法则，却无法实现自己的梦想，其主要原因就是没有致力于提升自己内在的素养，也就是说没有很好地成就自我。社会主义市场经济为人们实现职业生涯目标提供了有利的条件，为每个有理想、有追求的人成为某方面的行家能手，并在自己的岗位上做出突出的成绩，开辟了广阔的前景。但是，职业生涯目标的实现不是坐等而来的，还必须经过自己的努力奋斗。随着我国社会主义市场经济的建立和完善，职场越来越现实，甚至有时变得越来越残酷，但同时，也变得越来越平等，人的命运越来越由自己来把握。机会总是属于有准备的人。只要我们能学好专业知识，练好专业技能，提升自身的素养和人格，为职业发展随时做好准备，机会就会属于我们，我们的职业发展规划会顺利推进，我们的职业理想也会得以实现。如上例中的李宏飞，她如果没有在知识、学历、技能方面做好充分的准备，她的生涯目标也就不可能如此顺利实现。

2. 调节好心态。心理学告诉我们，自我是动态的、发展的，一个人的能力也是动态的、发展的。科学家发现，人类贮存在大脑内的能量大得惊人，人平常只发挥了极小的大脑功能，如果能发挥一大半的大脑功能，那么就可以轻易学会 40 种语言，背诵整本百科全书，拿到 12 个博士学位。可见人的潜能之大。能否挖掘自己的潜能，心态是关键。任何成功者都不是天生的，都源于以积极的心态去开发自己的潜能，使自己的能力越来越强，从而更好地实践职业发展规划，实现职业理想。我们可以以积极的心态待人处事，也可以以消极的心态待人处事，但其效果是完全不一样的。如有的人把做好一件事当作是一次锻炼的机会，是一次很好的经历，是一次自我展示的平台，他就会以积极的心态投入到工作中去，表现出认真负责的态度，就能很好地开发出自己的潜能。反之，有的人把做一件事当作是负担，以消极的心态对待工作，应付工作，甚至带着抱怨、责备去做这件事，那他的潜能就不可能得到有效发掘。所以，实现职业生涯目标和职业理想，需要积极的心态。

日本学者野口嘉则说："幸福的决定性因素不是金钱、权势、地位等外部条

件，而是我们自身的心理状态。"美国成功学学者拿破仑·希尔说过："人与人之间只有很小的差异，但是这种很小的差异却造成了巨大的差异，很小的差异就是所具备的心态的不同，巨大的差异就是成功和失败。"任何一个正常的人都会希望自己的人生能够不断创造辉煌，能够超凡卓群，能够展示自己特殊的价值和意义。但在职业生涯规划的实施过程中，人们总会遇到理想与现实间的差异和矛盾，有时甚至是尖锐的碰撞与冲突。这时，如果用消极的心态去对待，那可能会从此消沉，走向失败，如果我们能用积极的心态去对待，就可能克服困难，走向成功。因此，适时调节好自己的心态非常重要，是获得幸福人生的重要保证。

3. 忠于职业岗位。现代社会，员工的成就不仅取决于其知识、技能，更取决于其是否拥有较高的职商，也就是要有良好的职业素养，包括良好的工作心态，工作用心、敬业、主动，对组织忠诚等。作为一名员工，培养良好的职业素养，首先要忠于事业，承担好本职岗位。

"忠诚"一词一般被解释为"忠于职守，真诚待人"，真诚待人就包括员工要真诚对待组织，同时组织也要真诚对待员工。忠诚是一种双向的、互动的行为和准则。忠诚是相互的，如果自身缺乏忠诚，就不要指望获得对方的忠诚。

员工对组织忠诚是实现双向忠诚的前提条件。组织是员工赖以生存的基础，没有组织，员工也就没有意义。员工对组织忠诚表现在：第一，员工要融入组织的共同价值观。组织文化是组织中形成的文化观念、历史传统、共同价值观念、道德规范等意识形态的综合体。员工要主动融入组织文化之中，将自身价值观与组织价值观保持一致，这是员工忠诚于组织的最基本也是最重要的方面。第二，员工要认同并遵守组织的行为准则。没有规矩，不成方圆。行为准则是组织经营活动中所必须奉行的一系列行为标准和规则制度，是组织维持秩序和保证正常运作的手段与措施。员工对组织忠诚，就要遵守组织的行为准则。第三，员工要维护组织的根本利益。大河有水小河满、大河无水小河干，组织利益与员工利益休戚相关，维护组织利益也就是维护员工利益。第四，员工需要对组织中的本职岗位恪尽职守。作为组织中的一员，必须要承担起本职工作的经济责任、社会责任和道德责任。

思考训练

史蒂芬·柯维博士在《高效能人士的七个习惯》中写道："仅仅通过那些成功的技巧、方法和策略是无法取得真正的成功的。也就是说仅仅依靠对美好未来的憧憬、人际关系的技巧、积极向上的思维并不能带来真正的成功。""为了达到真正的成功，为了得到永远的幸福，就要拥有谦虚、勇敢、忍耐、勤奋等品质，就要在更深层次上完善、充实自我人格，除此以外没有他法。"结合这段话，谈谈你将如何来做好职业准备。

拓展阅读

跳槽小故事

a 对 b 说："我要离开这家公司。我恨这家公司！" b 建议道："我举双手赞成你观点！破公司一定要给他点颜色看看。不过你现在离开，还不是最好的时机。" a 问："为什么？" b 说："如果你现在走，公司的损失并不大，你应该趁着在公司的机会，拼命去为自己拉一些客户，成为公司独当一面的人物，然后带着这些客户突然离开公司，公司才会受到重大损失，非常被动。" a 觉得 b 说得非常在理，于是努力工作。事遂所愿，半年多的努力后，他有了许多的忠诚客户。再见面时 b 问 a："现在是时机了，要跳赶快行动哦！" a 淡然笑道："老总跟我长谈过了，准备升我做总经理，我暂时没有离开的打算了。"其实这也是 b 的初衷。

（工作中，只有付出大于得到，让老板真正看到你的能力大于位子，才会给你更多机会。）

参考文献

［1］［美］本·沙哈尔．幸福的方法［M］．汪冰，刘骏杰译．北京：当代中国出版社，2009.

［2］［日］野口嘉则．心眼力［M］．安倩，译．吉林：吉林文史出版社，2009.

［3］陈龙春．大学生职业生涯规划导读［M］．杭州：浙江人民出版社，2010.

［4］仝玲，王杰法．职业生涯与发展规划［M］．北京：人民军医出版社，2012.

模块五

规划"过程"管理

在充满机遇和挑战的时代，如何具备竞争力，怎样才能抓住机遇，赢得挑战，关键看我们在生涯中收获了多少。人的一生脱离不了学习，只有不断地学习，不断地付诸实践，才能丰富理论知识和提升素质能力，不被社会所淘汰。当然，单单学习还不行，我们还得学会思考，善于察觉和分析问题，掌握解决问题的方法与技巧。在问题或困难不能及时得以解决的情况下，我们还须调整自己的心态，踏踏实实，用心做事，相信最终一定会成功！

 学习目标

1. 理解学习的基本概念，心态的含义与重要性。
2. 掌握学习方法，懂得付诸实践。
3. 善于察觉与分析问题，掌握问题管理方法与技巧。

 知识标签

学习　实践　思考　问题　心态

任务一　做一个会学习会实践的人

主题活动一

吹　气　球

活动形式：游戏与讨论

活动准备：气球

游戏规则：请 6 名学生登台参加吹气球比赛，比比谁的气球吹得大，看看有没有吹破气球的。评出将气球吹得最大的学生，请他讲讲吹气球时的心情。

交流：请参加比赛的学生谈谈吹气球时的感受，并结合自身的经历谈谈动机与成效的关系。

点评：通过吹气球游戏，大家用亲身体验获得了一种认识：学习动机是推动人们学习的内部诱因，高的成就动机可以有高的学习绩效，但是，过度的成就动机往往会导致人们的心理失衡。因此，应该保持适度的学习动机。

知识导航一

学 会 学 习

案例：松下幸之助出身贫寒，年轻时到一家电器工厂去求职，这家工厂的人事主管看着前来应聘的小伙子，衣着肮脏，身体既瘦又小，觉得不靠谱，信口开河地说："我们现在暂时不缺人，你一个月以后再来看看吧。"

这原本只是个托辞，可没想到一个月后松下真的又去了，那位负责人又推托说："有事，过几天再说吧。"隔了几天松下又去了，如此反复了多次，主管只好直接说出自己的态度："你这样脏兮兮的是进不了我们工厂的。"于是松下立即回去借钱买了一身整齐的衣服穿上后再去面试。负责人看他如此真

诚，只好说："关于电器方面的知识，你知道得太少了，我们需要一个有经验的员工。"

不料两个月后，松下再次出现在人事主管面前："我已经学会了不少有关电器方面的知识，您看我哪方面还有差距，我一项项弥补。"这位人事主管紧盯着态度诚恳的松下，过了好长一会儿才说："我干这一行几十年了，还是第一次遇到像你这样来找工作的。我真佩服你的耐心和韧性。"

松下凭借这种不轻言放弃的精神打动了主管，他得到了这份工作并通过不断努力逐渐成为电器行业非凡的人物，也成就了当今电器行业响当当的品牌——松下电器。

点评：上述案例告诉我们，只要树立正确的学习意识和态度，能够积极主动学习，弥补自己的不足，提升自己的职业素质，增强竞争力，并且在逆境中学会生存，坚持不懈，必能实现理想，达到成功。

1. 何为"会学习"

我们会经常听到有人这么抱怨："我的付出并不比别人少，可为什么我总是收获比别人少呢？""我每天读书这么长时间，花了很多精力，可我的能力和成绩怎么还是这么差呢？该怎么办啊？"事实上，并不是每个人都会学习。有的人学习的态度端正，但缺乏有效的方法，以致浪费很多时间，事倍功半；而有的人态度不积极，学习技巧也不适合自己的特点，得到的收获就更微乎其微了。所以，我们必须先知道何为"会学习"。

首先，会学习就是会根据自身的基本条件和情况，计划、调控和评价自己的学习，从而不断优化和调整原有的知识结构，以此适应社会的发展需要和知识的更新；其次，会学习就是会用最短的时间、最少的精力，采取最有效的方法和策略，获取尽可能多的知识和技能，以达到最好的学习效果；第三，会学习就是会把握学习的重点和要点，不但需要获得知识，而且要学会思维的过程和方法；第四，会学习还得将所学的理论知识应用到实践中去，并能在实践中进一步升华。

为什么要学会学习？

有句话很有道理："授之以鱼，只供一饭之需；授之以渔，则终生受用无穷。"

古人知此道理，现代人也是如此。比尔·盖茨是一个博览群书、好学深思的人。他虽然没有读完大学，但从小就读过很多书，所以他精通天文、地理等各类学科，可以说比尔·盖茨不仅是当今世界上金钱的巨富，而且还可以称得上是知识巨富。曾经有一位自以为学识渊博的哈佛毕业生去微软面试，比尔·盖茨问："请问，你是哈佛大学毕业的吗？"毕业生自豪地说："是的，老板，我是哈佛大学毕业的。""请问，你很聪明吗？"毕业生说："我是以第一名的成绩毕业的，应该智商还不错。""那你今天是来应聘我们微软公司的产品部经理吗？"毕业生说："是的，老板，希望我能有机会为您服务！""请问，你既然这么聪明，那亚马孙河有多长？"那位高才生顿时傻了，"亚马孙河？……"

当今时代是知识经济时代，没有知识将寸步难行，知识比以往任何时代都显得尤为重要。更何况现在社会科技迅猛发展，新知识、新技术、新发明、新创造日新月异地迅速增长，知识的陈旧周期也愈来愈短，因此，不会学习之人，势必被时代所淘汰。

2. 如何学习

（1）树立正确的学习观

当你逐渐成长，身边约束和管教你的人会越来越少，更多的是需要自己的自觉，所以，学习也是如此，应当树立正确的学习观，能够主动学习，把学习当成是一件快乐的事情。高标准、严要求，促使自己积极学习，增强学习动力，并持之以恒，以获取更大的成功。

（2）明确学习目标和计划

"目标和计划是通向快乐与成功的魔法钥匙。"首先要明确自己要学习的内容和任务，目标越具体，离成功也就越近。然后在具体目标的基础上制订计划，一个好的学习计划，需要明确回答三个问题，就是：做什么？怎么做？何时做？相对应的计划三内容即：任务、措施、步骤。

（3）养成科学的学习方法

中小学时期，我国的教育属于灌输式的教学方式，进入大学之后，更多地需要自主学习。我们应该了解自己，善于发现自己的优缺点，并通过学习总结适合自己的有效的学习方法和技巧，从而达到事半功倍。比如，我们要学会

分析，而不是靠单纯记忆；不同学科不同内容采取不同的学习策略，类同的科目可归纳出一条学习套路；充分利用学习资源，图书馆、网络等资源丰富并且方便、快捷。与此同时，还得学会劳逸结合，合理安排时间，注重重点、难点的把握。

（4）评估学习过程和效果

曾子曰："吾日三省吾身。"（论语·学而）"省"乃反省、评估自己之意。一个人的学习如果没有很好地评估和反馈，那么他的学习效率将会大大降低。评估和反馈的目的是更好地学习，更好地执行自己的学习计划，最终是能够保证自己学习目标的实现。因此，正确的学习评估包括过程评估和结果评估，其中过程评估包含：学习内容、学习进度、学习方法、目标实现途径和行为的评估，学习结果评估则包括目标的实现程度和学习效率。当然，我们并不是为了评估而评估，最重要的是通过评估，我们能看到不足，从而进一步改进，这样才能达到评估的目的。

思考训练

自我评价与调节学习能力的简易自测问卷

项　目	经常	有时	很少
1. 在学习新内容之前，我要设定明确、具体的学习目标			
2. 我设定的学习目标，既不高不可攀，也不轻而易举			
3. 在学习过程中，我考虑学习目标和自己学习现状之间的差距			
4. 我有意识地主动采取一些具体的学习方法，缩小学习目标与自己现有学习状况之间的差距			
5. 我对自己采取的学习方法充满自信			
6. 为了实现学习目标，我有意识地给自己创造一个有利于聚焦的学习环境			

（续表）

项　目	经常	有时	很少
7. 当实践证明我采取的新方法不太奏效时,我会主动放弃,再选用另外一种学习方法			
8. 我依据自己设定的学习目标,评价自己的学习效果			
9. 我把自己学业成功的原因归为个人能力,因此成功会进一步增强我的自信			
10. 我把自己学业失败的原因归为自己努力程度不够,运气不好,采用的学习方法不对或运用得不好,因此失败的体验对我没有很大的消极影响			

在符合的框里打"√"。

评分标准：选"经常"为2分；选"有时"为1分；选"很少"为0分。

1. 分数在16分以上,学习的自我评价和调节能力较强；

2. 分数在12~16分之间,学习的自我评价和调节能力一般；

3. 分数在12分以下,学习的自我评价和调节能力较弱。

 拓展阅读

所罗门学习风格

活跃型/沉思型	从信息加工的角度看,如果你是活跃型学习者,那么你会倾向于和别人一起做事或讨论,喜欢和团体一起来解决问题；如果你是沉思型学习者,总是把问题考虑周全后再作反应,更看重解决问题的质量而不是速度。
感悟型/直觉型	从信息感知的角度看,如果你是感悟型学习者,那么你可能很擅长记忆事实和做一些现成的工作,对复杂和突发的情况感到反感；如果你是直觉型学习者,会倾向于发现某种可能性和事物之间的关系,更擅长掌握新概念,更能理解抽象的数学公式。
视觉型/言语型	从信息输入的角度看,如果你是视觉型学习者,那么你就一定是用眼睛学习一切学习材料,你应当多使用图片、图表、流程图、图像、影片等视觉辅助性工具；如果你是言语型学习者,更擅长从文字和口头的解释中获取信息。

（续表）

序列型/综合型	从信息理解的角度看，如果你是序列型学习者，你习惯按线性步骤理解问题，每一步都合乎逻辑地紧跟前一步，按部就班地寻找答案。如果你是综合型学习者，那么你可能习惯大步学习，吸收没有任何联系的随意的材料，然后突然获得它。或许你能更快地解决复杂问题，或者一旦你抓住了主要部分就用新奇的方式将它们组合起来，但你却很难解释清楚它们是如何工作的。

主题活动二

辩　　论

参加对象：每班选出 4 名选手参赛，组成 2 支辩论队伍

辩论主题：大学生更应注重理论能力还是实践能力

辩论时间：40 分钟

你认为更重要的是 _____

知识导航二

学 会 实 践

　　案例：宁波市某高职院校的护理专业在进入大三实习阶段前，必经的一个环节就是实习安排。学生刘某，嘉兴人，由于种种原因被安排到了杭州某家医院实习。医院既不在宁波，也不在其家乡，该生情绪低落，不愿去杭州实习的态度很明确。经过老师的一番分析后，该生了解了利弊，同意前往杭州实习。2 个月不到的时间，该生打电话回学校，告诉老师，在杭州很适应，带教老师对她也很不错，她有打算留在杭州工作的意愿。最后，通过长达 10 个月的实践学习，她清楚地知道自己适合留在杭州，并且也能工作、生活得很好，最主要是能在那边学到很多知识和技能，能不断进步，个人有所发展。

　　点评：任何事我们都必须通过亲自实践才能得出最后的结论，而不是凭

空想象,任意揣测。只有尝试过、努力过、实践过,才知道行或者不行,对或者不对。

1. 知识必须转化为实践

英国著名的古典主义诗人亚历山大·波普曾写过这么一句广泛流传的诗:A little learning is a dangerous thing。意思是一知半解是一件危险的事情。举例而言,对人体结构一知半解的人要行医的话,那是绝对不可想象的事,后果极为严重,很可能置人于死地。

人只有不停地学习,才能不断适应时代的瞬息万变,正如我们一直所信奉的一句名言:"知识就是力量。"若是简单地理解此句,似乎书读得越多,掌握的知识越多,学历越高的人,能力素质也就越强。显然,这是不准确的。知识和能力是有着本质的区别。知识的汉语本来词义是指学术、文化或学问,后来把识别万物实体与性质的是与不是,定义为知识。而能力就是指顺利完成某一活动所必需的主观条件,直接影响活动效率,并使活动顺利完成的个性心理特征。

实践是知识转化为能力的桥梁和纽带,知识成为能力,必须通过实践来完成。有的人满腹经纶,可让他去做却做不来,他也想施展自己的才华,有所作为,可就不知如何"转化"。"转化"并不简单,不是读了记了就会做会用了,它是一种行动,也是一门重要的学问,关键在于实践。有了书本,有了理论知识,还要学会观察、分析和判断,从中总结出解决问题的思路和方法。能够真正解决实际问题的知识才是力量!

当今社会,对人才的要求越来越高,其中对应聘者的实践能力也是越来越注重,主要有以下几个方面:一技或多技之长、人际沟通能力、社会适应能力、表达能力、团队协作能力、实践动手能力、组织协调能力、创新能力等。

2. 年轻就是社会实践的资本

趁年轻做你想做,做你喜欢做的,这个世界是你的,阳光是你的,雨露是你的,一切都是你的。青春亦是一条奔腾不息的河流,流淌过去了,青春也已不在。所以,趁年轻,请珍惜身边的每一个人和每一件事,大胆去做,大胆去闯,跌倒了就勇敢地爬起来,因为,我们还年轻,没有什么大不了!

社会实践是一个人生的大舞台，我们既是演员，又是导演，没有任何的彩排，只有现场直播。年轻人是激情的，活跃的，奔放的，灿烂的，所以我们可以多一份选择，多一份主动，多一份热情，不要停留于枯燥刻板的两点一线或三点一线，志愿者服务也好，社会调研也罢，多给自己些机会，多接触社会，多吸取经验，敢于行动，敢于创造，在实践中体会苦与乐，成与败，喜与悲，付出与收获。

 思考训练

结合自身的特点以及所学专业，撰写一份志愿者服务活动方案，要求具有可操作性。

 拓展阅读

全国性社会实践项目介绍

1. 中国青年志愿者行动

中国青年志愿者行动是一项以农村扶贫开发、城市社区建设、环境保护、大型活动、抢险救灾、社会公益等为重点的志愿者行动。开展的重点项目主要包括：青年志愿者社区发展计划、青年志愿者扶贫接力计划、大中专学生"三下乡"活动、"保护母亲河"计划等。

2. 大学生志愿服务西部计划

"大学生志愿服务西部计划"是团中央、教育部等部门根据国务院常务会议、《国务院办公厅做好 2003 年普通高等学校毕业生就业工作的通知》和 2003 年全国高校毕业生就业工作电视电话会议精神的要求而实施的，财政部、人事部给予相关政策、资金支持。这项计划通过引导大学生到西部去、到基层去、到祖国和人民最需要的地方去建功立业，促进西部贫困地区教育、卫生、农技、扶贫等社会事业的发展，拓展大学生就业、创业的渠道、努力培养造就一大批既有现代科学文化知识、又有基层工作经验和强烈社会责任感的优秀青年人才。

3. 文化、科技、卫生"三下乡"

为了促进农村文化建设，改善农村社会风气，密切党群、干群关系，深入贯彻党的十四届六中全会精神，大力推进农村精神文明建设，满足广大农民的精神文化生活的需求，1996 年 12 月，中央宣传部、国家科委、农业部、文化部等十部委联合下发《关于开展文化科技卫生"三下乡"活动的通知》。1997 年，"三下乡"活动在全国正式开展。文化下乡包括：图书、报刊下乡，送戏下乡，电影、电视下乡，开展群众性文化活动。科技下乡包括：科技人员下乡，科技信息下乡，开展科普活动。卫生下乡包括：医务人员下乡，扶持乡村卫生组织，培训农村卫生人员，参与和推动当地合作医疗事业发展。

4. "挑战杯"全国大学生系列科技学术竞赛

"挑战杯"全国大学生系列科技学术竞赛是由共青团中央、中国科协、教育部和全国学联共同主办的全国性的大学生课外学术实践竞赛。"挑战杯"竞赛在中国共有两个并列项目：一个是"挑战杯"中国大学生创业计划竞赛；另一个则是"挑战杯"全国大学生课外学术科技作品竞赛。这两个项目的全国竞赛交叉轮流开展，每个项目每两年举办一届。

（摘自《大学生生涯规划与辅导实务》）

任务二　做一个善于思考的人

 主题活动一

你能看到几张脸

答案：9张脸，你看到了吗？

点评：能够从多角度、多方位去思考同一个问题，处理问题时善于整合和归纳。

 知识导航一

问题的察觉与分析

案例 1：有一家人决定搬进城里，于是去找房子。

一家三口，夫妻两人加一个 5 岁的小孩。他们跑了一天，直到傍晚，终于看到一则公寓出租广告。

他们赶紧跑去找房东敲门询问。可温和的房东说道："实在对不起，我们公寓不租给有孩子的住户。"

夫妻俩一听，一时不知如何是好，于是，他们默默地走开了。

那 5 岁的孩子，把一切看在眼里，心想：真的没有办法了吗？他用稚嫩的小手，又去敲了房东的大门。

这时，夫妻俩已走出一段距离了，都回头望着。

门开了，房东又走了出来。这孩子精神抖擞地说："老爷爷，这个房子我租了。我没有孩子，我只带了两个大人。"

房东听了之后，哈哈大笑，最后把房子租给了他们住。

点评：我们每天都会遇到各式各样的问题，有的表面看上去无法解决，若是换个思维方式或者角度，或许就能出奇制胜，找到解决的办法。

案例 2：《谁动了我的奶酪》是美国作家斯宾塞·约翰逊写的一本畅销书，书中讲述四个小精灵：老鼠嗅嗅和匆匆、小矮人哼哼和唧唧，同时享受一堆奶酪。有一天，奶酪突然不见了，面对突如其来的变化，两只小老鼠积极行动，很快就找到了新的更多的奶酪；两个小矮人中的哼哼不去寻找新的奶酪，却总是在思考奶酪是谁拿走的，为什么要拿走，结果可想而知；而唧唧虽然也经过一阵犹豫，但他及时行动，终于也寻找到了新的奶酪。这个寓言里的"奶酪"代表着每个人最想得到的东西，如工作、金钱、财产、健康等。两只小老鼠和两个小矮人代表不同的思维方式。

点评：老办法、旧观念不会帮助我们摆脱困境，只有转变旧观念，放弃旧东西，"随着奶酪的变化而变化"，才会有全新的发现，找到新的出路。

1. 正确描述所遇到的问题

著名教育学家杜威曾经说过："正确定义了问题，问题也就被解决了一半。"在解决问题时，首先我们要迅速准确地描述所遇到的问题，正确把握问题的性质、特点是关键。我们可以借助 5W2H 方法来实现。

When：何时发生？

Where：在哪里发生？

What：发生了什么？

Why：为什么会发生？

Who：关系到谁？

How：怎么发生的？

How much：发生到何种程度？

通过以上的提问，我们就可以做出详尽客观的描述。如果问一次不够清楚，当然还可以多问几次，直到把问题表述清楚、明白为止。

2. 分析问题

在上一步正确描述问题之后，我们要具体分析问题的原因，找出症结。尤其是我们需要透过现象看本质，筛除那些不准确或者过时的信息，探究真相。

（1）鱼骨图分析法

鱼骨图是由日本管理大师石川馨所发展出来的，故又名石川图。鱼骨图是一种发现问题"根本原因"的方法，它也可以称为"因果图"。鱼骨图原本用于质量管理。

问题的特性总是受到一些因素的影响，我们通过头脑风暴找出这些因素，并将它们与特性值一起，按相互关联性整理而成的层次分明、条理清楚，并标出重要因素的图形，因其形状如鱼骨，所以叫鱼骨图。它是一种透过现象看本质的分析方法。

鱼骨图制作：

制作鱼骨图分两个步骤：分析问题原因 / 结构、绘制鱼骨图。

① 分析问题原因 / 结构

A. 针对问题点，选择层别方法（如人、机、料、法、环等，"人"指的是造成问题的人为因素;"机"指软、硬件对问题的影响;"料"指基础的准备及物料;"法"指与问题有关的方式与方法;"环"指内外部环境因素的影响)。

B. 按头脑风暴法分别对各层别类别找出所有可能原因(因素)。

C. 将找出的各要素进行归类、整理,明确其从属关系。

D. 分析选取重要因素。

E. 检查各要素的描述方法,确保语法简明、意思明确。

分析要点:

a. 确定大要因(大骨。日文"要因"是指主要原因、决定因素。)时,现场作业一般从"人、机、料、法、环"着手,管理类问题一般从"人、事、时、地、物"层别,应视具体情况决定。

b. 大要因必须用中性词描述(不说明好坏),中、小要因必须使用价值判断(如……不良)。

c. 脑力激荡时,应尽可能多而全地找出所有可能原因,而不仅限于自己能完全掌控或正在执行的内容。对人的原因,宜从行动而非思想态度方面着手分析。

d. 中要因跟特性值、小要因跟中要因间有直接的原因——问题关系,小要因应分析至可以直接下对策。

e. 如果某种原因可同时归属于两种或两种以上因素,请以关联性最强者为准(必要时考虑"三现主义":即现时到现场看现物,通过相对条件的比较,找出相关性最强的要因归类)。

f. 选取重要原因时,不要超过7项,且应标识在最末端原因。

② 绘图过程

A. 填写鱼头(按为什么不好的方式描述),画出主骨;

B. 画出大骨,填写大要因;

C. 画出中骨、小骨,填写中、小要因;

D. 用特殊符号标识重要因素。

分析要点:绘图时,应保证大骨与主骨成60度夹角,中骨与主骨平行。

鱼骨分析法使用步骤:

a. 查找要解决的问题。

b. 把问题写在鱼骨的头上。

c. 召集同事共同讨论问题出现的可能原因,尽可能多地找出问题。

d. 把相同的问题分组,在鱼骨上标出。

e. 根据不同问题征求大家的意见,总结正确的原因。

f. 拿出任何一个问题,研究为什么会产生这样的问题?

g. 针对问题的答案再问为什么。这样至少深入五个层次(连续问五个问题)。

h. 当深入到第五个层次后,认为无法继续进行时,列出这些问题的原因,而后列出至少20个解决方法。

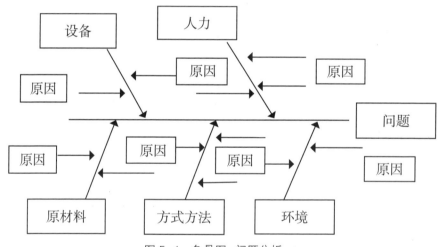

图 5-1　鱼骨图：问题分析

(2)YY 提问法

"YY"即 Why Why,就是一种反复提问的方法,通过不断地问"为什么",从而挖掘问题的更多细节,由表及里,层层深入,直达问题的根源。此方法操作简单,是一种不错的方法。

(3)列举法

将你遇到的问题特点一一列举出来,逐个进行分析,层层推理,找出其根本原因。

思考训练

小张是中天大厦的物业管理员,该大厦一共有4部电梯,40多家公司。这些公司的上班时间都是8点30分,每天8点15分开始大厦内的电梯就异常拥挤,运行速度非常缓慢。由于大家都急着上班,等的人也多,经常会出现争吵现象,甚至打架。

请用5W2H的方法来描述这个问题,并指出该问题的主要特征。

 拓展阅读

问题的功能

1. 激发功能:问题激发我们的动机和兴趣,激发我们的情感与灵感;正因为问题的激发功能使它成为灵感的源泉。

2. 定向功能:问题规定了认知和思维的大致方向和范围,规定了思维的形式、方法和视角。

3. 组织功能:以问题为核心,经验事实、理论观点、研究对象、研究途径与方法等诸多要素被组织起来,协调起来。

4. 划界功能:是否探索问题是科学还是宗教迷信,是不同学科的划界标准之一,问题是划分科学研究类型、水平和层次的标注。

(摘自豆丁网《解决问题的思路和方法》)

 **主题活动二**

钥匙忘带了

有一天,父母去郊区度假了,而你独自在家。早上需要你去小区门卫取牛奶,可回来时突然发现钥匙没带,自己被锁在门外。看看身上,只带了手机。

此时,你有几种方案可解决,最佳的解决方案是什么,为什么?

 知识导航二

问题的解决与执行

案例：萝莉最近组织了一个关于化妆品研发的思考会议。她在黑板上随意写下了"熊猫"这个词，让在场的与会者用与此词相关的概念或词语进行思考。很快大家提出了下面的想法：

"……熊猫，黑白两色。女生很爱漂亮，但是不喜欢有黑眼圈，所以我们可以研发去掉黑眼圈的眼霜或彩妆。"

"……圆滚滚的，很可爱。女生喜欢可爱的东西，我们可以在外观的设计上花点心思，精致而不失可爱，让女生爱不释手。"

"熊猫爱吃竹子……想到养生、环保。那我们在产品的成分上可以做到既护肤又养生，一举两得，而且用完的包装或瓶瓶罐罐还可以回收利用，做到环保，肯定受人欢迎。"

点评：信手拈来的一个词，可以引发一连串的相关思考，通过大家的奇思妙想，问题的解决方案就会形成。

1. 选择解决方案

当我们发现问题，并逐一解剖与分析后，就可寻求问题解决的方案和对策了。

（1）提出备选方案

人们常说"条条道路通罗马"。解决问题的方案不只有一个，而且每个方案也不是十全十美，总是有利有弊，这就需要我们去评估和权衡，看看哪个方案利大于弊，更合适些。在这个步骤上，我们要克服"习惯性思维""经验主义"，也就是说，我们经常会用自己以往使用过的方法去解决问题，这样反而会影响我们尝试新的更有效的方法，是我们"创新"的拦路石。所以，明确问题后我们切不可凭习惯和冲动行事，不妨打开思路，进行"头脑风暴"，把解决方案一一列出，作为问题解决的备选方案。

头脑风暴法：

头脑风暴法又称智力激励法、BS 法、自由思考法，是由美国创造学家

A.F. 奥斯本于 1939 年首次提出、1953 年正式发表的一种激发性思维的方法。此法经各国创造学研究者的实践和发展，至今已经形成了一个发明技法群，深受众多企业和组织的青睐。

实施步骤：

A. 召集一定数量的人（10 ~ 15 人为宜）在一个房间里开会；

B. 指定某个人作为主持人，并在活动挂图或活页纸上记录各种提到的解决方案；

C. 确定要解决的问题；

D. 要求参加者迅速根据个人认识提出解决方案；

E. 记录各种解决方案；

F. 事后分析这些方案的可行性，选取真正有用的解决方案。

头脑风暴法应遵守如下原则：

① 庭外判决原则。对各种意见、方案的评判必须放到最后阶段，此前不能对别人的意见提出批评和评价。认真对待任何一种设想，而不管其是否适当和可行。

② 欢迎各抒己见，自由鸣放。创造一种自由的气氛，激发参加者提出各种想法。

③ 追求数量。意见越多，产生好意见的可能性越大。

④ 探索取长补短和改进办法。除提出自己的意见外，鼓励参加者对他人已经提出的设想进行补充、改进和综合。

（2）选择解决方案

备选方案列出后，就需要进行选择，选择最佳解决方案。最佳并不意味着这个方案在理论上是最好的，而是意味着在现实的应用中可能是最恰当的。我们在选择方案时，应因时、因地、因事、因人而异，不过一个共同的前提就是要好好评估这些备选方案，尽可能想得全面些，有利于自己做出最合适的选择。既然我们已经找到了各种解决方案，若是举棋不定，不妨先尝试一个，这样比迟迟不作决定好得多。因为时间耽搁得越久，问题就会越糟糕。

选择最佳方案的过程其实就是决策的过程，也是一系列权衡的过程。很难有一个方案满足我们所有的决策目的，但最起码必须满足我们的主要目的。最常用的决策标准是 FSA 标准，即可行性（Feasibility）、适用性（Suitability）、可接受性（Acceptability）。当然，我们也不需要苛求完美，完全按照该标准来衡量，只要符合其中某项或某几项标准就可以了。

① 可行性标准

该标准是最基本的判断标准。包含两层含义：一是该方案是否能够解决问题，是否能实现解决问题所设定的目标；二是该方案的执行是否经济合理。

一种方法是成本效益分析法，就是通过方案之间的比较，就其所导致的成本和效益进行评估，只要是成本小于收益，该方案就是可行的。当然，理论上成本最低、收益却最大的方案是最佳方案。另一种方法是风险评估法，每个方案在实施的过程中存在着大大小小的风险，即使该方案成本最低、效益最大，但风险却很大，我们不一定会选择它。所以，我们除了在经济方面的考虑之外，还得权衡其风险，包括可能性和严重性两个因素，也就是风险发生的机会，以及如果它发生则可能产生的影响。

② 适用性标准

该标准指的是方案是否符合我们的实际，要求太高的方案超出了我们的实际，我们无法达成，要求太低的方案价值不大，又浪费我们的资源。所以，我们在权衡方案的时候，还得结合自己的实际情况，方案的选择不能太高也不能太低。

可以用一句话来概括：量力而行。合理利用自己有限的资源，解决我们的实际问题。

③ 可接受性标准

方案的选择最好能得到绝大多数人的赞同和支持，这样实施起来就更有动力，并且风险可以一起承担。所以，我们在选择方案的时候，让大家一起参与方案的制订和选择，尊重每个人的意见，取长补短，成为团队一致性的决策。

2. 执行方案

我们一旦选择了最佳解决方案,就必须及时付诸行动,使得问题及时解决。

(1)制订行动计划

制订一个明确而又有效的行动计划是执行决策中最重要的一环,它是对我们解决问题的每项工作任务、工作方式、人员安排、时间分配、资源利用等都进行了翔实的安排,是问题得以顺利完成的重要保障。

首先,我们需要明确计划的目标,包括方案执行后需要达到的结果以及最后完成的期限。

其次,对任务进行分解,按步骤实施。"一个好的开头,就等于成功了一半"。因此,我们要对纷繁复杂的任务理清头绪,分解任务。

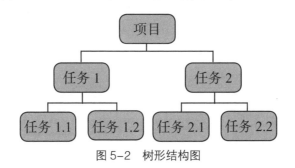

图 5-2　树形结构图

然后,明确参与人员,资源配合。由谁去做某项任务,这也是很关键的。对该项任务熟悉,并且具有一定的操作技能,肯定能事半功倍,当然还得看其是否愿意。任务的完成还需要一定资源的配合,如资金、设备等,所以要准备好必备资源,并尽可能争取到更多的资源以支持任务的完成。

接着,安排进度表。就是安排具体的实施时间,可根据年、月、日、时等不同的时间单位来进行架构,注明需要完成的任务。也可用计算机提供的工具来绘制甘特图,可大大提高效率。

最后,研究潜在问题,设计应急预案。尽可能考虑在方案实施过程中会发生的状况或意外,做好预防措施,这样就能避免遇到突发事件时手忙脚乱。与此同时,计划也会出现大家未估计到的问题,我们应该确定一个应急方案,以备不时之需。

（2）执行和评估

这是问题解决的最后一步，也是最关键的一步，只有执行了行动计划，我们才可能真正解决问题。不管我们事先所做的思考多么深入，制订的方案和计划多么全面，仍然不会是十全十美的，总会在实施中碰到这样那样的没有想到的困难与问题。所以我们不但要执行，还要边执行边评估，根据评估结果及时修订计划，然后继续执行，这样问题将会解决得更加顺利。

所以，我们要从两个方面对问题进行总结和反馈，一是对问题解决的效果进行总结和反馈，二是对解决问题的方案以及方案的实施过程进行总结和反馈。通过以上两个方面的总结和反馈，我们可以全面系统地了解解决问题的整个过程中哪些是应该肯定的，哪些是应该注意和纠正的，吸取成功经验，总结失败教训，以便下一步更好实践。

思考训练

解决问题能力大小的测试。

下面是 10 个单项选择题，请在每一个题目的备选答案中选择一个符合你的答案。

1. 如果你的书因水管漏水被浸坏了（　　）

A. 你非常不愉快，不停地抱怨

B. 你想借此不交物业管理费，并写了批评信

C. 你自己擦洗、清理、烘晒图书，并修理水管

2. 遇到节假日，你和爱人总会因去看望谁的父母发生矛盾（　　）

A. 你认为最好的办法就是谁的父母都不去看望，以减少麻烦

B. 订个计划，这次看望爱人的父母，下次看望你的父母，轮流看望

C. 决定在重要的节假日里，和你的家人团聚，而在其他节假日里与爱人的家人共度

3. 如果某个朋友要过生日了，要你去参加生日聚会，你当然得送礼物，这时（　　）

A. 事先对对方说你有事不能参加,事实上你并没有什么事情,你只是想不送礼物

B. 对那些你认为重要的朋友,比如可以给你带来生意上帮助的人,你才愿意参加并送礼物

C. 你不送礼物,但经常收集一些小的或比较奇特的礼物来应付朋友生日这类事情

4. 当你感到身体不舒服时( )

A. 你会拖延着不去就诊,认为慢慢会好的

B. 自己诊断一下,去药房买药

C. 把这种情况及时告诉家人,然后去医院检查

5. 工作中的各种压力使你和家人变得容易发生争执时( )

A. 你会想法向朋友倾诉

B. 你设法避免和家人争吵

C. 你和家人一起讨论,研究解决的办法

6. 你的好友发生车祸受了重伤,你得知消息时( )

A. 失声痛哭,不知该如何是好

B. 叫来医生,要求服镇静剂来度过以后的几小时

C. 抑制自己的感情,因为你还要告诉其他亲友

7. 当领导交给你一份重要的工作任务时( )

A. 你会放弃这个机会,因为这项工作的要求太高

B. 你怀疑自己能否承担起这项工作

C. 你仔细分析这项工作的要求,准备把它做好

8. 你最好的朋友要结婚了,而你认为他们在一起不会幸福( )

A. 你会认真地规劝那位朋友,请他慎重考虑

B. 努力说服你自己,让自己相信时间会使朋友改变计划

C. 你不着急,因为你相信一切都会好起来

9. 当你和别人发生冲突,解决不了,只得去法庭时( )

A. 你会因为焦虑和不安而失眠

B. 你不去想这件事，出庭时再设法应付

C. 你把这件事看得很平常

10. 当你和同事发生争执，却没有结果时（　　）

A. 你借酒浇愁，想把这件不愉快的事忘掉

B. 请教律师如何与同事打官司

C. 外出散步或消遣，以平息心中的愤怒

评分标准：

选择 A 计 1 分，B 计 2 分，C 计 3 分。

总得分为（　　）分。

评价：

如果总得分在 15 分以下，则说明你解决问题的能力较差；

如果总得分在 15～25 分之间，则说明你解决问题的能力一般，有时稍有迟疑；

如果总得分在 25 分以上，则说明你处理问题的能力很强。

 拓展阅读

PRE-PASS 循环

PRE-PASS 循环由七个子环组成，包括 P（Problem）—发现问题环、R（Reason）—寻找原因环、E（Essence）—揭示本质环、P（Project）—制定方法环、A（Action）—组织实施环、S（Self—criticism）—检讨反馈环和 S（Step by step）—完善提高环。七个部分组成一条逻辑上互相关联的运作方法链。

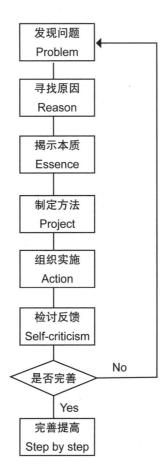

图 5-3 PRE-PASS 循环图

任务三　做一个积极快乐的人

 主题活动一

测测你现在的心态

活动方式：趣味测试。

1. 你感觉最好的时间段是（　　）

A. 早晨　　　　　　　B. 下午及傍晚　　　C. 夜里

2. 你走路时是（　　）

A. 大步快走　　　　　B. 小步快走　　　　　C. 不快，仰着头

D. 不快，低着头　　　E. 很慢

3. 和人说话时，你会（　　）

A. 手臂交叠地站着　　B. 双手紧握着　　　　C. 一手或两手放在身后

D. 碰着或推着与你说话的人

E. 玩着你的耳朵、摸着你的下巴或用手整理头发

4. 坐着休息时，你会（　　）

A. 两膝盖并拢　　　　　　　　　　　B. 两腿交叉

C. 两腿伸直　　　　　　　　　　　　D. 一腿压在身下

5. 碰到你感到发笑的事时，你的反应是（　　）

A. 一个欣赏的大笑　　　　　　　　　B. 笑着，但不大声

C. 轻声咯咯地笑　　　　　　　　　　D. 羞怯的微笑

6. 当你参加一个派对或去社交场合时，你（　　）

A. 很大声地入场以引起注意

B. 安静地入场，找你认识的人

C. 非常安静地入场，尽量保持不被人注意

7. 当你非常专心地工作时,有人打断你,你会(　　)

A. 欢迎他　　　　　　B. 感到非常恼怒　　C. 在A与B之间

8. 下列颜色中,你最喜欢的颜色是(　　)

A. 红或橘色　　　　　B. 黑色　　　　　　C. 黄或浅蓝色

D. 绿色　　　　　　　E. 深蓝或紫色　　　F. 白色

G. 棕或灰色

9. 临入睡的前几分钟,你在床上的姿势是(　　)

A. 仰躺,伸直　　　　B. 俯躺,伸直　　　C. 侧躺,微蜷

D. 头搁在一手臂上　　E. 被盖过头

10. 你经常梦到你在(　　)

A. 落下　　　　　　　B. 打架或挣扎　　　C. 找东西或人

D. 飞或漂浮　　　　　E. 你平常不做梦　　F. 你的梦境都是愉快的

先将所有分数相加,再对照后面的分析:

1.(A)2　(B)4　(C)6

2.(A)6　(B)4　(C)7　(D)2　(E)1

3.(A)4　(B)2　(C)5　(D)7　(E)6

4.(A)4　(B)6　(C)2　(D)1

5.(A)6　(B)4　(C)3　(D)5

6.(A)6　(B)4　(C)2

7.(A)6　(B)2　(C)4

8.(A)6　(B)7　(C)5　(D)4　(E)3　(F)2　(G)1

9.(A)7　(B)6　(C)4　(D)2　(E)1

10.(A)4　(B)2　(C)3　(D)5　(E)6　(F)1

【低于21分:内向的悲观者】

别人认为你是一个害羞的、神经质的、优柔寡断的人,需有人照顾,需别人为你做决定,不想与任何事或任何人有关。你是一个杞人忧天者。有些人认为你令人乏味,只有那些深知你的人才知道你不是这样的人。

【21~30分：缺乏信心的挑剔者】

你的朋友认为你勤勉刻苦、很挑剔，他们认为你是一个谨慎的、十分小心的人，一个缓慢而稳定辛勤工作的人。如果你做任何冲动的事或无准备的事，你会令他们大吃一惊。他们认为你会从各个角度仔细地检查一切之后仍经常决定不做。他们认为对你的这种反应一部分是由你小心的天性所引起的。

【31~40分：以牙还牙的自我保护者】

别人认为你是一个明智、谨慎、注重实效的人。也认为你是一个伶俐、有天赋有才干且谦虚的人。你不会很快、很容易和人成为朋友，但你是一个对朋友非常忠诚的人，同时要求朋友对你也有忠诚的回报。那些真正有机会了解你的人会知道要动摇你对朋友的信任是很难的，但是，一旦这信任被破坏，会使你很难熬过。

【41~50分：平衡的中道】

别人认为你是一个新鲜的、有活力的、有魅力的、好玩的、讲究实际的、永远有趣的人，你经常成为大家注意力的焦点，但是你是一个注意平衡的人，不至于因此而昏了头。他们也认为你亲切、和蔼、体贴、能谅解人，你是一个永远会使人高兴起来并会帮助别人的人。

【51~60分：吸引人的冒险家】

别人认为你具有令人兴奋的、高度活泼的、相当易冲动的个性；你是一个天生的领袖、一个会很快做决定的人，虽然你的决定不总是对的。他们认为你是大胆的和冒险的，愿意试做任何事，是一个愿意尝试机会而欣赏冒险的人，他们喜欢跟你在一起。

【60分以上：傲慢的孤独者】

别人认为对你必须小心。在别人的眼中，你是自负的、以自我为中心的，是一个极端有支配欲、统治欲的人。别人可能钦佩你，希望能多像你一点，但不会永远相信你，会对与你更深入的来往有所犹豫。

 知识导航一

成功源于心态

案例：一个小男孩与全家人一起玩牌，连续几次抓的牌都不好，结果全输了，于是，他就开始心浮气躁，连连抱怨自己的手气、运气不好。这时男孩的母亲停止了玩牌，并严肃地对小男孩说："无论你手中的牌怎样，你都必须接受它，并且尽最大努力打好自己的牌！"男孩望着母亲那严肃认真的脸，愣了愣神，母亲接着说："人生也是如此，上帝为每个人发牌，你无法选择牌的好坏，但你可以用好的心态去接受现实，并竭尽全力，让手中的牌发挥出最大的威力，获得最好的结果。"

点评：这个男孩就是美国第 34 任总统艾森豪威尔。这个故事告诉我们，其实成功者和失败者在智力、体力上并没有太大的区别，他们最主要的区别在于心态的差别，成功者用积极乐观的心态支配人生，他们可能遭遇过失败和厄运，但他们仍然继续坚持走下去，最后他们获得了成功。失败者刚好相反，他们消极、借口多，因此不敢为。他们也许成功过，但由于心浮气躁，容易气馁，无法获得最后的成功。

1. 心态

心态是指对事物发展的反应和理解表现出不同的思想状态和观点。世间万事万物，我们可用两种观念去看待，一个是正面的，积极的，另一个是负面的，消极的。这就像钱币，一正一反。该怎么理解这一正一反的内涵，这就是心态，它完全取决于你自己的想法。

（1）心态的主要类型

心态主要有以下两种类型。

① 积极心态：主动的自我意识、明确的自我价值观和良好的自我状态以及优秀的自我心理品质等复合素质的综合体。

② 消极心态：被动的自我意识、模糊的自我价值观和萎靡、自卑的自我状态以及脆弱的自我心理品质等复合素质的综合体。

（2）不同心态类型的特征

① 积极心态的特征

A. 面临难题，认真思考，做出自己的选择；而不是不动脑筋，安于现状。

B. 遇到挑战，从实际出发，求变创新；而不是浑浑噩噩，回避矛盾。

C. 选取目标，计划事情，具体而明确；而不是笼而统之，模糊不清。

D. 正视现实，负起责任，不管是愉快还是痛苦；而不是否认、逃避现实，沉溺在幻想中。

E. 尊重事物规律，考察客观可能；而不是拒绝真理，不顾实际，只凭主观意愿办事。

F. 独立自主，积极行动；而不是依赖别人，消极等待情况变化。

G. 敢于冒险，不怕失败；而不是躲避风险，贪图安逸。

H. 坚持自己的价值和能力，坚持靠自己；而不是自我贬低，就怕别人看不起。

I. 有了错误，愿意承认并纠正；而不是文过饰非，虚荣自负。

J. 冷静从容，能够选择控制自己的情感；而不是急躁任性，感情用事。

② 消极心态的特征

A. 愤世嫉俗，认为人性丑恶，时常与人发生矛盾，缺乏人和。

B. 没有目标，缺乏动力，生活浑浑噩噩。

C. 缺乏恒心，不晓自律，懒散不振，时时替自己制造借口去逃避责任。

D. 心存侥幸，空想发财，不愿付出，只求不劳而获。

E. 固执己见，不能容人，没有信誉，社会关系不佳。

F. 自卑懦弱，自我压缩，不敢信任本身潜能，不肯相信自己的智慧。

G. 挥霍无度或吝啬贪婪，对金钱没有正确的认识。

H. 自大虚荣，清高傲慢，喜欢操纵别人，嗜好权力游戏，不能与人分享。

I. 虚伪奸诈，不守信用，以欺骗他人为能事，以蒙蔽他人为嗜好。

J. 过分谨慎，恐惧失败，不敢面对挑战，稍有挫折即退缩。

2. 积极心态的力量

（1）积极心态的重要性

A. 积极心态助你成就事业。积极心态的人能在忧患中看到希望，使人保持旺盛的斗志去克服困难，以获取成功。

B. 积极的心态让你乐观处世。遇到不顺心的事，以乐观的心态去面对，依然会觉得生活是幸福美好的，困难和挫折只是调剂品而已。

C. 积极的心态能够排忧解难。改变自己的心态，即便拥有不一样的风景。

D. 积极的心态使你受人欢迎。大家都喜欢美好的事物，你的微笑肯定是灿烂而又阳光的，你的欢乐就像是一缕清风，令人心情愉悦。

E. 积极的心态让你健康长寿。心态对生理也有影响，乐观向上，会使你生理健康，能力增强。

一个卓越的人，其心态占了85%，而技巧、知识只占了15%。心态影响行为，行为建立习惯，习惯产生性格，性格决定命运，命运决定人生。可见，积极的心态可影响人的一生。

（2）培养积极心态

有些人总是抱怨外在的环境，但说到底，主要取决于个人是如何看待人生的，是由自己决定的。纳粹德国某集中营的一位幸存者曾经说过："在任何特定的环境中，人们还有一种最后的自由，就是选择自己的态度。"

A. 改变自己的心像。心中有什么，心理学上叫心像。心像是一面镜子，心像是光明而积极的，看到的世界就光明而积极；反之则阴暗而消极。

B. 言行举止像你希望成为的人。积极行动会产生积极的思维，积极的思维才会产生积极的心态，心态跟行动是紧密相连的。

C. 要心怀必胜的想法。一个对自己的内心有完全支配能力的人，对他自己有权获得的任何东西都会有支配能力。——卡内基

D. 用美好的感觉、信心与目标去影响别人。人们总是喜欢和积极乐观者在一起。

E. 使你遇到的每一个人都感到自己很重要。每一个人都有一种欲望，即

感到自己的重要性，以及别人对他的需要与感激。

F. 心存感激。感恩是一种健康的心态，感恩是一种美好的情感，拥有一颗感恩的心，生活也会因此变得更加美好。

G. 学会称赞别人。赞美是照在人心灵上的阳光，没有阳光，我们就不能成长。——莎士比亚

H. 学会微笑。英国谚语："亲切的面孔就是一封介绍信。"微笑将为你打开通往友谊之门。

I. 到处寻找最佳的新观念。没有任何东西的威力比得上一个适时的主意。——雨果

J. 放弃鸡毛蒜皮的小事。有积极心态的人不会把时间和精力花费在小事情上，因为小事情会使他们远离主要目标和重要事项。

K. 培养一种奉献的精神。当给予别人成为一种习惯时，它必定会给你的人生带来无穷的积极影响。

L. 营造人际网络。任何人的成功，是靠别人，离开别人的帮助，你再行也不行。

M. 培养乐观精神。比如下面的三部曲：每天早睡又早起，多照镜子欣赏自己，常听音乐练蹦迪。

N. 积极的自我暗示。多采用一些积极的词汇，暗示自己，鼓励自己，会抑制消极情绪的产生，形成强大的内心动力，达到成功。

 思考训练

请分别用以下四种方式向其他四人表达见面时的问候。

假设有以下情况：

A. 你实际上不想遇到对方。

B. 你害怕对方会拒绝你的问候。

C. 你们已经认识了但并不熟悉。

D. 你和对方已经是朋友了。

 拓展阅读

艾利斯的 A-B-C 情绪理论

艾利斯认为,人生来便具有用理性信念对抗非理性信念的潜能,但人常常为非理性信念所干扰。艾利斯在 20 世纪 50 年代创立了理性情绪疗法,它把这一疗法归纳为 A-B-C 理论,其中 A 代表诱发事件(activating events,又常缩写为 As),它指当事例所遭遇的当前事件或当事人对过去经验的有意识或无意识的记忆。C 代表结果(consequences,常缩写为 Cs),是 A 发生之后,个体出现的认知、情绪和行为。而 B 指信念(beliefs,常缩写成 B 或 Bs),它是 As 和 Cs 之间的中介因素,是对于 A 的信念、认知、评价或看法。也就是说,不是 A 直接引起了 C,而是 B 直接引起了 C。换言之,事件本身的刺激情境,并非引起情绪反应的直接原因,个人对刺激情绪的认知解释和评价,才是引起情绪反应的直接原因。

 主题活动二

优 点 轰 炸

主题:自信心训练

活动目的:

1. 通过让学生发现和叙述自己的优点,提高个人的自尊和信心;

2. 通过叙说别人的优点,欣赏同伴,以此增进对同伴的进一步了解和同伴之间的感情。

规则说明:

1. 8~12 人一组,用时 60 分钟。

2. 准备工具:纸笔。

3. 用轮流的方式,每个成员用 1 分钟说出自己的长处,再以大约 4 分钟时间倾听别人说出他的优点。说自己长处时,不得使用"假如"或"但是"等词。别人在诉说自己优点时,只允许静听,不必感谢也不必反对。

4. 最后讨论"被炸"的经验。

讨论分享：被大家指出优点时有何感受？是否有些优点是自己以前没有意识到的？是否加强了对自身优点、长处的认识？指出别人的优点时你有何感受？

 知识导航二

从心出发，用心做事

案例：一个风雨交加的深夜，一对老年夫妇来到了一家旅馆住宿。

正在值班的年轻服务员对老人说："非常遗憾，我们这里已经住满了客人，没有剩余的客房了。"

老夫妇显得十分失望。年轻服务员忙接着说："先生、太太，现在下着大雨，我也不忍心看着你们两位老人再冒着风雨去寻找其他旅店。如果你们不介意，可以到我的房间休息一下。因为今天晚上我要在这里值班。"

第二天清晨，当老先生准备结账时，年轻服务员婉言谢绝了。他说："我的房间是免费借给你们住的，那不是旅客的客房，所以不能收你们的住宿费。"

老先生十分感激，他说："你这样的员工是旅店老板所最需要的，也许未来我会为你盖一所旅店。"

年轻服务员笑了笑，只当它是一句感谢的话语，听过之后也就忘记了。

几年后，那个年轻的服务员忽然收到了老先生寄来的邀请函和飞往曼哈顿的机票。几天后，那个年轻服务员在曼哈顿的一幢豪华旅店面前，见到了老先生。

老先生对年轻人说："这就是我专门为你盖的旅店。"

这家旅店就是美国著名的渥道夫·埃斯特莉亚饭店的前身，这个年轻的服务员就是该饭店的第一任总经理乔治·伯特。乔治·伯特怎么也没有想到，自己只是尽了一名服务员的责任，为客人解决了住宿的难题，却换来一生辉煌的回报。

点评：每家企业都喜欢有责任心、真正想做出一番事业的人。因为他们能积极、主动地去努力工作，并能以他的热情感染周围的人。当一个人在工作中

失去了责任心,就会抱着一种应付的态度,不会主动思考问题,更不会主动去工作。因此,用心做事有助于成功。

1. 从心出发,做一名有心人

有多少心,就会做多少事。只有从心出发,成为一名有心之人,始终保持积极乐观的心态,遇到困难不妥协,遭遇挫折不气馁,并勇于承担责任,才可能有一番成就。

（1）责任心

责任心是指个人对自己和他人、对家庭和集体、对国家和社会所负责任的认识、情感和信念,以及与之相应的遵守规范、承担责任和履行义务的自觉态度。它是一个人应该具备的基本素养,是健全人格的基础,是家庭和睦、社会安定的保障。具有责任心的员工,会认识到自己的工作在组织中的重要性,把实现组织的目标当成是自己的目标。

首先,责任心是对自己的负责。即一个人要懂得尊重自己的感情,尊重自己的理想,珍惜自己的宝贵年华和生命的活力,从自己的理想出发来安排现实生活。责任心的形成是一个人成熟的标志。其次,责任心是对自己所在的集体负责。一个人的责任心如何,决定着他在工作中的态度,决定着其工作的好坏和成败。如果一个人没有责任心,即使他有再大的能耐,也不一定能做出好的成绩来。有了责任心,才会认真地思考,勤奋地工作,细致踏实,实事求是;才会按时、按质、按量完成任务,圆满解决问题;才能主动处理好分内与分外的相关工作,从事业出发,以工作为重,有人监督与无人监督都能主动承担责任而不推卸责任。第三,责任心是成就事业的可靠途径。责任心出勇气、出智慧、出力量。有了责任心,再危险的工作也能减少风险;没有责任心,再安全的岗位也会出现险情。责任心强,再大的困难也可以克服;责任心弱,很小的问题也可能酿成大祸。

（2）进取心

进取心是指不满足于现状,坚持不懈地向新的目标追求的蓬勃向上的心理状态。人类如果没有进取心,社会就会永远停留在一个水平上甚至会倒退。正如鲁迅先生所说:"不满是向上的车轮。"社会之所以能够不断发展进步,一个

重要推动力量，就是我们拥有这只"向上的车轮"，即我们常说的进取之心。具有进取心的人，渴望有所建树，争取更大更好的发展；为自己设定较高的工作目标，勇于迎接挑战，要求自己工作成绩出色。

一个具有进取心的人，是具备强烈的好胜心，不甘落后，总是坚信"办法总比困难多"，不达目标誓不罢休；一个具有进取心的人，会主动学习，有强烈的求知欲，从而能不断接受新鲜事物，主动思考自己应该做什么，还能做什么，逐渐提高自己的个人能力；一个具有进取心的人，注重自我发展，会树立远大的理想和具体的发展目标，并为之努力奋斗。

（3）信心

信心是指一个人对自身的信仰的坚定，包括宗教与非宗教的信仰。信心是对于尚未见到事物的信念和凭据。

信心是一切成就的基础，它代表着一个人的精神状态以及对自己的正确认识。我们很多人也许很在意别人的眼光和评价，别人对我们的评价差会对我们自己有什么不良后果吗？不会！越是在意别人的评价，反而会给自己造成一定的心理影响，情绪低落，生活没有乐趣和激情。倒不如自己看得起自己，自己先认为自己是最棒的，这样才会有人欣赏你。

（4）热心

热心是指热心肠，热忱，有热情。热情是一种洋溢的情绪，是一种积极向上的态度，更是一种高尚的精神，是对生活、工作的热衷和执着。它是一种力量，使人有能力克服艰难困苦；它是一种推动力，推动人们不断前进，并影响和带动周围的人。

（5）恒心

恒心是指持之以恒的毅力，坚持达到目的或执行某项计划的决心。"水滴石穿，非一日之功；冰冻三尺，非一日之寒。"想要成功，简单的秘诀就是不放弃。想要进步，想要成长，就必须拿出"铁杵磨成针"的毅力，坚持不懈，做好每天的事情。

（6）感恩心

感恩是一种美德，也是一种健康的心态。同时，它也是一种良知，是一种动力。我们学会感恩，就拥有快乐！多一份感恩，少一份贪婪与抱怨；多一份感恩，少一份不满与牢骚；多一份感恩，少一份浮躁与不安。心怀感恩，快乐做事，就是学会挖掘自己所潜在的活力和能量，就是学会享受每一天的幸福。

2. 把心用对，做一个用心做事的人

一个用心做事的人，不仅具有用心做事的理念，还要懂得在做事过程中把心用对地方，这样才能提高做事效率，实现事业成功。

（1）做正确的事

忙在点上，做正确的事，就要求我们首先得"找正确的事"。每天，我们都会遇到许许多多的事情，按照轻重缓急可以分为四个档次，分别为不紧迫也不重要的事、紧迫但不重要的事、重要但不紧迫的事、重要且紧迫的事。我们要想在千头万绪的事情中找出"正确的事"，这就需要按照"重要程度"排序。所谓"重要程度"，即对实现目标的贡献大小。对实现的目标贡献越大也就越发重要，我们就应该优先处理，反之亦然。

理清"正确的事"之后，就应集中精力解决，约80%的时间需要花在这些事情上。如果事情特别多，难以理清头绪，我们可以使用效率管理大师艾维利的"六点优先工作制"。具体步骤：把今天要完成的事情满满地写在一张纸上，按事情的重要程度排序，分别从"1"到"6"标出六件最重要的事情。同时，从今天开始，每天都这样做：每天一开始，全力以赴做好标记为"1"的事情，直到它被完成，然后再全力以赴做标记为"2"的事，以此类推，直到下班为止。若一天只完成了第一件事，那没关系，因为我们总是做着最重要的事情。

（2）正确地做事

"做正确的事"是基础，倘若没有了这个基础，"正确地做事"就失去了目标性。"做正确的事"告诉我们该努力的方向，"正确地做事"则告诉我们行动的方法。因此，我们的方法也必须是科学的，这样才能避免走弯路、走错路，做到快人一步，就能在工作中领先于人，立于不败之地。正如盛田昭夫所说："如果你每天落后别人半步，一年就是一百八十三步，十年就是一万八千里。"所以，我们唯有更快，才能赛过竞争对手，赢得机会。

（3）一次只做一件事

用心做事，我们需要一次只做一件事，不能三心二意，眉毛胡子一把抓。将自己的心力集中于一处，不但可以提高工作效率，还能在工作中感受到成就感和乐趣。"一次只做一件事"，可以使我们静下心来，心无旁骛，一心一意把这件事情做好。若是我们急于求成，什么都想在第一时间内完成，最终往往是捡了芝麻丢了西瓜，甚至两手空空，一事无成。当然，一次只做一件事，并不意味着完全忽略其他事情，而是抓住重点，循序渐进地完成任务，只有这样才不会顾此失彼，可以真正有效地处理好身边的每一件事情。

（4）埋头拉车，抬头看路

抬头是一种精神，象征乐观、希望的精神；埋头也是一种精神，标志着专一、严谨的态度。只顾埋头拉车，不会抬头看路，肯定就拉不好车。相反，如果只抬头看路，不埋头拉车的话，车又动不了，就不能到达目的地。中国古话说得好：前车之覆，后车之鉴。现实中，我们不一定知道正确的道路，但时时反省却至少可以让我们不会在错误的道路上走得太远。有不少朋友总是抱怨自己忙，没有时间，殊不知经过休整与总结能让今后的忙碌更具成效。所以，忙碌的人们，请给自己多一点安静下来思考的时间吧。

 思考训练

1. 面对我们要求的"要有进取心，上进心"，你如何看待俗话所说的"知足常乐"？

2. 演讲《如何做一个积极快乐的人》。按 10 人左右将全班分为若干个小组，每个小组成员首先在组内发表演讲，然后每组选出一名优秀代表在全班参加演讲比赛。

拓展阅读

诗歌欣赏

如果你不能成为山顶上的一棵松，

就做一丛小树生长在山谷中，

但须是小溪边最好的一丛小树。

如果你不能成为一丛灌木，就做一片绿草，

让公路上也有几分欢愉。

如果我们不能做船长，就做水手。

如果你不能做一条公路，就做一条小径。

如果你不能做太阳，就做一颗星星。

不能凭大小来断定你的输赢，

不论你做什么都要做最好的一名。

参考文献

[1] 郝贵生. 大学学习学 [M]. 北京：人民出版社，2001.

[2] 王言根. 学会学习——大学生学习引论 [M]. 北京：教育科学出版社，2003.

[3] 王凌峰. 我的大学 [M]. 北京：中国时代经济出版社，2005.

[4] 赵彦锋. 做事细节全书 [M]. 北京：企业管理出版社，2006.

[5] 王建伟. 实践致胜 [M]. 北京：旅游教育出版社，2008.

[6] 阚雅玲，等. 职业规划与成功素质训练 [M]. 北京：机械工业出版社，2009.

[7] 李耀东. 用心做事 [M]. 北京：电子工业出版社，2009.

[8] 陈家顺，等. 大学生生涯规划与指导 [M]. 北京：经济日报出版社，2009.

[9] 苟朝莉. 走向成功大学生职业生涯规划与就业指导 [M]. 北京：高等

教育出版社, 2009.

　　[10] 宋晓明. 快乐工作 [M]. 北京: 北京大学出版社, 2010.

　　[11] 王俊. 一生只做一件事 [M]. 郑州: 河南人民出版社, 2010.

　　[12] 杨邦勇. 大学生职业发展与就业指导 [M]. 上海: 同济大学出版社, 2010.

　　[13] 赵敏, 等. 大学生生涯规划与辅导实务 [M]. 北京: 电子工业出版社, 2010.

　　[14] 沐沐. 幸福人生要上的 10 堂心态课 [M]. 北京: 化学工业出版社, 2011.

模块六

善于管理时间

　　托马斯·爱迪生曾说过，世界上最重要的东西是"时间"。"时间"真是个奇妙的东西，恋爱中的情侣总感觉共度的时光太短暂，赶着上班的人等待公交车的刹那就仿佛度分如年。"时间"总在我们希望它走快点的时候驻足不前，却在我们渴望享受的时候，像离弦的箭一样飞走。那么，"时间"到底是什么呢？我们如何高效管理和利用"时间"呢？希望学完这一模块后，你能找到满意的答案。

 学习目标

1. 理解时间管理的重要价值，树立时间管理的意识。
2. 掌握时间管理误区，能够克服时间管理中的困难。
3. 熟练时间管理的方法和技巧。

 知识标签

管理时间　时间陷阱　规划　效率　心态

任务一 认识时间

主题活动一

剪 时 间 尺

时间：15分钟

人数：不限

道具：一把剪刀、A4纸（折叠后撕成4个竖条，每个竖条上注好象征80寸的标记号）

活动目的：充分认识时间在生命中的重大意义和价值

活动程序：

（1）培训师发给每位学生一张竖条纸，并说明游戏规则，即竖条纸象征一把80寸的软尺。按照培训师的指令进行操作剪尺寸。

（2）假如你能活到80岁，每1寸代表一年，1岁至20岁可能以学习索取为主，经济上尚未独立，截下不谈。60岁至80岁这20年处于半退休或退休状态，进入老年期，所以现在请你剪去软尺40寸。剪过后的软尺只剩下40寸——你一生的黄金时间。

（3）一般人平均每天睡眠8小时，一年平均睡眠时间约为三分之一，40年的睡眠时间约为13年。软尺剪去13寸。

（4）一般人每天早中晚三餐，平均需要2.5小时，一年大约为912小时，40年用去36480小时，相当于4年时间，软尺剪去4寸。

（5）一般人每天用于交通的平均时间为1.5小时，若是外地出差，所需的时间更长。以1.5小时计算，40年就是2.19万小时，相当于2.5年，在软尺上剪去2.5寸，现在软尺剩下20.5寸了。

（6）如果每天用于与亲朋好友聊天、打电话的时间是1小时，40年就是

1.46 万小时, 相当于 1.5 年, 请剪去 1.5 寸。

(7) 一般人每天平均用于看电视、电影、上网的时间近 3 小时, 40 年所用的时间为 4.38 万小时, 相当于 5 年, 那么在软尺上剪去 5 寸, 现在剩下的只有 14 寸。也就是真正用于工作的时间仅仅是 14 年。

(8) 邀请学生分享此次活动的感受。

【提示】时间对于生命而言是何等宝贵。没有时间, 生命就无法衡量, 也就没有了生命存在的价值, 生命将暗淡无光。所以, 时间就是生命, 绝不是纸上空泛的理论。

我对这 14 年工作时间的感受是 _____

_____

 知识导航一

时间的价值

案例: 1965 年, 一位韩国留学生在剑桥大学攻读心理学, 为了提高自己的听力水平, 课余时间, 他常到学校的咖啡厅听别人聊天, 时间长了, 他发现不但能练听力, 还从别人的谈话中学到很多知识, 因为剑桥大学咖啡厅聊天的大多数是诺贝尔奖获得者, 还有学术界的权威人士。从此, 这位学生开始研究成功人士的心态, 并写成了一本名为《成功并不像你想象的那么难》的书, 他在书中指出, 成功并不是一件高不可攀的事情, 一个人在兴趣或者好奇心的驱动下, 长时间地连续做某件事, 在这个过程中高效地、合理地安排自己的时间, 为实现目标而努力是最重要的。书中的结论是, 成功其实很简单, 职业生涯的成功就是个人管理时间的成功。出版后, 一度风靡韩国。许多在 20 世纪六七十年代成长起来的韩国企业家承认, 自己是在这本书的激励下成长起来的。后来这位青年成了韩国泛亚汽车公司的总裁。

提示: 管理时间是事业成功的关键。一个人能否在职业生涯中取得成功, 秘诀就在于善于管理时间。时间是世界上最短缺的资源, 除非严加管理, 否则就会一事无成。管好自己的时间, 就是最高的管理。

1. 时间是什么

——时间就是宝贵生命

自从婴儿呱呱落地那刻起,时间便成为漫漫人生路上的横坐标,人们在逐渐流逝的时间中成长,在时间中谱写自己的生命之歌。善于利用时间的人总是争分夺秒,惜时如金,使有限的生命变得更加充实。鲁迅先生曾说:"浪费别人的时间等于谋财害命,浪费自己的时间等于慢性自杀。"时间与生命息息相关。把握当下,珍惜时间,时间就是生命!

——时间就是无价之宝

案例:在一个小城镇上,一名商人开了一家名为"光阴收购站"的店,专门做光阴买卖生意。店内只有这样一个价目"光阴——十万元一年"。起初,人们虽然好奇,但谁也不敢进这家店。直到有一天,一位贫困的小伙子走进这家店,卖掉了自己十年光阴,出来时虽然胡子长了,显老了一点,却已是怀揣百万的富翁了。小伙子的事一下子传遍了整个小镇,人们纷纷来到这家店,卖出自己的光阴换回一沓沓钞票享受生活。就那么几天时间,小镇上的人们都变老了,大街上到处都是拄着拐杖、满头银发的老人,小镇没有了昔日的朝气,也由此走向了末日……在后悔中,人们才真正明白了"一寸光阴一寸金,寸金难买寸光阴"的哲学道理。

提示:金钱没有了还可以赚回来,但时光流逝了却永远都不会倒流,所以时间远比金钱宝贵和有价值,是无法用金钱来衡量的,时间就是无价之宝。

我对"光阴收购站"故事的体会是 _____

_____

——时间就是把握当下

有人曾打过这样一个比喻:假如有一家银行,每天会把 86400 元钱存入你的账户,条件是你必须在当天要把这笔钱用完,没花完的第二天就会自动取消。你会怎么做?而现实生活中真有这样的银行,它的名字叫时间。它每天公平地给任何一个人 86400 秒钟,但时间绝不会停留和重复,更不能预支明天。时间如流水,我们听不到流逝的声音,但也挡不住它前行的步伐。我们的责任就是珍惜现在的每一分每一秒。昨天已成为历史,明天还没有到来,

唯一能做的就是把握现在。只有学会抓住当下，才能充分利用所有的时间，一分一秒都不会浪费。只有珍惜今天，把握好当下，我们的学业、事业才能早日得到成功。

2. 如何理解管理时间

管理时间就是在日常的工作学习中恰当地使用一些行之有效的方式方法，组织管理好自己生活的方方面面，最大限度地利用所有的时间，尽可能减少浪费时间的现象。管理时间的目的在于个体能够更主动有效地规划自己的人生。

美国著名的管理学大师杜拉克说："一个人如果连自己的时间都管理不好，便什么也不能管理了。"一个人在职业生涯中能否取得成功，与能否管理好自己的时间有直接的关系，甚至可以说起着决定性的作用。正确地理解管理时间的内涵，是掌握管理时间技能的前提。管理时间主要有以下几层含义：

（1）管理时间是对资源的管理。对管理时间的认识首先要有一种资源意识。管理时间就是对个人的时间资源进行优化配置。把时间看成是自我生涯管理中的一种资源，一种创造精神和物质财富不可或缺的因素。

（2）管理时间是对个体行为的管理。管理时间本质上就是对自身行为的管理。真正要掌控好自己的时间，需要用时间、执行力、意志力去培养良好的行为习惯，管理好自己的行为。在良好的习惯支配下，行为就比较规范有序，浪费的时间自然减少了。

（3）管理时间旨在提高效率。管理时间的目的在于提高时间资源的利用效率。衡量一件事情做得如何，第一是效果，即是否达到预期的目标；第二是时间，即做这件事情所花费的时间；第三是效率，即在单位时间内所实现的效果。因此，管理时间就是在最短的时间内做效果最佳的事。

3. 为什么要管理时间

——助推成功职业生涯

成功的职业生涯首先源于成功的时间管理。善于管理时间是一个人最重要的素质之一。拥有非常高的业务技术能力，但不会合理地进行时间管理，就会表现出精力和时间不够用，工作效率低下，从而无法良好地发展事业。

——适应"快节奏"社会

现代竞争日益激烈的社会是快节奏、高效率的社会，时间就是速度和效率。谁学习的速度和效率高，谁的创新能力强，谁就能在竞争中占据优势。因此，必须要增强时间观念和效率意识，提高执行力，科学管理时间，以只争朝夕的紧迫感快捷高效地学习工作，完成一个个目标任务，这样才能适应"快节奏"的经济社会。

——提升优化生活质量

对管理时间的好坏直接关系到每个人生活质量的好坏。管理时间高手其生活质量必然是高的。善于管理时间的人，其生活日程安排得井然有序，能使生活的标尺平衡，成功的概率更高，幸福感自然就增强了。而一个不会管理时间的人，常常会因为自己浪费时间或者没有完成任务感到焦虑痛苦，生活质量就会大大下降。

 思考训练

1. 测测你的时间管理能力。

请你根据自己的实际情况，在相应的选项中打"√"，所有试题尽量在5分钟内完成。

（1）你形成了为第二天要做的事情做好计划安排的习惯（　　）

　A. 是　　　　　　B. 否　　　　　　C. 说不清楚

（2）每天出门前总是会将一天的工作学习排出一个顺序（　　）

　A. 是　　　　　　B. 否　　　　　　C. 说不清楚

（3）你尽量回避对你来说没有必要参加的活动或会议的邀请（　　）

　A. 是　　　　　　B. 否　　　　　　C. 说不清楚

（4）你试着按照预想要达到的成效来安排你的学习工作（　　）

　A. 是　　　　　　B. 否　　　　　　C. 说不清楚

（5）当别人想占用你的时间，而你又必须处理很重要的事情时，你会坚决说"不"（　　）

　A. 是　　　　　　B. 否　　　　　　C. 说不清楚

生活与生涯管理

（6）做任何事情都习惯于为自己设定好时间限制（   ）

A. 是　　　　　B. 否　　　　　C. 说不清楚

（7）日程安排表总会留有回旋余地，以便有时间去应对突发事件（   ）

A. 是　　　　　B. 否　　　　　C. 说不清楚

（8）你不但珍惜自己的时间，也非常珍惜别人的时间（   ）

A. 是　　　　　B. 否　　　　　C. 说不清楚

（9）你如果为自己制订好了时间计划，你总是能坚持下去（   ）

A. 是　　　　　B. 否　　　　　C. 说不清楚

（10）你经常对自己的管理时间方法进行反思和调整（   ）

A. 是　　　　　B. 否　　　　　C. 说不清楚

测试结果：

如果你的答案中有 8 个以上回答"是"，说明你的管理时间能力比较强；

如果你的答案中有 6 个或 7 个以上回答"是"，说明你的管理时间能力处于中等水平；

如果你的答案中有 5 个以下回答"是"，说明你的管理时间水平较低，需要进一步努力。

2. 请绕着时间圈，思考回答下列四个问题。

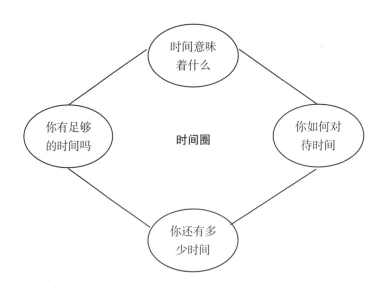

 **拓展阅读**

关于时间的爱尔兰古代民谣

您应该抓紧时间工作，这是成功的代价。

您应该抓紧时间思考，这是力量的源泉。

您应该抓紧时间游戏，这是青春的秘密。

您应该抓紧时间读书，这是知识的基础。

您应该抓紧时间行善，这是幸福的门槛。

您应该抓紧时间梦想，这是升天的道路。

您应该抓紧时间去爱，这是人生的乐趣。

您应该抓紧时间快乐，这是心灵的音乐。

（摘自《把时间花在刀刃上》）

 **主题活动二**

我的时间陷阱

回顾一下昨天的学习与生活，并将一天所花的时间记录下来，计算出一天中有多少时间是被你浪费掉的？浪费在哪些事情上？

提示：善于寻找自我管理时间中存在的缺陷，并不断地加以修正，以此提高时间的利用率。

我浪费的时间 _____

我的时间陷阱 _____

 **知识导航二**

时间的陷阱

案例：张兵坐在教室里，虽不停地翻着书，但他的腿在课桌下频频发抖，

课桌也跟着发出声音。张兵是在看书，只不过这个时候的他，心里像是有千万只蚂蚁在爬，让他的心怎么也安定不下来。

他拿出英语习题册，期中考试英语又挂了大红灯。30 道选择题错了一半多，这只能说明英语基础太差，还是做做强化练习吧。可是，做了没几题又突然想起，自己丢分的不仅仅是选择题，更重要的是听力，几乎都错了。听力没听几分钟，张兵听不下去了，因为什么也听不懂。算了，还是先做数学作业吧。

他连续做了两道题，结果都做错了，心里更焦虑了，最近为了恶补专业基础课，数学题好久没做，生疏了。张兵的腿抖得更厉害了，哎，还是看内外科专业书吧。于是，张兵拿出内外科书，可是，他看到那一个个器官，头就开始发晕了……

张兵的腿又抖动起来……

就这样，时间一分一秒地过去，下课铃声响了，张兵傻眼了，一个晚自修过去了，自己什么也没学进去，怎么办？怎么办？

提示：在管理时间中，人们通常把那些没被注意到却又占用宝贵时间的事情称为时间陷阱。生活中的时间陷阱非常普遍，当我们常常在感叹时间缺乏时，殊不知却已经掉进了时间的陷阱，时间被我们毫不在意地放走了。

我的感受 _____

_____

时间陷阱一：迷茫犹豫，不知道应该做什么？

迷茫或犹豫是一个非常普遍的问题，但往往被许多人所忽视。"我很忙，但我真不知道我做了什么？"这句话已经成了很多人的口头语。我们每天似乎看上去很忙碌，但一天下来细细想想：我今天完成了什么？结果发现一天下来没有任何收获。这种没有计划性的迷茫生活，是管理时间中的大忌。此外，犹豫不决、左摇右摆，不能及时做出决定也是管理时间的一种错误。有句俗话："当断不断，反受其乱。"过多的犹豫往往贻误时间。犹犹豫豫的人往往是缺乏主见的人，一会儿觉得该干这个，一会儿又觉得要做那个。结果，时间就在这样反复思考、反复琢磨的矛盾、博弈中白白浪费，把时间都花在了选择上，没有全身心投入去执行，有时候就会错失良机。通常这样的人还会过多地忧虑未来，把许多精力耗费在策划过于遥远的事上，而不去理会眼前要做的事，殊不知眼前的事未解决，即使再从事其他任务时，它仍然在脑海的某个部位活动。犹豫不决让我们无法集中精力，无法全身心投入、高效率地完成工作。

时间陷阱二：做事分心，时间为什么缩水了？

经常有这样一些场景：在教室里看书，看着看着就走神了，一会儿看看手机，一会儿望望窗外的风景；走在大街上，看到前面有一伙人围在那里吵吵嚷嚷，你也跟上去凑热闹，看个究竟；寝室里，听到两位室友在谈论昨天的篮球赛事，正在做作业的你也会参与进去，发表自己的看法……这些都是日常生活中的分心现象。分心即注意力不集中，难以长时间地把注意力集中于某件事情上，做事不专心，易冲动，易分心，没有耐心。时间就是被这些看似微不足道的事情所吞噬。有时，是在学习、工作过程中因做事不专心而浪费大量时间。有时，却又在娱乐中，老想着还有一大堆事情没做完，不该玩的时候想玩，该玩时又会想到还有很多任务没完成，不能尽情地玩。心情得不到完全放松，即使回来后投入到学习工作中，效率也不会提高。要想成为优秀的时间管理者，就要学会训练自己的注意力，集中精力做好某项任务，就会有事半功倍的效果。

时间陷阱三：拖延逃避，怎么控制不了时间？

不知你是否有这样的经历：清晨当你睡得正香时，可恶的闹钟将你惊醒，想着自己一天的计划，同时又感受着被窝的温暖，纠结一下后你还是继续躺下——再等会儿，于是，就在忐忑不安中，躺了一个又一个 5 分钟……这是典型的拖延逃避现象。每个人身上或多或少总有些惰性，碰到不是很紧急重要的事情都喜欢拖延，今天的事拖到明天，明天再拖到后天，然后拖到下周、下下周、下个月……直到最后拖不下去了才肯去做，有的甚至千方百计找借口和理由，为自己不能完成的事情辩解，使各种理由合理化，以此来安慰自己。对拖拉逃避者而言，拖拉逃避不仅仅是时间和精力的损耗，还会影响他们的健康。有调查发现，拖拉严重的人，通常喜欢酗酒、吸烟，患有失眠症，肠胃也不好，且常常感冒发烧，免疫系统衰弱，做事拖拉其实是一种"心"病。拖拉在大学生中也十分常见。比如做作业，很多大学生总会熬到最后才动手。这种毛病看

起来好像没有影响到什么，如果做事拖拉一旦形成习惯，就会消磨人的意志，养成消极懒散的性格，人生就失去了斗志。

时间陷阱四：欲速不达，怎么还赶不上时间？

现代人越来越讲究快速高效，为了与时间抗衡，很多人会想尽方法尽量节省时间，试图在有限的时间内做超出需要，甚至超出可能的过多事情，这也是人们通常认为自己"忙"的根源。患有"忙病"的人往往喜欢一心多用，想同时做许多事情，为了达到这一目的经常不断地为自己加码。随着步伐的加快，压力也日渐增大，情绪压抑了理智，急于求成的心态不能冷静分析问题，开始不知道什么可以做，什么可以不做，计划往往还没有考虑周全就开始行动了，所以做起事来总会丢三落四，想到此而忘了彼，经常会回头来弥补，这样反而浪费了时间。追求速度的人往往是急性子，巴不得马上把事情办完，他们经常会表现出急躁愁苦的样子，甚至是对待一件小事情，他们也总是会万分焦急，唯恐事情完成不了或时间不够。持有这样做事风格的人，往往会过于着急影响到思维的正常运转，生活过得很累，该做的事情往往只是草草收场，反而会把一些重要的事情耽误了。

 思考训练

测测你有没有拖拉的习惯。请你根据自己的实际情况，对下列题目做出"是"或"否"的回答。

（1）因为心情不好或不开心，你常常耽搁了一些事情。

（2）有时候，你之所以放弃想做的事情，是因为它们比你预想的要更艰难曲折。

（3）有时候因为害怕失败而做事拖拉。

（4）如果没有十分把握，你就不愿意去开始做某件事情。

（5）你对自己太会吹毛求疵，所以常常会感到自己没有做出过有价值的事情。

（6）你不会因为自己做事拖拉而感到内疚不安。

（7）有时候出于对某个人感到厌烦，你会耽搁某些本该做的事情。

（8）很多时候，你会很勉强地做一些实际上并不愿做的事情。

（9）你有时候因为觉得某个人对你太过分，而影响自己做一些事情。

（10）你常常觉得自己好像有很多事情要完成，但就是提不起兴致，不知道从哪里做起。

（11）等要做事情时，你通常会想：我现在还不想做，等我有心情的时候再做。

（12）你下了很大的决心要去干好某件事，可就是坚持不了。

（13）只要一遇到挫折，你就会放弃正在努力争取实现的愿望。

（14）你觉得凡事都应该十全十美才应该去做。

（15）你经常说该做事情了，可就是没行动。

（16）你经常一边吃饭一边看电视。

（17）你通常会跟别人去聊天，而把正在做的事情搁在一边。

（18）你经常边上厕所边看小说或杂志。

（19）你经常上课迟到。

（20）你习惯早上赖床。

（21）你经常不能长时间坚持自己正确的观点。

（22）你常常感到浑身无力，疲惫不堪。

（23）你常常许诺帮别人忙，但总是不能如愿。

（24）你常常会因为睡眠不足而白天找时间补觉。

（25）你总是迟交作业。

（26）你不喜欢思考，最好有现成的方法可以把事情解决。

（27）在长跑时，你总不能坚持跑到终点。

（28）你总是不能如期完成自己制订的学习计划。

（29）你需要在别人的监督下才能完成任务。

（30）每次外出时，你总是让别人等着你。

测试结果：每题回答"是"计1分，回答"否"计0分。每题得分相加就是总分。

0~9分：你不是一个办事很拖拉的人，只要平时对自己要求严格点，别忘提醒自己今日事今日毕。

10～20分：你办事比较拖拉，建议改正，否则大量的时间将从你的指尖溜走。

21～30分：你是个办事很拖拉的人。这对你的学习工作和身体非常不利。你若不改变现状，会使自己陷入一种松散、无节奏的生活状态，对你的心理损害会很大。赶紧改掉这个坏毛病吧！

拓展阅读

捉住时间的盗贼

不要一味蛮干！

数量并不代表质量！你没有必要羡慕那些每天上班最早、下班最晚又加班最多，把全部精力投入工作或学习的人。蛮干只会使人筋疲力尽，而不会使人生活过得幸福、事业学业取得成功。你应该做的是学习如何科学管理时间，并且持之以恒地借助时间的智慧找到生活的平衡点。

是否有遗漏？

杂碎的小事一件又一件，任务一个接一个，各种会议好像永远都开不完……在如此忙碌的生活中，你是否有遗漏呢？每天的奔波劳顿，你是否发现自己犯下的错误也不少？这时候，你就需要备忘的帮助了！找一个小小记事本或用通信工具，随时带在身边，一旦有重要事情就马上记录下来，而且要时不时地检查一下——这样你就可以轻松地避免遗漏了。

请扣准时间！

守时当然是个好习惯，但"过度准时"却是根本不必要的。换句话说，在约定好时间的前提下，你完全不需要提前15分钟甚至20分钟赴约。这样只会浪费你自己的时间。不要因为害怕迟到而赶着提前赴约，准时就足够。

（摘自《把时间留给最重要的事》）

任务二　经营时间

主题活动一

我的每日反思清单

反思问题	反思记录
我今天完成了哪些重要任务？	
我做了哪些特别满意的事情？	
我在处理哪些事情的时候很好地把握了时间？	
在哪些事情上，我还可以做得更好？	
我克服了哪些时间干扰因素？	
通过今天努力，我实现哪些目标或者靠近了哪些目标？	
我今天学到了什么？	

提示：坚持在一天结束之前，对自己所花的时间和所做的事情做一个概要性的反思无疑是个好习惯。它会督促我们不断修正时间的分配和利用，从而更科学地管理时间。

我的收获 _____

知识导航一

做好时间管理规划

案例：赵强是一家保险公司的业务员，由于他的勤恳工作，连续几年在全公司创造了保险销售额的最高纪录。

就在一年前，因为失恋，他一度陷入了低迷的生活状态，他每天跟朋友一起喝酒、打高尔夫球或做一些别的无聊之事，因此，他的工作业绩直线下降。

在巨大的精神压力下，他决定重新过回原来的生活方式，刚开始，他强迫自己每天都制订一个时间计划表。赵强发现他每天只用三五分钟时间就可以制订好一个计划，可以清晰地知道自己这一天该做什么，把最宝贵的时间用来做什么事情等。按计划表行事，每天又过得很充实，这使赵强更加注重对自己管理时间的规划了。

就这样，赵强重新找回丢失的自己，他的销售业绩又回到了公司的榜首。制订时间计划表已成为赵强每天生活中必不可少的一部分。

提示：时间管理规划铸就成功的职业生涯。如果要想每天 24 小时增值，进而实现自己在生活、工作和学习等方面设定的目标，那就每天制订切实的时间计划表并严格遵守吧！

我的体会是 _____

---

1. 评估自我的时间管理

步骤一：及时记录，我的时间都花在哪里？

一个人若想要改善自己的时间管理，就要知道自己把时间都用到哪里去了，具体做了什么事情以及如何去做。因此，做好时间使用的记录，是评估自我管理时间的第一步。

对时间的记录要及时，可以每半天或每一天对所做的事情进行记录。既要客观真实地记录你所做的事情，又要详细地记录你的一举一动，从起床到上床睡觉，无论大小事都要记下来。同时，还可以把自己完成的任务，与原计划的时间相比较，有感触的话写一些评论，看是提前、按时还是延后了。

对一天时间使用的记录（如表 6-1 所示），可以分时间段进行，比如 7:00 起床，7:30 上早自习记住了 10 个英语单词并熟读课文，8:00 到 9:30 上课，9:30 到 10:10 完成实验报告等。每一项都详细记录下来。每项任务都要从五个方面进行说明：任务的内容、任务的重要性、任务的结果、任务完成的效率、任务完成占用的时间及比例（以分钟计算）。时间记录作为管理时间评估的资料来源，最好连续记录 2 到 4 周。

表 6-1　每日时间使用记录

年　　月　　日　　星期

今日目标		7:30	8:00	8:30	……	备注
1	任务的内容					
2	任务的重要性					
3	任务的结果					
4	任务完成的效率					
5	任务完成占用的时间及比例（以分钟计算）					

注：任务的重要性分为四个等级：（1）重要且紧急；（2）重要但不紧急；（3）不重要但紧急；（4）不重要也不紧急（日常事务）。

任务的结果分为五个等级：（1）非常满意；（2）比较满意；（3）一般；（4）不是很满意；（5）很不满意。

任务完成的效率分四个等级：（1）极佳；（2）佳；（3）普通；（4）差。

需要注意的是，有时候一个时间点可能同时做了两件或更多的事情，有时候完成一项任务可能要跨越几个时间点，读者根据自己的时间利用情况灵活填写。

步骤二：理性分析，我花的时间有成效吗？

上述的时间使用连续记录 2 到 4 周后，你就可以对时间使用情况进行分析，在分析过程中，你需要思考以下几个问题：

你的时间使用率是多少？（你是不是高效地利用了时间？比如你总是看书看到很晚，是不是自己的效率过低了？）

你所完成的任务与之前的目标是否相符？有多少是不相符的？在你的生

活中, 例行性的事务占多少比例?

你这一周可支配的自由时间有多少? 在什么时候? 你不可支配的自由时间有多少? 在什么时候?

你有多少被干扰的时间? 这些干扰的来源是什么? 依据干扰的严重程度, 哪项干扰对你影响最大? 你认为应该怎样做才能减少或避免干扰?

你做什么事情效率最高? 在哪个地点工作或学习时, 时间效率最高?

哪些事情上你花费的时间最多, 值得吗? 你是否以后也继续在这些事情上花去这么多时间? 哪些事情其实还可以处理得更快些? 做哪些事情比你预想的要节省时间?

除去处理以上事情的时间, 你是否还有多余的时间去做一些自己想做的事情? 如果有的话, 还有多少?

…………

通过如此分析, 你会对时间的价值和长短有更清晰的认识, 有助于更科学地去执行任务。

步骤三: 适时调整, 我如何更好地利用时间?

经过对时间的使用分析后, 可以采取一些切合实际的措施改善你的时间分配情况。比如去掉或减少与你的计划目标不太相关的事情, 对于日常性事务所占用的时间, 试着提高效率。对于那些最难完成而且耗费了最多精力的任务, 如果可以的话, 放弃其中的一件或几件, 用剩下来的时间去处理一些相对简单又有效的事情。你可以把最重要或者难度较大的事情放在一天中的黄金时间段 (做事效率最高) 去完成等。通过改进时间的分配利用情况, 以便更科学地管理好时间。

2. 规划管理自我时间

——设定目标: 让你的生活更有方向

如果我们把一生的时间当作一个整体运用时, 第一个要考虑的问题就是用在哪里, 这就是目标的问题。

一个人的目标按内容分, 可以分成"为什么"目标, "干什么"目标和"怎么干"目标。"为什么"目标是最高层次的精神目标, 这类目标与价值观联系最密切,属于长期目标,是"干什么"目标和"怎么干"目标的精神动力。"干什么"目标是指你在事业上的追求、抱负和对职业的选择。学习专业的选择等具体内容,属于中期目标。"怎么干"目标是"干什么"目标实现的手段或方法,属于短期目标。

在制订短期目标的过程中,目标必须是切合实际的,具体且可以衡量的,即要具有可操作性,并且有设定完成的期限。比如"我要多运动",这一目标就比较含糊,比较难实现,改成"每周星期一和星期三早上跑步半小时,星期五晚上打一小时羽毛球"这样具体可操作的目标就容易实现。

——制订计划:为完成任务做好准备

一个合理的时间计划,可以有效地帮助你完成各项任务。一个规范的时间计划可以分为六个步骤:第一是设定目标;第二是列举能够完成目标的所有方法;第三是选择实现目标的最佳途径;第四是将最佳的途径转化为每周或每日的计划安排表;第五是根据制订的计划表进行实践;第六是在实践中适时调整计划。以下是一名大学生学习英语的时间计划,如表6-2所示。

表6-2　学习英语的时间计划

"为什么"目标	为了提高自身的语言能力,增强就业竞争力			
"干什么"目标	利用课余时间朗读、背诵、练习听力,参加英语角			
"怎么干"目标	每天读10个英语单词,练习20分钟听力,读背一篇课文,周五晚上坚持参加学校的英语角活动			
计划具体内容		预期时间	实际时间	是否自我奖励
早自修	记住10个英语单词 熟读课文	30分钟		
中午吃完饭	听英语听力 看一篇英语读物	30分钟		
晚上	看英语报纸 巩固新学的单词 读背课文	60分钟		

（续表）

小计	120分钟		
克服英语学习困难的方案	坚持不懈，严格执行计划		
	针对朋友同学过多的干扰，业余时间尽量在教室和图书馆看书学习，减少与同学外出逛街、旅游、聚餐等活动		
	每隔一周进行自我考核，如果按时完成，对自己进行一定的奖励		
	要求周围的好友、家长一起监督自己的行动		

计划起止日期：2011年11月～2012年11月

 思考训练

1. 你会安排学习时间吗？

你懂得科学有效地利用时间吗？请你根据自己的实际情况，用"常常""偶尔""很少"三个选择来回答以下题目。

（1）你每天都会花一定时间来计划明天要做的事吗？

（2）你会优先处理最重要紧急的事吗？

（3）你能在规定时间内从容完成学习任务吗？

（4）你的书桌上整洁有序吗？

（5）你能很快找到很久以前放置的东西吗？

（6）你知道怎样避免同学或朋友的突然打扰吗？

（7）你能完成每天计划中该做的事吗？

（8）受到干扰后，你能很快重新进入学习状态吗？

（9）你能有效地分配学习、娱乐、锻炼、休息的时间吗？

（10）你会经常对自己的时间使用情况进行反思吗？

测试结果：答案"常常"得3分，"偶尔"得2分，"很少"得1分。

如果你的答案得分为28～30分，成绩非常好。

25～27分，尽量保持并提高这个成绩。

19~24分，有待改进，应正视自己的弱点，设法加以解决。

16~18分，应对自己的情况加以警惕，避免为小事分心。

16分以下，你必须先做学习计划，学习掌握管理时间的技巧。

2.请记录并分析你一周的时间使用情况。

拓展阅读

随身携带的"日报"

评估管理时间的一种简捷的方式，就是借助自己的双手来总结评估一天的收获。每个手指代表一个检验的方面，你只需要在每天洗澡或洗脸的时候掰掰自己的手指，逐一思考以下五个问题就可以了：

大拇指是一只手上最粗的手指，它就像五个手指的领头羊，代表思维上的收获：你这一天中学到了什么新的东西？获得了哪些新的启发和思考？

食指通常是用来指明方向的，它代表目标的实现进度：这一天，你有没有做一些促使你实现目标的事情？

中指是五个手指中最长的，它代表我们的心理状态：你今天的心情如何？

无名指象征信赖与伴侣，因此代表他人对我们提出的建议和指导：在这一天中，你接受了谁的帮助？与他人相处如何？

小拇指代表我们的身体状况，看到它，你就要问自己：我今天为自己的身体健康做了些什么？

（摘自《把时间留给最重要的事》）

主题活动二

你平衡时间了吗？

请你根据自己的实际情况，凭直觉写出生活中四个方面所占的比例（整体为100%），需要注意的是写出的比例不是你所期望达到的理想状态，计算的基础是每天24小时中除去睡眠的时间。

事业与成就（或学习）在你生活中占据时间的比例为＿＿＿＿＿＿＿＿＿％

你为自己的身心健康投入时间的比例为＿＿＿＿＿＿＿＿＿％

在处理人际关系方面花时间的比例为＿＿＿＿＿＿＿＿＿％

用于思考人生意义与未来问题用去时间的比例为＿＿＿＿＿＿＿＿＿％

提示：管理时间的最终目的是拥有幸福的人生。生活就是一个寻找平衡的过程，幸福就是生活的平衡支点。

我的启示＿＿＿＿＿＿＿＿＿＿＿＿＿＿＿＿＿＿＿＿＿＿＿＿＿＿＿＿＿＿＿＿＿

 知识导航二

遵循时间管理原则

案例：一天，一名时间管理学教授为大学生上课。教授在桌上放了一只装水的瓶子。随后，取出一些刚好可以放入瓶子里的鹅卵石，一块接一块放入瓶中直到石块高出瓶口，再也放不下了，他问道："瓶子满了吗？""是！"所有学生回答道。"是吗？"教授一边笑着反问，一边从桌底下拿出一袋砾石倒了一些进去，并敲击瓶壁使砾石填满间隙。"现在瓶子满了吗？"他又问道。这回学生不敢轻易回答了。最后，有位学生怯生生答道："没满。""很好！"教授说完后，从桌底下拿出一袋沙子，慢慢倒进瓶里。倒完后他又一次问："瓶子满了吗？""没满！"学生们大声回答。"好极了！"他一边称赞学生一边从桌底下拿出一壶水往瓶里倒，直到水面与瓶口齐平。

做完实验，教授问道："这个实验说明了什么？""它告诉我们无论多忙，时间多么紧，只要挤一挤，总能挤出点时间做更多的事情。"一位学生答道。教授听后微笑着说："答案不错，但这不是我的真正意思。我想告诉大家的是，如果你不是先将大的石块放进去，那你就再也没有机会把它放进瓶子里了。一定要记住，在你的生活中，要先去处理这些'大石块'，否则，你就不可能把工作做得足够好。"

提示：生活里要处理太多太杂的事情，在管理时间的过程中，需要把事情

排序处理，正如案例中，先把这些"大石块"安排好，然后再逐一去解决"小石头"和"沙子"。

我的体会是 _____

_____

1. 主动原则

管理时间是一项软任务，如果不对自己的时间进行科学管理，也没有人会来责怪你。因此，对于这项不是硬性规定但又对自我发展密切相关的"任务"，更要有主动性。无论是有人给你打电话，还是朋友约你聚会，你都应该主动去决定怎样安排自己的时间，而不只是被动地对每件事情做出反应。

案例：在拥挤的候诊厅里，一位老人突然站起来走向值班护士。"护士，"他彬彬有礼地说，"我预约的时间是九点，而现在已经十点半了，我不能这样等下去了，请给我重新预约就诊时间，我改天再来！"两个旁人听到后便嘀咕起来："他看上去应该有 80 岁了吧，现在还能有什么要紧的事情？"老人转向他们说："我今年 85 岁了，这就是我为什么不能浪费一分一秒的原因！"

提示：管理时间的主动性原则包括强烈的时间观念和自律行为。浪费时间就是浪费生命。

我的感受 _____

_____

管理时间要求你必须树立时间观念。抓紧时间可以创造更多的机会，机不可失，时不再来。所以要有时间的紧迫感，时时刻刻要与时间赛跑，这样才能走在时间前面，才能实现管理时间的最高境界，恰到好处地抓住机遇。因此，每个人都应该用正确的时间观念去思考问题，追求效率，争做时间主人。管理时间的主动性不仅要有时间观念，还需要有自律行为。适当的自我约束和自我监控能够促使我们实现自己的目标，为自己的成功赢取更多的时间。自律就是要让自己专注去完成各项重要的事务，在这个过程中还需要不断地进行自我反思和监控：我为什么要这么去做？我做得怎么样了？还有哪些不足？如此自己将更有动力去完成任务。

生活与生涯管理

2. 优先原则

管理学中有一个二八定律，即 20% 的行动将带来 80% 的结果。所以进行时间管理时，就要对行动进行排序，优先排序的关键就在于发现你活动中的那 20%，然后把它们放在主要地位，而不要花在 80% 的琐碎事情上。

确定正确的做事顺序通常可以借助"管理时间四象限"定律来排序。根据这一定律，可以把事情分为四类：第一类：紧急且重要的事。比如突发性的重大事件、危机、即将到期的任务等。这类事务是第一优先，需要立马去解决的。第二类：重要但不紧急的事。比如制订学习计划、参加专业培训、建立新的人际关系等。这类是第二优先。第三类：不重要但紧急的事。如需要接电话、有朋友突然来访、临时插入的会议等。这类是第三优先。第四类：不重要也不紧急的事。比如想去看电影、大街上碰到一个熟人客套聊天等。这类属于第四优先。管理时间的一个重要理念是重要但不紧急的任务是管理时间的核心，应该把主要的时间和精力放在处理这些任务上，这样就能够做到未雨绸缪，防患于未然。对于不重要的事情不需要花费太多的精力，有些甚至可以不去理会。所以，我们在确定每天具体做什么之前，先想想哪些是重要的事，哪些是次要的事，哪些是今天必须做的事（最为紧急的事），通过上述方式，就可以分清主次，有效应对突如其来的事务。

3. 平衡原则

管理时间中所谓的寻找平衡，就是要找到生活的平衡点。生活有四大组成部分，即学习或工作、健康、人际网和人生的意义。学习或工作包括需要在学习上或事业上取得的成功。人们常常有这样一种偏见，将学习成绩好或事业上的成功作为评价一个人价值的唯一标准，而忽略了生活中的其他方面。健康包括身体健康和心理健康。不愿为自己的健康投入时间的人，总有一天会为自己的疾病花去更多的时间。现代社会也越来越关注人的健康对生活的影响。人们常常会误认为人际网就是社交圈子，以事业为中心的人往往会注重花费大量时间去经营自己的人脉关系，却忽视了家庭成员这一支持系统，与父母亲、伴侣或孩子不能建立起亲密的关系，使生活失去平衡。人需要有一种精神信仰作为行动的内在动力，追求有意义的人生。在进行时间管理时，需要通过一套完整合理的时间管理体系，为自己生活的每个方面创造时间和空间，找到它们之间的平衡点，这样才会有和谐健康的生活。当然这种平衡是动态的，在人生的不同阶段，时间投入在不同方面的比重会发生变化，所以平衡生活并不是时刻保持时间的平均分配状态，而只是长期过度偏重于某方面才会导致生活失衡。

思考训练

1. 请对下列场景进行重要还是紧急的区分。

场景1：你是一名销售人员，你觉得自己的名片有点过时了，想重新设计新的名片。请问这是重要还是紧急？或者两者皆是？

场景2：你在上晚自习的时候，你妈妈突然打电话给你了。请问这是重要还是紧急？或者两者皆是？

场景3：周末刚开始，你突然得到一个信息，下周一老师要突击进行英语摸底考试。请问这是重要还是紧急？或者两者皆是？

场景4：室友想找个人去看电影，她叫你一起去，但你对她想看的电影却毫无兴趣。请问这是重要还是紧急？或者两者皆是？

2. 请你列出几种培养自己自律行为的途径。

做事顺序的10种常见错误

（1）做事没顺序；

（2）先做喜欢的事，后做不喜欢的事；

（3）先做熟悉的事，后做不熟悉的事；

（4）先做容易的事，后做有难度的事；

（5）先做不费时的事，后做费时的事；

（6）先做信息量大的事，后做信息量少的事；

（7）先做排定好时间的事，后做未经排定时间的事；

（8）先做经过筹备的事，后做未经筹备的事；

（9）先做别人的事，后做自己的事；

（10）先做已发生的事，后做未发生的事。

上述做法都不符合科学的管理时间要求，也不符合时间四象限定律的要求。管理时间应该以实现目标为依据来行动，确定哪些事情先处理，哪些事情可以次之，有些甚至可以不处理。

（摘自《高效利用时间的技巧》）

 主题活动三

左右为难的拒绝——我的时间我来作主

请分成两组，分别扮演情境中的两个角色，并完成以下表格。

明天 A 要参加全校的演讲比赛，必须要在今晚把演讲稿背熟，这时好友 B 来找 A 玩，B 兴奋地说："今天晚上商场打折，我们一起去逛街吧！"

	情境一	情境二	情境三
反应	（想了下）好久没去逛了，又有打折的活动，算了，明天早上早点起来背演讲稿，我们去逛街吧	（咬咬牙，睬也不睬他）不去	（真诚地）哎呀，明天早上我要参加演讲比赛，现在稿子没有背好，这次比赛对我很重要，我必须在今晚之前背熟演讲稿，不好意思，我只能下次再陪你啦
A 结果	演讲稿没有背熟		
A 情绪	上台紧张，出丑，自信心降低		
B 结果	找到人逛街		
B 情绪	满足		
模式	他开心我不开心		

提示：阻碍时间管理最常见的一种情况就是不会拒绝。勇于并且巧妙地说"不"，也是我们在日常生活中需要学习的一项技能。

我的感受是 ＿＿＿＿＿＿＿＿＿＿＿＿＿＿＿＿＿＿＿＿＿＿

＿＿＿＿＿＿＿＿＿＿＿＿＿＿＿＿＿＿＿＿＿＿＿＿＿＿＿＿＿＿＿＿

 **知识导航三**

克服时间管理的困难

案例：小敏现在一个人正在寝室准备明天的考试。这场考试对她来说十分重要，虽然不是期末考，但是成绩在期末总评中占很大的比重。此时此刻，她却无法静下心来准备考试。

这时，她的高中好友燕燕给她打了个电话，燕燕在电话那头一个劲地埋怨自己的室友有多么不好："她们三个人经常出去聚餐也不叫我，寝室卫生都是我一个人打扫，明摆着就是要孤立我……"燕燕这个电话足足打了50多分钟，最后才恋恋不舍地挂了机。

小敏刚要拿起书本，听到有人敲门，原来是老乡凯利过来了，凯利非常悲伤，因为她与男朋友分手了，可以看得出来，凯利的确很难受，因为她一谈就谈了1个多小时，才把分手的事情讲清楚了。为了陪凯利，让她好受点，她们俩就在电脑前看了一部电影。当凯利离开的时候，已经是晚上10点多了。

小敏告诉自己："我真的应该开始学习了。"但是，她想还是先收一下邮件吧。邮箱里有一封她妹妹写的信。她决定先回下信。

终于，小敏打开了书本。她看了看时间，已经晚上11点多了。明天的第一节课就是考试了，怎么办啊？

提示：小敏为考试腾出大块时间复习，但她在看书的过程中多次受到干扰，使最重要的事情无法完成。在管理时间的过程中，总会遇到一些阻碍计划进展的困难，需要你尽力去克服。

我的体会是 ＿＿＿＿＿＿＿＿＿＿＿＿＿＿＿＿＿＿＿＿＿＿＿＿

＿＿＿＿＿＿＿＿＿＿＿＿＿＿＿＿＿＿＿＿＿＿＿＿＿＿＿＿＿＿＿＿

1. 学会勇于说"不"

对大多数人来说，拒绝别人的要求十分困难，生怕说出"不"字后会得罪

对方，伤害感情。于是就开始充当"老好人"角色，把来自各方的请托都接受下来，这其实是一种不明智的行为。如果答应别人的任务，自己不能胜任，不仅浪费自己的时间，还会使对方的事情达不到效果，打乱他人的时间安排，结果都不好。量力而行地说"不"，对别人对自己都是一种负责任的表现。因此，在必要时刻，要敢于说"不"。

常见拒绝技巧有以下几种：（1）委婉含蓄。这种方法并不是就事论事，直截了当地拒绝。而是通过间接巧妙委婉的方式加以拒绝，即借言外之意让对方明白你的态度。这种方法可以最大限度地维护对方的尊严，比直接拒绝更容易使人接受。（2）巧借外因。这种方法强调主观上我是非常愿意帮忙的，但客观上有很多阻碍的因素，的确是爱莫能助。比如好友向你借你正在用的 ipad，而你也是从别人那里借来的，你就可以向他解释："这不是我的，我答应过他不转借他人，你也肯定不希望我做个不守信的人吧！"（3）积极友好。拒绝并不意味着不尊重、疏远别人。你可以对对方的请求表示理解，同时也可以感谢他对你的信任，再针对他的问题提出你的建议，让对方感觉你是很乐意帮他的，确实是因为某种原因帮不了。（4）不要轻易许诺。在回应别人的请求前，先想想自己是否有时间、有能力去帮助他，不要因为碍于面子而感到不好意思拒绝，一旦你许下诺言，就要努力去办到。如果你有时间、有能力，别人的确也很需要你帮助，这个时候按照能帮则帮的原则行事。如果你觉得自己没有时间，或能力不够，就不要轻易许诺，视情况而定。

2. 谨防外在干扰

通常我们会有这样的经历：当我们正专注于做事情的时候，手机铃声响了；当在电脑上写材料的时候，通信工具上不断有人在呼你；当你周末想在家好好休息时，突然有朋友造访……这些"突如其来"的干扰不管持续多久，你正在进行的任务就会被打断，不得不重新整理被干扰的思绪，这个过程不仅损耗了大量的时间和精力，而且情绪也会受到影响。

常见避免干扰的方法有以下几种：（1）减少来访者的干扰。比如是陌生人上门推销的，就直接可以拒绝；如果你明确知道朋友来找你玩，你可以直接说自己今天实在没时间，改天再约；当你不知道来访者的目的但你们的关系又没有好到可以直接询问时，减少寒暄的话语，通过聊几句知道仅是为了聊天而来时，你可以委婉地暗示他，自己还有一些事情要处理，现在很忙；如果的确有事情来找你，能推迟则推迟，可以说："对不起，我现在刚好有任务要急着完成，换个时间好吗？我去找你。"（2）暂时逃离。比如周末你在家里正专心写实习报告时，你爸的几个朋友来家里作客，三五个人在客厅里兴致勃勃地聊天，打乱你的思路。这个时候，你可以带上笔记本，找一家安静的咖啡厅或图书馆，继续你的工作。一个毫无干扰的工作环境肯定会提高你的行事效率。所以，尽量不要在寝室看书，要看书跑自习教室或图书馆是最佳的选择。（3）控制现代通信工具、网络、电视等的消极影响。要学会有选择地看电视，千万不要养成一回家就开电视的坏习惯。无论是打电话还是接听电话，尽量减少漫无目的的聊天，对于可打可不打的电话，尽量不要打，一方面浪费了时间，同时也干扰了对方。互联网为我们提供了积极丰富的信息，要学会科学利用网络，控制每天的上网时间，不要过分依赖于网络。

3. 贵在立即行动

如果有一项任务非要你去做的话，就没有必要不断地询问自己"我真要去做吗？"你应该做的是：在备忘录上记下决定要完成的期限，然后立刻去做！一百次缜密的计划抵不上一次立即行动。一个人想要成功，就得全力以赴，立即行动，一味梦想，只能使计划化为泡影。及早行动你会发现可以有更多的时间去处理意想不到的事情，获得更大的收获，或做其他更需要你去做的工作。

在管理时间时关键是要行动，只有养成立即行动的好习惯，才能抵达成功的彼岸。那么，如何培养自己立即行动的习惯呢？第一，要时刻让目标提醒你。睡觉前，你可以在床头放一张第二天需要完成的目标。清晨等你醒来时，看着床头今天要完成的任务，也许你想睡懒觉的念头就消失了。第二，要集中注意力。如果你老是不集中注意力，就会影响实现目标的时间及质量，你的"立即行动"就会受到挫伤。每天安排 3～4 个小时，集中注意力完成最重要的事情。第三，要用意志力催生好习惯。刚开始的时候，你会觉得立即行动并不容易，要培养立即行动的好习惯，需要有坚定的意志力。意志力是一种自我引导的精神动力。因此，你在日常生活中需要不断地磨砺自己的意志品质，增强

生活与生涯管理

内心的力量。第四，要会自我肯定和奖励。人都是喜欢被认可和肯定的，不光是别人的肯定，还包括自我的肯定。当你迈出立即行动第一步的时候，你就要夸一下自己："我开始行动啦，很好！"当你实现了某个目标时，更要为自己的"立即行动"进行奖励，这样才会进一步强化自己的行为，实现良性循环。

 思考训练

1. 测一测你属于什么类型。

（1）好朋友有事求你而你正忙，你会（　　）

A. 马上答应　　　　B. 犹豫　　　　　　C. 马上拒绝

（2）关系一般的异性朋友送花给你，你会（　　）

A. 毫不犹豫地收下

B. 推辞一下，若他还要坚持就收下

C. 坚决拒绝

（3）你觉得自己的个性是（　　）

A. 独立自主　　　　B. 没什么性格　　　　C. "老好人"型

（4）你对自己要干的事（　　）

A. 非常清楚　　　B. 不是很清楚，有点迷糊　　C. 很茫然

（5）你拒绝了别人，你通常会（　　）

A. 没什么　　　　B. 有点愧疚　　　　　C. 很愧疚

表6-3　各题三个选项上的得分

	1	2	3	4	5
A	1	1	3	1	3
B	2	2	2	2	2
C	3	3	1	3	1

测评结果：

5～8分：你是个老好人，对别人的请求几乎不会拒绝。你应该仔细考虑是

否该接受别人的一切请求，否则太浪费自己的时间了。

9~12分：你偶尔会对别人的请求说"不"，能适当地把握自己的时间。

13~15分：你几乎都会把别人的请求拒之千里，总是喜欢独来独往。建议你适当接受别人的请求，扩大自己的生活圈子。

2.检视一下，这一周你为了实现目标，迈出了多少个"立即行动"？

 **拓展阅读**

从小事开始，练习说"不"

如果你是个不会容易拒绝的人，那么，从现在开始训练自己说"不"的能力。从最简单的小事开始，相信经过一段时间的练习，你会慢慢发现，原来说"不"并不是件很难的事！

（1）在商场买衣服时，如果服务员极为热情地向你推荐你并不想要的款式时，你就可以说"不"。

（2）在酒店吃饭时，如果服务员给你预留的包厢不好，你就可以说"不"。

（3）在排队买票时，如果你看到有人插队，你可以站出来勇敢地说"不"。

（4）有熟人向你推荐保险产品，但你对此却不感兴趣，你就可以说"不"。

（5）有朋友约你去逛街，你手头刚好有件重要的事情需要及时处理，你就可以说"不"。

任务三　执行时间

 **主题活动一**

找准你的最佳时间

将你平日经常做的事情按照时间段填入下表，并对事件完成的效率进行1~5的评分，1为效率最低，5为效率最高。然后计算每个时间段的总效率均

分，即总评分除以评分数量。

时间段	你经常在这段时间做什么	效率评分	总效率均分
8:00～9:00	事件1：		
	事件2：		
	事件3：		
9:00～10:00	事件1：		
	事件2：		
	事件3：		
10:00～11:00	事件1：		
	事件2：		
	事件3：		
11:00～12:00	事件1：		
	事件2：		
	事件3：		
…………			

　　提示：上述表格中，如果总均分在4分或4分以上，表明该时间段是属于你的最佳时间，即办事效率最高的时间点，可以把重要的事件安排在该时间段！

　　我的最佳时间点是 _____

 知识导航一

提高行事效率

案例:

俄国著名的地理学家奥勃鲁切夫是一位管理时间的高手。他将每一天的工作分成三个部分:

第一部分是早晨到下午两点。他认为这是一天中最宝贵的时间,用来完成最重要的工作。

第二部分是下午两点到晚上六点。这段时间对他而言,相对不太容易集中注意力,容易疲劳,精力比较松散,他就安排一些比较轻松的工作来做。比如做各种读书笔记等不太用脑力的事情。

第三部分是晚上六点到十二点,这段时间他的精力得到恢复,思维活跃,他就安排参加会议、看书等活动。

提示:上述案例不难看出奥勃鲁切夫能够很理性、巧妙地安排一天 24 小时的活动,在高效率时间点做最重要的事情,在低效率点做相对轻松简单的事情。如果要想提高自己的行事效率,就要懂得如何驾驭时间。

我的感受是 ＿＿＿＿＿＿＿＿＿＿＿＿＿＿＿＿＿＿＿＿＿＿＿＿＿＿＿＿＿＿＿＿

＿＿＿＿＿＿＿＿＿＿＿＿＿＿＿＿＿＿＿＿＿＿＿＿＿＿＿＿＿＿＿＿＿＿＿＿＿＿

1. 妙用零碎时间

"事情就怕加起来。"古老的谚语说得没错。那些一分一秒的零碎时间看起来似乎微不足道,但集腋能成裘,零碎时间利用起来也是一笔惊人的财富,不要忽视了这笔财富,它会给你的生活带来意想不到的收获。

在日常生活中,有许多零星、片断的时间,比如等人或候车的时间、医院候诊的时间、上下班途中的时间、上课前或开会前的时间、排队的时间,甚至烧菜时也有一小会儿的空当等。那么如何妥善利用这些时间呢? 首先要善于发现自己日常生活中的零碎时间,可以先记录每天的行程,然后分析哪些事情上有多余时间。如果把每个目标放到特定的时间去完成,可能根本就没这么多的时间。你能做的就是把一些目标更细化,比如一周看完一本书,你可以随身

携带这本书,利用零碎的时间看完。妙用零碎时间的常见技巧有:(1)插入式利用。比如你在银行排队取钱时,出差旅途、上下班途中、上课前或开会前的片刻等。在这些时间段,你可以看一份报纸或杂志,上班途中思考今天需要做的工作,以及怎样用最佳的途径去完成,下班途中可以总结今天的工作,有哪些还未做好等。(2)齐头并进式利用。即同一时间内做两件事。比如烧菜的时候,可以边烧菜边思考一些工作学习的问题,甚至还可以在厨房贴几张便条,写上几个英语单词,边烧菜边记单词,哪怕一个也好。(3)压缩式的利用。就是缩短零碎时间,挤出更大块的时间做重要的事情。比如你可以避开上下班的高峰时间,稍微早 10 分钟出门,或者下班稍微晚 10 分钟,也许你就可以避开堵车的漫长等待,减少路途上的时间。

巧用零碎时间要做到随身携带小本子,或者充分利用现代化工具,见缝插针地学习思考,还可以把一些突发的灵感、思想记录下来。

2. 巧用时间节点

你大概也会有这样的感受:同样在一个小时的时间里,有时候你可以完成很多的任务,效率非常高,有时候却打不起精神来,效率极其低下。原因是每个人的内在生理节律在起作用。在生理节律的影响下,每个人的效能在一天内会有高点、低谷的波动,而不可能每时每刻都能保持旺盛的精力。因此,在制订时间管理计划时要根据自身的生理节律,否则就会降低做事效率,浪费大量的时间。

每个人的最佳效率时间点是因人而异的。有的人早上 7 点至 9 点效率最高,有的人下午 3 点到 5 点效率最高,有的人在晚上 6 点到 9 点效率最高,还有的人在晚上 9 点才达到精力最旺盛的状态……最佳效率时间点与个人的生物节律有关。一般而言,习惯于早睡早起的人,早晨工作学习的效率最高,而到了下午就开始疲倦,晚上更不太可能会熬夜了。习惯于晚睡晚起的人,晚上工作学习的效率最高,可能要到下午才逐渐进入兴奋状态,喜欢晚上工作,甚至到深夜。因此,要提高工作学习效率,必须要找准自己的最佳效率时间点,并加以充分利用。第一步绘制自己的效率曲线图,横坐标表示时间点,纵坐标表示效率值,然后把一天的效率高低情况用线连起来,看看高峰点在哪个时间段,低谷在什么时候。连续记录 2 到 4 个星期的时间,寻找总结自己的生理节律。然后根据生理节律安排每天的工作日程，把你精力最充沛、最易集中注意力的时间留给最重要的事情。对于效率的低谷段，你可以安排一些不太费脑力、相对比较轻松的事情。当然要有高的工作学习效率，适当的休息不可缺少。最科学的工作节奏是每隔一个半小时休息一次，学会劳逸结合。

3. 保持良好心态

有些人从清晨醒来的那一刻起就开始郁闷了：听到闹钟声就头疼，精神萎靡……如果都是以这样的心情开始新一天的生活，可想而知，一天的行事效率就会大打折扣。

做任何事情一定要有良好的心态，当你一旦发现自己有不良情绪时，要学会及时调整心态。常见方法有：（1）用自信挑战生活。不管在什么环境下，人首先不能自己贬低自己，要学会赏识自己，悦纳自己，激励自己。要始终记住一句话：如果你喜欢上了你自己，那么就会有更多的人喜欢你，如果你想自己成为一个什么样的人，只要你努力去实现，肯定行！（2）多使用积极信号。人有时其实很容易满足，一个灿烂的微笑，一句由衷的赞美都可以让我们忘记一天的疲惫。所以，要多用积极的理念去感受生活。早上起来，对着镜子给自己一个灿烂的微笑，好心情就开始了。睡前简单回顾一下今天让你感到快乐的事情，然后满足地睡觉。当你想说"我没救了"的时候，马上用"不，我还有希望"来代替。让积极的暗示成为一种习惯。（3）待人要宽容大度。一个斤斤计较的人只会使自己常常陷入消极情绪中，眼里容不下别人。当你心胸宽广时，你就会接纳别人，欣赏别人，自己也能保持平和的心态。退一步海阔天空！怀着感恩的心态，珍惜身边的人，善待和关爱身边的人，不计较得失。用心包容一切时，你会发现世界很美好。（4）要积极应对挫折。人生的旅途中总会遭遇一些挫折，挫折并不可怕，可怕的是面对挫折的心态。要想从挫折中走出来，首先我们需要沉着冷静地去处理，分析原因，理清思绪，寻求解决的办法。

237

 思考训练

通过自问以下问题，找出你自己的生理节奏。

（1）一天中，什么时候你的效率最高、精力最充沛、创造力最强？

（2）什么时候开始感到疲劳，工作学习有点力不从心？

（3）什么时候觉得累了，想休息？

（4）什么时候最想做点自己喜欢的娱乐活动，放松一下自己？

（5）通常，晚上你几点想睡觉？上床是几点？

 拓展阅读

"三"字解读利用零碎时间的经验

古今很多名人都非常善于利用零碎的时间，有几个名人利用零碎时间的经验都与"三"这个数字结下了不解之缘。

董遇利用"三余时间"——冬者岁之余，夜者日之余，雨者晴之余，博览群书，孜孜不倦，终于成为三国时期有名的学者。

北宋文学家欧阳修利用时间的"三上"法——"余平生所做文章，多在三上，乃马上、枕上、厕上也。"意思是，他生平所写的文章，多是在马上、床上和厕所里完成的。

北京大学季羡林教授的"三上""三余"法——"三上"指的是："会上、飞机上、路上。""三余"的描述："我开会之余仍然看书；看书之余，我就散步；散步之余，许多想法、许多回忆就无端被勾勒起来了。"

（摘自《你还有哪些时间可以利用》）

 主题活动二

妙 用 色 彩

你是否觉得随时书写备忘录是件枯燥乏味的事情？那么，尝试让色彩帮助你。请用彩色笔书写或者用荧光笔来标记备忘录中的不同内容。

蓝色代表你日常的例行事务。

红色代表一天中重要事件的安排。

橙色代表警示，说明你已经在事前的准备工作中浪费了时间，应尽快投入状态。

黄色代表弹性时间，用来处理突发或者意外事情。

绿色用来标记能够给你带来快乐的日程安排。

提示：今天开始，请用这些颜色让你的时间一目了然，简化你的生活。

我的感受是 _____

 **知识导航二**

学会简化生活

案例：方磊是一家外企的项目经理，他每天都觉得时间不够花。时间对他而言，已经成了一个无法掌控的东西。儿子要求去动物园玩，他迟迟没答应，因为他都不知道自己什么时候有时间。自当上项目经理两年来，方磊几乎每个晚上都泡在应酬上，这些应酬都是"公事"，每次都得耗费好几个小时，可是方磊好像也无法去改变。在他的工作中，浪费时间现象可以说比比皆是。公司的一位大客户打电话来，方磊自然不会说："我现在很忙。"他再忙也得接听电话。但有时候客户谈的根本不是工作的事，而是诸如昨天的篮球赛、上周的足球赛等此类闲聊话题。他都不知道如何去改变这种没有规律、没有节制的忙碌生活。由于过度疲惫和长期熬夜，方磊病倒了。

休养了几天，方磊出院了，但遵照医生嘱咐，每天只能上班四五个小时，他很惊奇地发现，这四五个小时之内所做的与以往每天花近 10 小时所做的事，几乎没区别。他开始记录自己的时间，与之前相比发现，以前他认为必须参加的应酬中，起码有近一半根本不需要他出场，叫秘书代替就可以了。方磊认识到，以前浪费的时间，其实完全可以避免。

一场大病，让方磊从时间的约束中走了出来，成了时间的主人。

提示：在快速运作的职场，工作就像一条永不停息的生产线，任务一项项不断涌来，令你简直难以应对。手头未完成的工作、需要参加的会议、待阅读的文件和书刊、约好的宴会、需要开始的新项目……都让你忙得不可开交。这时候的你，跟案例中的方磊一样，需要简化你的生活，打开时间的压缩包，把自己从时间中释放出来。

我的感受是 _____

---

1. 从琐事中跳出来

生活中，许多人会整天忙着处理琐碎的事情，老是抱怨腾不出时间来做"大事"，的确，太过于专注琐事的人通常会对大事变得无能。其实，最聪明的人就是那些对无足轻重的事情无动于衷，但对重要的事情却会全力以赴的人。

要想让自己从琐事的怪圈中跳出来，你就需要对生活做减法。将一些鸡毛蒜皮、毫无价值的琐事尽可能减少。能整合的就整合，能不做的就坚决不做。在管理琐事的过程中，需要注意以下几点：（1）别做"八卦人"。有些人常常在抱怨时间不够用的同时，往往花大量的时间用于了解"八卦"信息，而自己也丝毫没有察觉这是浪费时间。（2）减少物欲。随着生活水平的提高，我们居住的条件越来越好，奢侈品越来越多，不知不觉成了购物狂。我们付出了太多的时间和精力去实现自己原有的愿望，并又耗费大量日常的时间去"管理"这些物品。要做到简单地生活，减少物欲，不为生活所累。（3）整洁有序。"丢三落四"也是造成人们浪费时间的重要原因之一。杂乱无章的书桌、堆满杂物的房间、胡乱摆放的物品常常会让我们头疼不堪，花大量的时间去整理好后，不到一个星期或许又是一番凌乱的场景。管理好自己的物品，养成办事有条不紊，物品摆放井井有条的习惯可以有效防止我们因为找不到东西而手忙脚乱耗费时间。

2. 要懂得适时放弃

为了争取更多的成功，很多人会不停地学习工作、把日常时间安排得满满的，过度的劳累和疲惫不断侵蚀身体但还是逞强着拼命，使身体背上了沉重的包袱，生活变得越来越累，越来越辛苦，烦恼越来越多。这一切，归根到底就是在生活中不懂得放弃一些东西。有时候，当你在埋头苦干之前应该先问问自己:"哪些事情能够对我的工作学习效果起到积极的推动作用？我喜欢干什么？我能够做些什么？哪些事情是完全可以放弃的？"

学会放弃也是管理时间的一种有效策略。放弃不仅需要智慧,更需要勇气。如果你觉得自己生活太累,想要放弃时,首先,要明白放弃的意义。有句话:"智者无为,愚人自缚。"生活中需要有所为而有所不为。过于追求完美什么都想要,结果却往往什么都得不到。其次,要明确自己的能力和处境。在选择之前,清楚自己确实有没有能力和精力去完成。如果要硬挺着坚持下去,不仅耗费时间,也会消磨意志,最终迷失自己。当然学会放弃必须懂得"以退为进"的道理。放弃绝不是意味着终结。学会放弃,就要静心反思:该把节省的时间投入到那些更重要的事情上,要把放弃当作是一个新的起点,找准自己的位置,好好构思你的前景,把一切精力都放在想要达到的目标上,真正把时间用在刀刃上。

3. 过有规律的生活

形成有规律的生活节奏是十分必要的,遵循客观的规律进行学习、工作和生活,将会大大提高你的时间利用率。从长远角度来讲,生活节奏有规律的人身体比较健康,学习工作效率比较高,心情也更愉悦。

在不可避免的快节奏环境中,我们更要学会调整自己的生活节奏,改变一些不良的生活习惯,简化生活,让生活更有规律和效率,同时增强生活的幸福感。为此,要努力做到以下几点:(1)合理安排生活。虽然我们都处在瞬息变幻的世界中,但如果我们能合理安排,使生活有规律地变化,就会使人保持活力和乐趣,增强生活的满足感。根据学习、工作和生活的实际情况,自己的身心状态、人际交往、未来发展等,统筹安排好一天、一周、一个月的生活,明确什么时候该做什么事情,什么事情该在什么情况下完成等。使自己在有规律的节奏中有条不紊、忙而不乱。(2)做到劳逸结合。不管你有多忙碌,要学会适时休息,听听音乐、做做运动、看看影视、外出旅游逛街等,进行一些能够使精神和体能充分放松的活动,学会在生命中享受休闲的时光。同时,也要科学合理地安排睡眠时间,因为睡眠时间如同一张不可透支的信用卡,我们尽量不要让睡眠账单拖欠。(3)保留弹性时间。凡事都要留有余地。无论是安排一天的生活日程还是一周或是更长时间,都需要有个提前量。比如你要去参加一个很

重要的活动,按照一般情况,出门到活动地点要半个小时。但有时候可能会交通堵塞或在路上遇到意外情况,你就要相对提前一些时间出门,就没有对迟到的担心了。

 思考训练

1. 测一测你的生活节奏是否正常。

请你根据自己的实际情况,用"是""否""说不清"三个选择来回答以下题目。

(1)电话铃响后,你是否等待铃声响过三四次后才接电话?

(2)你上班(上学)或约会是否经常迟到?

(3)你是否经常喜欢躺在沙发上看书或看电视?

(4)你每天是否总有一段时间觉得无聊?

(5)你是否懒得经常为自己充电或参加培训班学习?

(6)你走路是否经常故意放慢脚步?

(7)在家里你是否很少干家务活?

(8)当和别人合作做事时,你是否趁机偷懒?

(9)走楼梯时你是否很少一步跨两个台阶?

(10)你是否很少看日历表?

(11)有些亲朋好友已经一年没见面了,你是否懒得去拜访?

(12)你是否喜欢把今天的事拖到明天去做?

(13)休息日,你是否经常睡懒觉?

(14)你对激烈的竞争是否不感兴趣?

(15)你是否经常渴望有"世外桃源"般的休闲生活?

(16)你对无谓的时间浪费是否心安理得?

(17)你是否经常对他人抱怨自己太忙?

(18)你是否认为诸如交际、旅游等活动并不占掉多少时间?

(19)你是否有两种以上兴趣爱好?

(20)你对关系亲密的人懒散的生活方式是否不干预?

测试结果:回答"是"得1分,回答"否"和"说不清"均为0分。

0~4分:说明你的生活节奏过快,长期下去,在体力和心理上都会承受不住,你应该有意识地放慢节奏。

5~7分:说明你的生活节奏正常,请保持下去。

8~12分:说明你有懒散的倾向,你应加快点节奏,不然就会落伍。

12分以上:说明你是个非常懒惰的人。你应该彻底改变生活方式,重新调整你的生活节奏,若不及时改进,你就可能在生活中成为一名失败者。

2. 列幸福清单。

你清楚自己最喜欢什么吗?什么才是自己真正想要的?怎样才能让自己快乐?如果你只顾每天忙碌地学习工作,而不懂得奖励自己,那就太对不起自己了。所以,请你列出一张幸福单。把你一个个幸福的愿望写在纸上,并把它们加入到你的日常安排中,每天至少去实现一个愿望。长期坚持,你会发现幸福的生活离你越来越近了!

 拓展阅读

十个最佳省时建议

1. 实施管理时间要诀:(1)要主动不要被动;(2)设定短期和长期目标;(3)优先排序;(4)锁定目标;(5)制订切实可行的期限;(6)立刻着手;(7)平衡生活。

2. 现在就做(DO-IT-NOW):D(Divide),分割并掌握你要做的事;O(Organize),整理材料,理清思路;I(Ignore),忽略各种让你分心的干扰;T(Take),抽出足够的时间学会独立工作;N(Now),是现在,不是明天;O(Opportunity),当机会在眼前时,好好利用它;W(Watch out),注意自己上网、看电视或电话聊天的时间。

3. 认定目标且灵活执行。不要给自己过多任务,一次只做一项。但要明白什么时候可以同时做两件事。要灵活,能根据新问题修正自己的目标和活动。

4. 在"粉丝"和导师中得到快乐。找出那些为你的成功喝彩和在你的价值

243

观、能力、工作和各种关系中帮助过你的人，并投入时间对他们表示衷心的感谢。

5. 花时间掌握有效的时间管理技能。这些技能会让你更加成功，生活更加平衡。

6. 保持身体健康。羸弱多病会使你降低效率。

7. 使用 ABC 方法。A. 知道自己有什么。B. 知道自己想要什么。C. 通过提问"谁，什么，哪里，什么时间，为什么和怎样"，用 A 和 B 那样的问题去得到想要的东西。

8. 使用"动词＋名词"原则。把目标分成一个动词加一个名词。简化需要优先达到的目标。

9. 倾听自己的心声，看看应该怎样利用眼下的时间。

10. 自我充电。机会和命运固然都是成功的因素，但重要的是你对它们真正有多少把握。

（摘自《21 世纪创造性时间管理》）

参考文献

［1］金小川. 高效利用时间的技巧［M］. 北京：中国国际广播出版社，2003.

［2］王洁丽. 我的时间，我掌握［M］. 北京：海潮出版社，2005.

［3］李启明. 怎样管理好你自己［M］. 北京：经济管理出版社，2007.

［4］王明华. 你的时间价值百万［M］. 北京：中国商业出版社，2008.

［5］李玲. 管理好你的时间［M］. 北京：中国水利水电出版社，2008.

［6］孙宗良. 你还有哪些时间可以利用［M］. 北京：中国城市出版社，2009.

［7］［德］洛塔尔·赛韦特. 把时间花在刀刃上［M］. 樊渝杰，等译. 北京：民主与建设出版社，2002.

［8］［美］书卷出版公司. 你会管理时间吗［M］. 王绍祥，译. 北京：商务印书馆，2006.

［9］［美］简·耶格尔. 21 世纪创造性时间管理［M］. 苏珊，译. 郑州：河南人民出版社，2008.

［10］［德］洛塔尔·赛韦特. 把时间留给最重要的事［M］. 赫泩，译. 北京：中信出版社，2010.

模块七

开发资源宝藏

　　谁掌握了资源谁就能把握竞争的先机，这一点对大学生也不例外。一个善于利用环境提供的资源并能使之为自己所用的人更能取得成功。资源以不同的形式存在，信息资源、人脉资源等无疑更引人注目且更重要。我们需要的是具备足够的行动力，通过各种方法去获得资源、利用资源，给自己一个有价值的人生。

 学习目标

1. 理解网络的信息功能和负面影响。
2. 理解图书馆的信息功能。
3. 理解人脉的含义、作用。
4. 掌握维系人脉的方法。

 知识标签

信息资源　网络　图书馆　人脉资源

任务一　信息资源管理

主题活动一

查找专业学习相关网站

请在互联网上查找专业学习的相关网站,并说出这些网站各自的特点,记录在以下表格中。

你所学的专业	专业学习网站名称	网站特点	是否经常光顾

知识导航一

网络的使用

案例:校园 BBS——大学生活新方式

一位大学生是这样描述他日常生活的一天:早上起床先去 News 版看看新闻,了解国事天下事,开始全新的一天。来到实验室,开始干活前,去 MathTools 版,看看大家的问题和解答,学习一些数学工具的使用技巧,还有 English World 和 English Test 版,每天积累一点。身边的师兄找工作了,看他成天泡在 Career 版上,我也去看看,早点了解求职知识。从实验室回来,好像

有些地方没弄懂，数据分析真难啊，去 Num Comp 版问问吧，校园 BBS 的学术版真是学习的好帮手啊。

中午的 Express 版也不能错过，看看今天校园内又发生了什么，晚上班级要去聚餐，先去 Food 版看精华区，到时候点大家推荐的美味。最近与女朋友之间好像有点误会哦，去 Love 版取取经吧。快放寒假了，Traffic Info 版可是一定要去的，订不着票就痛苦了。

晚自习回来，好累，放松一下，Joke 版上好多原创。还有 Pop Music，可以看看电影、听听音乐，学习和娱乐都不能少啊。最后去学校 Info 看看明天有什么好的讲座与活动，学校的学习资源真是丰富。

截至 2021 年底，中国网民规模达到 10.32 亿，居全球第一。当我们每天习惯于上网浏览信息、收发邮件、网上购物、QQ 聊天、百度搜索时，觉得互联网对我们的生活影响巨大。但互联网之父 Vint G.Gerf 在《福布斯》杂志上撰文称，互联网的作用才开发了 1%，其潜力还很大。

1. 网络的功能

（1）学习的功能。在网络上可以找到许多学习资源。我们还可以通过网络下载一些学习软件工具，比如 Photoshop 和 Flash 等，同时还有软件工具使用攻略，能很好地帮助我们自学并扩大学习面。网络上可以看到很多电子图书，在网络上查阅，效率高、成本低。一些网站每天会挂出许多考试的信息，也会有一些人在网上交流考试学习的心得体会，相互之间学习成功的经验和失败的教训，更会有一些资深和优秀的考友免费共享一些考试模板、例题和考试注意事项等，这些如果光靠自己摸索或者是闭门读书、道听途说等是远远不够的。

（2）娱乐的功能。主要是指在网络上我们可以听音乐、看电影、玩各类网络游戏、看电视、浏览娱乐新闻等。大学生由于时间和经济的原因，一般不会光顾电影院去欣赏大片，这些大片一般都会在影院上线后不久出现在电脑上，我们就可以一饱眼福。

（3）交流的功能。主要是指使用电子邮件和一些即时通信工具，比如微信、QQ、微博、论坛等达到与同学、老师、亲人甚至素不相识但有共同兴趣爱好人的交流目的。我国各高校的 BBS 网站基本上都是在 20 世纪 90 年代中后期开始建立和发展起来的，其中比较著名的有清华大学的水木清华、北京大学的北大未名、上海交大的饮水思源、复旦大学的日月光华、浙江大学的缥缈水云等，短短 10 年间，BBS 已经成为与大学生活密不可分的一部分。几乎所有有关大学的热点资讯都能在校园论坛上找到，浙江大学有一项传统的活动叫"毅行"，就是通过飘渺水云间 BBS 论坛发起，原本素不相识的"毅行"爱好者报名参加，通过"毅行"锤炼个人意志、自身野外实践能力。如今"毅行"不仅在浙大学子中有很大影响，而且在杭州其他高校，也有学生赶来参加，甚至上海、南京、宁波等地高校学生也踊跃参与，实现了学生之间的交流。

网络还有购物、搜索求职信息、个性化展示等很多功能。但是，网络是一把双刃剑，它也有其弊端。很多网民是渴望娱乐的城市白领和学生，互联网娱乐媒介的作用更突出，一些自控能力差、意志力不强或者素质不高的人就会沉溺于网络，影响正常的工作和生活。另外，网络在提供给我们信息的同时，也会让我们的信息在互联网上暴露无遗。

2. 网络的负面影响

如今，发达的网络让大家获取信息更加便捷，但同时也存在一些潜在的风险和隐患，会产生一些负面的影响。

（1）网络对大学生的健康"三观"形成存在威胁

网络消除了地域和国界的界限，网络信息的全球化加强了多国文化间的相互影响、相互冲击和相互融合。大学生的世界观、人生观、价值观尚未完全形成，辨别能力有一定的局限性，很容易受到不良信息的侵扰，使他们本不成熟的人生观、世界观、价值观产生紊乱，从而出现政治信仰迷茫、理想信念模糊、价值趋向扭曲的现象。

（2）垃圾信息冲击大学生道德观

网络是一个信息的宝库，同时也是信息的垃圾场，网络为许多不道德的行为提供场所，网上泛滥着色情、诈骗、非法窃取机密情报、破坏他人数据、散布谣言或恶意诽谤等犯罪行为。在这样的网络环境下，不少大学生出现责任心不强、冒名顶替、任意下载他人成果、肆意破坏、粗言恶语等道德伦理问题等，不

利于大学生道德意识的形成和道德行为的培养，势必降低大学生的思想道德素质，影响高校人才培养的质量。

（3）网络成瘾成为大学生精神鸦片

随着经济的发展和科技的进步，网络在我们生活中越来越重要，离开电脑，许多人的工作和生活可能会寸步难行。在大学生群体中，不管是电脑上网还是手机上网，网络在大学生活中可以说是无孔不入。由于大学生自制力、自理能力、人际交往能力和责任感的缺失，很容易沉溺于游戏、网购、电影、交友等。23岁的华中科大材料学院新生周某，已是第四次考进大学，他曾两次考进武大，一次考进华中科大，均因沉溺于网络游戏，未修满学分而退学。周某是家中的独苗，从小成绩优异。2001年考进武汉大学材料专业，但大一学业未完成被退学。2002年，他再次考进武汉大学化学学院，不到一年因修不满学分而主动退学。2003年，他再次参加高考，高分考进华中科大材料学院，2005年11月，再次因同样的原因退学。

3. 网络使用的自我管理

（1）全方位发掘和利用网络功能。利用网络拓展自己的资源，寻求商机，创造价值，要利用网络而不是被网络利用。

（2）限制网络使用的时间。网络不是生活的全部，除了网络，我们还需要真实的生活和直接的人际交流。

（3）学习为上，娱乐次之。如果是为了学习而开电脑的，先把学习任务完成再娱乐，否则东瞧西逛，时间很快溜走。

 思考训练

组织开展一次主题班会活动，并思考网络的利与弊。

1. 活动总任务：利用网络召开一次主题班会，主题为：网络，让我欢喜让我忧。

2. 活动目标：通过活动，了解网络的利弊，通过同学间相互监督，明白合理使用网络的重要性。

3. 活动策划：

（1）活动由班长或者其他班干部作为主持人，教师作为观察员，班级分成若干个小组，通过班级 QQ 群方式进行。

（2）主持人问题导入：大家在平时利用网络的时候，有哪些愉悦身心的事？

——每小组列出一件或几件事情，大家一起分享。

——主持人归纳总结。

（3）主持人提问：大家用不同的方式展示网络让我们忧虑的地方，可以用案例、视频、漫画、数据资料等形式呈现。

——小组成员讨论，看看哪些问题大家最有共鸣。

——小组成员探究：造成这些忧虑的原因是什么？

——小组成员剖析：大学生应该如何避免这些忧虑的出现？

（4）教师总结评价。

 拓展阅读

对网络上的信息进行批判性思考

网络上的信息来源很广，这就决定了批判性思维对于处理网络信息的必要性。提前做好预防措施可以使你免于搁浅在错误信息的岩石滩上。

检查综合质量。先观察网站总体特征。注意文字和视觉资料的整体性以及整个网站的组织构架，还有那些你不能轻而易举地识别的特征。检查重大消息发布的时间，看看这个网站多久更新一次。然后，仔细看网站的内页，检查几个网页，看看事件的连贯性、信息的质量以及语言组织情况等。然后，评估网站的外部链接。看有没有指向声誉好的机构链接，点击几个看是否有效。如果是死路一条，可能意味着这个网站不经常更新——它不是最新消息的可靠来源。

检查来源。考虑一下发布网站的人或者组织的信誉度。找一找作者证明和出版名单。注意这个网站的偏好和特殊兴趣。也许这个网站的赞助者希望你能购买某种服务、某个产品或者某个观点。

生活与生涯管理

一个网站的 URL 地址域名能够提示你网站信息的来源和可能存在的偏好。比如营业性商业企业的网站以 .com 为域名，非营利性机构网站域名为 .org，政府机构网站的域名为 .gov，学校、学院、大学的域名则为 .edu。

检查文献。当你在一个网页发现某个论断，注意一下其提供证据的类型和质量。检查有没有可能的事例、某个领域专家的引文、被证明的数据或者科学研究的报告总结等。

（摘自［美］戴夫·埃利斯《大学应该这样读》）

 主题活动二

快速阅读训练

想要成为一个优秀的学生，从这一刻开始，请按下文所述，在 15 分钟内完成一本书的"全书纵览"。

第一步，阅读目录。

第二步，快速翻阅每一页，浏览标题、图片，留意表格、图表和图解。

"全书纵览"能让你掌握一本书的主线和总体情况。这是很有用的，因为从整体到局部的顺序是最符合人类大脑工作规律的。对总体情况的把握，有助于后面对细节的回忆和理解。

如果你在浏览的同时，还能筛选出有用的信息，那你的"全书纵览"就取得了最佳效果。每看到一个你觉得有用的地方，就记下页码，并在页码旁做简短描述。若空间不够，就拿另外一张纸来写，或是在有用的页码上贴上便笺纸加以标记。还可以用不同的颜色来区分信息的重要性。例如，绿色表示应马上采用的信息，黄色则表示日后采用。这种技巧的初衷很简单：人在兴奋的时候学得快。只有当你知道一门课程有用或者有趣的时候，你才会变得兴奋。

记住，每一页都要看，但要快速地看。要想成为优秀的学生，赶紧行动吧。

 **知识导航二**

图书馆的功能

有位哲人讲，要毁灭一个民族，最有效、最快捷的途径就是烧掉它的图书馆。也有人说，一所大学名气大不大并不重要，重要的是看它图书馆里有多少藏书。如果你在毕业离校时，发现图书馆在自己的回忆中不占任何位置的话，那么你的大学生活可以说是很失败的。那么，图书馆究竟有哪些功能呢？

1. 阅读书籍

国务院原总理温家宝同志曾经说过一句意味深长、感人至深的话："书籍不能改变世界，读书可以改变人，人可以改变世界。"《读大学究竟读什么》的作者覃彪喜讲："大学期间一定要多去图书馆、多去自习室，很多书你现在不读，一辈子就再也没有机会去读了。"如果能采用有效的方式来阅读，便会从中吸取充盈的营养。

在选择阅读资料前，首先要问问自己：我为什么要读？我想从中获得什么？以下是缩小阅读材料范围的一些可行途径，提供参考。

阅读人文类书籍，获得做人的讯息。积累人文素养，学会如何做人，这是上大学要完成的要务之一，而且是终身的要务。做人就像高楼大厦的地基一样，无论今后你是经商的还是从政的，无论以后你是医生还是护士，都要有好的人品作为底子。那么如何打好"做人的底子"呢？首先要从博览群书开始。这些书包括古今中外的文学、历史、哲学、艺术、政治、经济、管理、科普等，这些名著历经了千百年的考验经久不衰，积淀了人类文明的精粹，继承了宝贵的价值观和理想，是我们可以吸收的绝好的精神食粮。

阅读专业类书籍，获得做事的资讯。大学教育是专业教育，大学学习的专业性是很强的，除了一些公共课程之外，几乎所有的课程都是围绕着专业设置的，而且大学里所学的专业与今后就业工作都有着紧密联系，专业学得好不好与今后我们做事做得好不好息息相关。而且在大学，专业学习不仅仅局限在课堂和课程，老师在课堂上的讲课可能只是给一个思路启发，更多的是要求自己

课外去研究去阅读。大学里要阅读哪些专业书籍呢？专业书籍的途径来自哪里呢？以下几点可以提供参考。

（1）拿着专业老师列出的书单，请老师指明哪几本书或哪一本书的哪些章节与你所学的科目是相关的。

（2）重视专业老师在讲课或其他场合提及的参考书。

（3）询问已学过该科目的师兄师姐，请他们推荐有价值的书。

（4）与同学交流哪些材料最有用。

（5）注意专业书或杂志中经常提及的参考书。在这方面，学术文章和书籍中的注释非常有用。

2. 检索文献

1984 年 2 月，教育部发布了"教高（84）004 号"《关于在高等学校开设"文献检索与利用"课的意见》文件，文件明确指出，"文献检索与利用"课不仅有助于当前教学质量的提高，而且是教育面向未来的一个组成部分，它对学生吸取新知识、改善知识结构、提高自学和研究能力、发挥创造才能都具有重要的意义。文件下发后，"文献检索与利用"课成为各高校普遍开设的课程。随着信息社会的发展，课程在不断深化，内容在不断拓展，已成为培养学生信息素质与能力的基础型课程。作为大学生，经常要撰写研究型的课程论文或者是毕业论文，这就需要有充分的文献资料，图书馆里拥有电子期刊、电子图书、数据库、全文资料等，如果我们能熟练使用这些资源进行检索和利用，将大大提高办事效率。

3. 聆听讲座

现在许多大型图书馆都会举办各类讲座，邀请来讲座的都是一些重量级的人物，比如著名教授、各界知名或者成功人士、政府官员等，他们不仅知识渊博，阅历丰富，对一些问题有自己独到的见解，而且他们站在各个领域的前沿，会带来一些新信息、新观点。所以听讲座是学生接收前沿信息、扩大知识面最有效的途径，也是进行交叉学科学习的便捷途径。例如，宁波市图书馆"天一讲堂"，秉承着"传播先进思想，发扬前沿文化"的理念，自 2006 年 4 月创办以来，已成功开讲近一千场，内容涉及艺术、文学、历史、经济等各个领域，邀请了国内外知名的专家学者前来讲学，学生如果前去听讲，定能获得新知，感受到知名人物非凡魅力。宁波大学园区图书馆每周也有"明州大讲堂"。这些都是大学生获得前沿信息的好方法。

思考训练

享好书·读好书·思好书

"如果有人让我当最伟大的国王，一辈子住在宫殿里，有花园、佳肴、美酒、大马车、华丽的衣服和成百的仆人，条件是不允许我读书，那么我决不当国王，我宁愿做一个穷人，住在藏书很多的楼阁里，也不能当一个不能读书的国王。"这是英国著名历史学家麦考莱曾说过的一段话。正是麦考莱的勤奋阅读，饱览历史巨著，才使他成为有世界影响的著名历史学家。读书，能充实我们的生活，拓宽我们的视野。读书不能改变人生的长度，但它可以改变人生的宽度。读书不能改变人生的物象，但它可以改变人生的气象。读书不能改变人生的起点，但它可以改变人生的终点。

为提升理论水平和政治素养，更好地理解和认识现实，请完成以下活动。

一、活动目的

1. 认识阅读的价值，提升对阅读的理解。

2. 开拓学生视野，提高思维能力。

3. 提高在校大学生的政治素养。

二、活动要求

1. 学生自发分组，组员共同精读一本与政治有关的书籍，然后交流讨论，并记录下交流心得。

2. 把读书和交流心得制作成文字、图像、声音、动画等形式，在课堂上展示，展示时间为 10 分钟。

《李开复给大学生的第四封信》节选

　　大学生应该充分利用图书馆和互联网，培养独立学习和研究的本领，为适应今后的工作或进一步深造作准备。首先，除了学习老师规定的课程以外，大学生一定要学会查找书籍和文献，以便接触更广泛的知识和研究成果。例如，当我们在一门课上发现了自己感兴趣的课题，就应当积极去图书馆查阅相关文献，了解这个课题的来龙去脉和目前研究动态。熟练和充分地使用图书馆资源，这是大学生特别是那些有志于科研的大学生必备技能之一。读书时，应尽量多读一些英文原版教材，有些原版教材深入浅出，附有大量实例。其次，在书本之外，互联网也是一个巨大的资源库，大学生可以借助搜索引擎在网上查找各类信息。"开复学生网"开通半年以来，我发现很多同学其实并没有很好地掌握互联网的搜索技巧，有时他们提出的问题只要在搜索引擎中简单检索一下，就能轻易找到答案。还有一些同学很容易相信网上的谣言，而不会利用搜索引擎自己查考、求证。除了搜索引擎以外，网上还有很多网站和社区也是很好的学习园地。

　　自学时，不要因为达到了学校的要求就沾沾自喜，也不要认为自己在大学里功课好就足够了。在21世纪的今天，人才已经变成了一个国际化概念。当你对自己的成绩感到满意时，我建议你开始自学一些国际一流大学的课程。例如，美国麻省理工学院的开放式课程已经在网上无偿发布，大家不妨去看看其网上课程，做做其网上试题。当你可以自如掌握这些课程时，你就可以更加自信地面对国际化的挑战了。

任务二　人脉资源管理

主题活动一

画出你的人脉网络图

回忆一下你的人脉网中有多少人？几十、几百人还是几千人。然后把它用"图"画出来。人脉图可以是以表格的形式，也可以是电话簿，或者名片夹，或者手绘的其他图形。无论何种形式，它们的功效是一样的，就是可以让你清楚地知道你现在的人脉状况，你到底认识多少人，都是些什么人。

知识导航一

关于人脉的有关知识

1. 人脉含义和类型

人脉即人际关系、人际网络，体现人的人缘、社会关系。根据词典里的说法，人脉的解释为"经由人际关系而形成的人际脉络"，经常用于政治或商业的领域，但其实不论做什么行业，人人都会使用人脉。

人脉如同血脉。众所周知，四通八达、错综复杂的血脉网络，是人的生命赖以存在的基础。血脉简称脉，血液运行之通道。《灵枢·九针论》："人之所以成生者，血脉也。"《活人书》卷三："血脉者，营养百骸，滋润五脏者也。"血脉系统运行不畅，轻者供血不足，头昏脑胀，四肢乏力，重者血脉淤塞，血液循环中断，危及人的生命。

在人们追求事业成功和幸福快乐的生活过程中，同样也存在一个类似血脉的系统，我们称它为人脉。如果说血脉是人的生理生命支持系统的话，那么人脉则是人的社会生命支持系统。常言说"一个好汉三个帮，一个篱笆三个桩"，

"一人成木，二人成林，三人成森林"，意思都是，要想做成大事，必定要有做成大事的人脉网络和人脉支持系统。

人脉如同树脉。一棵小树苗要想长成参天大树，成为栋梁之材，必须要有粗壮厚实的根脉供给大地的营养，必须要有充足丰富的枝脉和纤细纵横的叶脉供给自然的空气、阳光和雨露。没有根、没有枝、没有叶，也就没有树。根脉、枝脉、叶脉的死亡最终导致了树的死亡。而栋梁之材的形成必须要有根深叶茂的生命支撑环境。

人脉的划分：人脉资源根据其形成的过程可以分为：血缘人脉、地缘人脉、学缘人脉、事缘人脉、客缘人脉、随缘人脉等。

（1）血缘人脉　由家族、宗族、种族形成的血缘人脉关系。

（2）地缘人脉　因居住地域形成的人脉关系，最典型的就是"两眼泪汪汪"的老乡关系。老乡关系因所处地域的大小而不同，出了乡同乡的是老乡，出了县同县的是老乡，出了省同省的是老乡，出了国全中国的人都是老乡。

（3）学缘人脉　因共同学习而产生的人脉关系。学缘人脉不仅局限于时间较长的小学、中学、大学的同学关系，随着人们现代交际意识的提高，各种各样的短期培训班甚至会议中，也蕴含着十分丰富的人脉关系资源。

（4）事缘人脉　因共同工作或处理事务而产生的人脉关系。事缘人脉不仅局限于工作中的同事、上司、下属，一段短暂的共事经历也能形成良好的人脉关系。比如一个单位或多家单位为完成一项任务或项目，而临时抽调人员组成团队，任务完成后各自归队，但共同工作与生活的友谊则会留在每一个人的心中。

（5）客缘人脉　因工作中与各类客户打交道而形成的人脉关系。比如厂家、供应商、零售商、加盟商、合作商、消费者等，在进行商务交易和往来的过程中，其实是互为顾客关系。俗话说"不打不成交"，这种真金白银的商业活动在考验着每一个人的能力和品行。职业经理人在为顾客做好服务，提高企业经济效益的同时，切莫忘了投入自己的诚信和情感，积累自己的人脉资源。

（6）随缘人脉　"有缘千里来相会"，人是有缘分的。一次短暂的聚会，一次偶然的邂逅，这都是上天给我们安排的随缘机会，只要我们抓住机遇，善于表现自己，而又理解他人，缘分就会降临，你的人生或事业也可能从此就会与众不同。

2. 人脉的作用

积累人脉，就相当于积累财富。一个人的力量毕竟是有限的，如果能获得周围朋友的帮助，那么他的成功就会变得容易。你如果拥有很扎实的专业知识，而且是个彬彬有礼的君子，还具有雄辩的口才，不一定能获得某次商谈成功，但如果有位关键人物帮助你，为你开开金口，相信成功的概率就大大提升。

人脉的广度决定你所能获取的信息面的宽度，而人脉的深度则决定你所能获得的帮助的水平和程度。

积累人脉，就相当于积累机会。人脉与机遇成正比，丰富的人脉才能为你带来更多成功的机会。更准确地说，人的机会并不是由运气决定的，而是由他们的交往能力和交际范围决定的，在交际过程中，你认识了别人，别人也认识了你，而在你们友谊发展的过程中，你就有可能获得发展的机会。

总之，机会的潜台词就是人脉，因为人脉越丰富，机遇相对就越多。方兴未艾的 MBA 热潮就是一个佐证，学习者不仅是为了学习知识，也是为了搭建高品质的人脉关系，以从中获取商机。哈佛商学院的毕业生，在总结读书收获时，也把建立朋友网络放在第一位。哈佛商学院的一位教授曾说，哈佛为其毕业生提供了两大工具：首先是对全局的综合分析判断能力，其次是哈佛强大的、遍布全球的 4 万多的校友网络，在各行业都能提供宝贵的信息和优待。在这么多精英人才组成的人脉网络下，机会自然是不会少的。

案例：比尔·盖茨：利用一切关系成就辉煌

很多人只知道比尔·盖茨今天成为世界巨富的原因，是因为他掌握了世界大趋势，以及他对计算机的执着与智慧，其实，比尔·盖茨之所以成功，除了这些原因之外，还有一个很关键的因素，就是他拥有丰富的人脉资源。

比尔·盖茨创立微软公司的时候，还是个年轻的大学生，但是在他 20 岁的时候，却拿到了一份大订单，这份订单是跟当时全球第一强的电脑公司 IBM 签的，还是大学生的比尔·盖茨为什么会钓到这么大的"鲸鱼"呢？可能很多人不知道，比尔·盖茨的母亲在任全国联合劝募协会执行理事会主席期间，与 IBM 首席执行官约翰·埃克斯共事。

其次，比尔·盖茨利用合作伙伴的人脉资源。大家都知道，比尔·盖茨最重

要的合伙人——保罗·艾伦以及史蒂芬，他们不仅为微软贡献了聪明才智，也贡献了他们的人脉资源。

第三，发展国外朋友，开拓国外市场。盖茨有一个非常好的日本朋友叫彦西，他为盖茨讲解了很多日本市场的特点，并为盖茨找到了第一个日本个人电脑项目，以此来开辟日本市场。

第四，雇佣非常聪明、能独立工作、有潜力的人来一起工作。比尔·盖茨说："在我的事业中，我不得不说我最好的经营决策是必须挑选人才，拥有一个完全信任的人，一个可以委以重任的人，一个为你分担忧愁的人。"

点评：美国著名成人教育家戴尔·卡耐基曾经说过，专业知识在一个人成功中的作用只占15%，而其余的85%取决于人际关系。曾任美国总统的西奥多·罗斯福曾说："成功的第一要素是懂得如何搞好人际关系。"曾任美国某大铁路总裁的 A. H. 史密斯说："铁路的95%是人，5%是铁。"在好莱坞，流行一句话："一个人能否成功，不在于你知道什么（what you know），而是在于你认识谁（whom you know）。"许多成功人士都认识到了人脉资源对自己事业成功的重要性。确实，人是群居动物，人的成功只能来自他所处的人群及所在的社会，只有在这个社会中左右逢源，才可以为事业和生活开拓宽广的道路。

 思考训练

测一测：你当下的人脉现状如何？

请根据你自己的实际情况，认真思考下列问题，然后从备选答案中选出最符合的一项。

1. 在聚会场合，对从来没见过的新面孔，我总是（　　）

A. 能找到话题与他们交流并成为朋友

B. 尽管也想和他们成为朋友，但很难找到有效的途径

C. 一个人独处，不会注意他们

2. 我结交朋友的目的是（　　）

A. 朋友能使我的生活更丰富多彩

B. 朋友喜欢和我在一起

C. 朋友能帮助我解决问题

3. 你有朋友持续交往的时间一般会有多久（　　）

A. 一般会很久，交往频率也会比较高

B. 一般较短

C. 根据现实情况，不断弃旧更新

4. 你对曾帮助过你的朋友总是（　　）

A. 感激，时刻铭记在心，并时常向别的朋友提及此事

B. 认为朋友间的相互帮助是理所当然的，不必客气

C. 时过境迁，就抛在脑后

5. 当我遇到困难的事情时（　　）

A. 知道情况的朋友，几乎都曾帮助过我

B. 只有很知己的朋友帮助我

C. 几乎没有人帮我

6. 你和那些性格、生活方式非常不同的人相处的时候（　　）

A. 适应比较慢

B. 几乎很难或不能适应

C. 能很快适应

7. 我对异性朋友、同事（　　）

A. 只是在十分必要的情况下才会去接近他们

B. 几乎和他们没交往

C. 同他们正常交往

8. 对朋友、同事们的劝告、批评，我总是（　　）

A. 有选择地接受一部分

B. 根本听不进去

C. 很乐意接受

9. 对待朋友，我喜欢（　　）

A. 只赞扬他们的优点

261

B. 只批评他们的缺点

C. 既要赞扬他们的优点，也要指出不足或批评他们的缺点

10. 在我工作很忙、情绪不好的时候，朋友请我帮忙，我会（   ）

A. 找个合理的借口推辞

B. 断然拒绝

C. 尽力而为

11. 编织自己的人际关系网时，目标会锁定（   ）

A. 上司、有权力的人

B. 任何我认为的好人

C. 与自己有相同生活价值观的人

12. 遇到困难的时候，我会（   ）

A. 向来不求助于人

B. 只是确实无能为力时，才请朋友帮助

C. 立刻向朋友求援

13. 结交朋友的途径一般是（   ）

A. 通过现有朋友介绍

B. 在各种社交场合和活动中接触

C. 只是经过较长时间相处了解而结交

14. 如果朋友做了一件使你不愉快或伤心的事，你会（   ）

A. 以牙还牙，回敬一下

B. 宽容、原谅

C. 敬而远之

15. 你对朋友们的隐私总是（   ）

A. 很感兴趣，热心传播

B. 从不关心此类事情，即使了解也不告诉别人

C. 偶尔感兴趣，会传播

得分情况分析：

题号	1	2	3	4	5	6	7	8	9	10	11	12	13	14	15
A	3	3	3	2	3	2	2	2	2	2	1	1	2	1	1
B	2	1	1	3	2	1	1	1	1	1	2	3	3	3	3
C	1	2	2	1	1	3	3	3	3	3	3	2	1	2	2

31～45分之间,你具备很好的交友能力,继续努力。

15～30分之间,你的交友能力一般,但具备交友潜力,要继续努力。

15分以下,你应该注意加强自己的人际沟通能力。

(摘自吴必达《怎样建立好人缘》)

 拓展阅读

20年后的感慨

2005年3月,一群武汉理工大学物理系81级学生在加州硅谷相聚。20年后的聚会给他们无限的快乐和幸福。20年前,每个人都怀着美好的理想和远大抱负走出校门;20年过去了,在物理系接近140位毕业生中,约三分之一的人生活和工作在北美地区,其中大部分都不再从事与物理直接相关的工作——他们有的在硅谷担任软硬件工程师,有的在华尔街从事金融证券方面的工作,有的则成为现代企业的管理者,有的则在大学任教,甚至还有人成为时装设计师。

聚会时,一位在华尔街工作的同学当场作了一个小调查,调查的内容是:如果上帝把你送回大学,重新度过大学时光,那么,你最想做好哪件事情,以弥补20年前的缺憾?

1. 用功学习理工科

2. 努力学好英文

3. 学习人际交流的艺术

4. 将更多的时间花在恋爱和情感问题上

5. 辞职开公司,尽早走上创业的道路

令人惊讶的是:有90%的人选择了3——尽管他们目前居住在不同的城

263

市、身处不同的工作岗位，但他们的选择足以证明，人际交流是所有年轻人都应该重视的一门必修课。

（摘自李开复《20年后的感慨》）

主题活动二

让幸福和温暖保鲜

写出最近你感觉幸福、温暖的五件事情，并说出原因。

1. _____（原因：　　　　　　）
2. _____（原因：　　　　　　）
3. _____（原因：　　　　　　）
4. _____（原因：　　　　　　）
5. _____（原因：　　　　　　）

以后每天照此写出1件以上的事情，坚持1个月。总结事件和原因，分析让人幸福和温暖的主要影响因子是否和良好的人际关系有关。

知识导航二

如何维系人脉

1. 赠人玫瑰，手留余香

帮助别人，尤其要帮助那些处于困境、经历挫折或者失败的人。在别人处于困境的时候不离不弃，不仅是对人品质的考验，而且也是建立良好人际关系的契机。患难见真情，一个懂得善待落魄朋友的人，不仅会赢得朋友的真心，而且还会为自己赢得生机和希望。

周瑜早年并不得意，曾经在军阀袁术手下当一个小小的县令。这时，地方上发生饥荒，又加上兵荒马乱，许多老百姓饿死在路旁，军队也饿得失去战斗力，周瑜作为父母官，急得不知如何是好。有人献计，说附近有个乐善好施的财主叫鲁肃，素来富裕，想必囤积了不少粮食，不如去借。周瑜登门拜访，几句寒暄完便直奔主题,鲁肃一看周瑜丰神俊朗,日后必成大器,便一口答应借粮之事。并亲自带周瑜查看自家粮仓,把总共两仓粮食中的一仓送给了周瑜。周瑜和手下见鲁肃如此慷慨大方,都愣住了,因为在饥荒之年,粮食就是生命,两人当下就交上了朋友。

后来周瑜发达了,他牢记鲁肃的恩德,将他推荐给孙权,得到了重用。

其实在我们身边也不乏这样的事例。宁波某高职学生郑某,因为字写得好,经常被辅导员叫去帮忙填写一些材料,这些材料在填写的时候是很枯燥的,甚至是重复的体力劳动,有些同学帮忙填过一次后,便以各种理由推脱不去了。但是郑某每次都是认真细致地做好。临近毕业,辅导员把郑某推荐去了一家实力和管理都相当不错的单位。因此,如果你想得到别人的理解、支持和接纳,没有什么诀窍,只有这样一句话:"欲求人助,先要助人。"因此,乐于助人是积累人脉资源的途径之一。我们对人一分好,对方自然会涌泉相报,懂得帮助别人的人,最终可以获得更多。因为,大家都愿意与他交往,认为他是一个值得信赖的人,那么他获得的机会就越多。

要做到赠人玫瑰,手留余香,也不是容易的事情,尤其是在市场经济社会,在金钱、利益的冲击下,很多人的一举一动都是从自我利益出发,而00后的大学生,因为绝大多数是独生子女,容易养成自我为中心的思维习惯,所以,帮助他人显得更加珍贵。

(1)帮助他人不应掺杂功利

2003年9月,浙江高校首家"道德银行"在浙江工业大学之江学院成立。该银行为学生、志愿者开立道德账户存取"道德币","道德币"是学生、青年志愿者参与院内服务、社会公益活动后转化而成的。"道德币"的多少意味着该年度所做的志愿服务、好人好事的多少。"道德富翁"将享受比别人更多的"福利"。"道德银行"下设有储存部、还本部、中介部、投资部等职能部门,主要关注学生、青年志愿者在每个学年中的优秀事件,并登记在每个志愿者的储蓄卡上,作为志愿者奉献社会、服务他人的爱心记录,将来志愿者如需要帮助,可向"道德银行"支取道德储蓄。

尽管这种做法在社会上有着种种争议,但不难看出,"道德银行"是市场化

时代对爱心助人等道德行为的一种物化激励，提倡付出即会有回报，道德可以明码标价。

（2）帮助他人不应居功自傲

帮助他人，不要居功自傲。在人际交往中，当我们帮助了他人时，不必以此沾沾自喜，更不能摆出一副救世主的样子，因为我们的帮助应该是无私的、诚恳的，不存在半点恩赐的感觉。如果你的帮助带给别人的不是动力而是压力，长此以往，轻则别人不愿接受你的帮助，重则还会对你产生厌恶和冲撞。就像做父母，可怜天下父母心，许多父母可以为孩子做任何事情，但有些父母经常把这样的话放在嘴边："我们辛辛苦苦把你养大，你怎么那么不懂事呢？""我们赚钱供你读书多不容易啊，你的成绩怎么就那么差呢？"这些父母望子成龙望女成凤心切，总觉得自己为孩子付出了那么多，可孩子却一点也不感恩，这样，往往会导致亲子之间关系紧张。

（3）帮助他人要具体实在

曾看到这样一则真实的事例：一个人好朋友的父亲去世，他非常想去安慰帮助朋友，但是他深知在这个时候语言是苍白无力的，甚至说多了还会招致反感。于是他就来到朋友家里，一声不吭地把他朋友的家里从头到尾打扫得干干净净。他觉得，至少朋友在处理完繁杂的丧事后可以回到干净温暖的家里。所以帮助别人不应仅仅停留在美好的语言上，有时细小的一个举动抵得上无数句话，帮人要具体实在，要帮到刀刃上。

（4）帮助他人要量力而行

在别人有困难的时候，很多人都会迸发出助人者情结，希望能够给别人提供帮助。但是，帮助别人要做好"角色定位"，自己能提供哪方面的帮助应该准确自我定位，不要尝试着跨行业、超能力施助，这样自己的本职工作做不好，也帮不好别人的忙，形成负面效应。另外，长久地做老好人，对谁都好，有些人可能会不懂得珍惜。

2. 学会合作，寻求双赢

在中国，龟兔赛跑的故事人尽皆知。著名经济学教授厉以宁教授对这个故事进行了全新的演绎：龟兔第一次赛跑，兔子由于骄傲，认为自己胜券在握，在半路上睡着了，而乌龟却持之以恒，比兔子先到达了终点。龟兔第二次赛跑，兔子吸取了上次的经验，没敢再马虎，一口气就跑到了终点，兔子赢了。龟兔第三次赛跑，乌龟提出由它制定路线，结果兔子快到终点时，一条河挡住去路，兔子干着急也没办法，而乌龟却不慌不忙爬到河边，慢悠悠地游过了河，赢得了第一。龟兔第四次赛跑，这次，它们总结以前的经验，乌龟和兔子决定合作。于是，陆地上兔子驮着乌龟跑，很快跑到河边；在河里，乌龟驮着兔子游，结果一起到达了终点，实现了双赢。

在这个世界上，并非不是朋友就是敌人。在如今这个人与人之间利益关系越来越密切的社会，没有永远的敌人，有一天为了共同合作的需要，也有必要牵起手走上合作的道路。所以，在你的人脉资源网中，不要排斥任何一个人成为其中一员。要抱着双赢合作的心态去看待所有的人。

在专业分工越来越细，市场竞争越来越激烈的前提下，单打独斗的时代已经过去，合作已经变得越来越重要。学会分享，才能赢得更多人的尊重，从而加深你与他人之间的友情。所以，分享是一种最好的经营人脉网的方式，你与人分享越多，得到的就越多，你与别人分享的是有用有帮助的东西，别人会感谢你；你愿意向别人分享，有一种愿意付出的心态，别人会觉得你是一个正直、诚恳的人，别人愿意与你做朋友；当你愿意拿出你的智慧和力量与朋友分享时，你就经营好了你的人脉。有人说："现在是创业时代，早已不是单打独斗、显示个人英雄的时代了。大家互惠互利，合作双赢才是硬道理。"也有人说："有圈子，有合作伙伴，有朋友，他们往往能给你提供意想不到的帮助，在某种程度上，人脉就是财脉。"

在与人合作的过程中应避免出现以下四种不良现象。

现象一：竞争心作祟。面对激烈的竞争，许多学生认为彼此"互为对手"。相关的问卷调查显示，虽然有53%学生认为现在的大学生的关系应是"互相帮助、共同进步"，但是，由于在学习、就业等方面的竞争，46%学生感受到了实际存在的"互为对手"的关系。还有相当一部分学生认为同学之间是"互不相干"，甚至是"互相提防"的关系。显然，片面强调竞争的心理，阻碍了年轻人的团队合作意识。

现象二："负面"默契。一项任务布置下来，因为缺乏团队合作精神，大家明知道该任务不切实际、无法完成，但为了逃避责任，都心照不宣地选择"沉默是金"，谁都不愿将实际情况告知上级领导——这是典型的"负面"默契。一个团队陷入"负面"竞争时，就会陷入拖延、内耗的泥潭；但当有魄力的领导带来成功的希望，并营造出相互支持和鼓励的工作氛围时，团队成员就可以很好地团结在一起，显示出无穷的力量。

现象三：个人英雄主义。现在的大学生，大多是应试教育下成长起来的，在他们的思维里，名次和分数是衡量一名学生是否优秀的重要指标。这种不全面和不均衡的竞争意识很容易让他们产生异乎寻常的优越感，也容易忽视团队精神的培育。要知道"没有最优秀的个人，只有最优秀的团队""优秀的团队才能成就优秀的个人"，如果我们能摒弃个人至上的英雄主义，团队就会更和谐，合作也会更有成效。

现象四：因小失大。在团队合作中，集体利益和共同目标是团队成员工作的前提和原则，有时，为保证共同目标的实现，需要对以往的团队和工作进行调整，这可能就会与团队成员的个人利益或目标发生冲突。有团队合作意识的人会坦然面对，以大局为重，也有人对自己的利益比较执着，不肯放弃，从长远来看，反而是因为自己的小利益而失去了整个团队的大利益。

3. 打铁还需自身硬

我们听过了太多这样的话，例如成功 =15% 的知识 +85% 的人脉，导致很多人认为 15% 的知识是可以忽略、不重要的，但成就 85% 人脉最好的办法就是把你 15% 的知识底蕴打好，如果缺失了那 15% 的知识，可能再好的人脉也帮不了你。

因为，成功者喜欢和成功者在一起，成功者之间可以相互增加能量，使彼此更优秀。如果你不是千里马，伯乐是不会找到你的。如果你是个腹中空空的草包，那么想必别人也没多大兴趣和你做朋友。如果你在某些方面有特长，你就有机会展示，然后被人欣赏。比如，你在英语方面有特长，你就能结识社会上一些英语界的前辈；如果你在企业策划方面有独到见解，并且经常公开发表一些文章，很可能一些企业的老总会主动联系你，与你交流；如果你在专业爱好上做出自己的成就，并有很强的综合能力，成功者看到了你成功的潜质，同时你又积极主动，机会不是你的又会是谁的呢？

人脉就像一张网，每个人都是网上的一个结点，有的结点非常脆弱，不能更好地连接更多的人。而有的结点则在整张网中都起着非常关键的作用，它连接起来了越来越多的人。这些点就是关键点，关键点周围的人脉是丰富的，最主要的原因是关键点本身的强大和结实。

"一切都是假的，靠自己是真的。人缘也是要靠自己。自己是个半吊子，哪里来的朋友？"这句话引自高阳的《胡雪岩》，相当贴切地描写了积累人脉的秘诀。

案例：征文"征"出来的工作

学计算机专业的张川爱好文学，平时常写文章，偶尔也有作品见诸报端。他希望毕业后能够在 IT 行业工作。大三暑假，张川在经常访问的某国内知名网站的主页上，发现该网站正开展征文活动。此时他正好在生活中遇到了一点烦恼，于是有感而发，写了一篇情深意长的文章《离开你的第七天》投给该网站。开学后，张川在 IT 行业中求职屡战屡败。一天，正为求职苦恼的他接到该网站的电话，告知他的文章获奖了。

于是，张川找到网站征文活动的负责人，该负责人得知张川的求职经历后，问他是否愿意到公司来做事，并许诺丰厚的待遇。张川大喜过望，求职的艰难让这份工作显得格外诱人，第二天张川便到公司实习，负责该网站校园版块的策划组稿工作。上班后，张川成功策划了网站和学校的一次联谊活动。在试用期三个月过后，张川终于迈进了自己心仪的 IT 行业。

点评：从表面上看，张川的求职成功似乎是"妙手偶得之"，其实这与他平时对文学的爱好和练习是分不开的。张川最初的求职期望是担任一名 IT 公司的技术员，然而写作方面的爱好却成为他迈入 IT 公司门槛的"通行证"。事实上，很多 IT 公司并不缺少技术过硬的研发人员，缺少的是拥有一定的技术功底、对宣传策划和活动组织具有良好领悟力和执行力的人。张川求职成功的案例，让我们看到了综合素质过硬的重要性。大学几年，就是综合素质锤炼的关键几年，我们要好好规划自己的学习生涯。

微软公司的一位资深开发和项目经理凌小宁曾经撰文告诉中国计算机专业的同学说，如果他能够回到过去，重新开始四年大学生活，他会：（1）确立一

个相对明确的目标;(2)根据这一目标,确定要掌握的专业、课程、技能和知识;(3)选做大量的相关实践项目;(4)对每一个实践项目都要做到:①确立一个模拟实际工作的用户场景;②尽量以实际工作中的方法和标准做每件事;③碰到没学过的东西,就主动去问、去学,在用中学,带着目的学,学会最有效解决问题的手段和方法。

 思考训练

案例:在遥远的非洲大草原上,生存着一种叫作犀牛的大动物。犀牛的性情暴躁,凶猛无比。它发起脾气来,就是狮子大象也都怕它几分。可是它却能容忍一种非常柔弱的小动物——犀牛鸟,任它在自己背上跳来跳去,肆意玩耍。它们是形影不离的亲密伙伴,虽然犀牛的绝大部分皮肤都坚如铁甲,但是在褶皱处却非常的嫩薄,经常受到一些吸血昆虫的骚扰。犀牛虽然是疼痒难忍,但却也无可奈何。而栖息在犀牛背上的犀牛鸟,却把藏在犀牛皮肤皱褶里的恶虫当作美食。它总是无拘无束地在犀牛背上蹦蹦跳跳,甚至毫不客气地爬到犀牛的嘴巴或鼻尖上去,不断地啄食着小虫,把犀牛伺候得舒舒服服,同时它自己也吃得饱饱的。借助着犀牛利角的保护,犀牛鸟也免遭了鹰的伤害。不单如此,虽然犀牛的听觉和嗅觉十分敏锐,但它却是天生的近视眼,每当危险来临时,犀牛鸟还会偷偷地向犀牛发出警报,平日里傻头傻脑的犀牛听到警报便会立刻警惕起来,并提早做好反击或是逃跑的准备。天长日久,它们便建立了深厚的感情,再也离不开彼此。

思考:1. 你身上有什么样的特长和价值能吸引强者愿意和你合作?

2. 如何提升自身的价值和实力以获取更强大的人脉?

 拓展阅读

最多通过6个人,你就能认识世界上任何一个人

你想认识比尔·盖茨吗?你想认识刘德华吗?也许你会说当然想啊,但那

怎么可能呢？不，你完全可能认识他们，认识你想认识的任何一个陌生人，事实上，你与他们之间只有 6 个人的距离。

这并不是耸人听闻，这确实是来自一项社会调查的结论。哈佛大学心理学教授斯坦利·米尔格拉姆在 1967 年做过一次连锁性试验，试验的结果就是今天在社会关系研究中常说的"六度分隔"。你也许不认识盖茨，但是在优化的情况下，你只需要通过 6 个人就可以结识他。这就是六度空间理论，也叫小世界理论。

法兰克福的一位土耳其烤肉店老板非常希望找到他最喜欢的影星马龙·白兰度。几个月后，他实现了自己的愿望，而且仅仅通过 6 个人的私交就与马龙·白兰度建立了人脉关系。

原来，这位烤肉店老板是伊拉克移民，他的一个朋友住在加州，这个朋友的同事的女朋友在女生联谊会上结识了一位姐妹，这位结拜姐妹是电影《这个男人有点色》的制作人的女儿，而马龙·白兰度是这部片子的主角。他们之间的关系如下图所示。

生活与生涯管理

　　"六度分隔"的现象，并不是说任何人与人之间的联系都必须要通过六个层次才会产生联系，而是表达了这样一个重要概念：任何两位素不相识的人，通过一定的联系方式，总能够产生必然联系或关系。也就是说经过若干个环节，任何一个人同比尔·盖茨通上电话都不是痴人说梦话。

　　或许你仍然会觉得这不过是一个巧合，但还有一个数字能表达这一点，如果每个人日常密切联系的人际网络是 150 人左右的话，那么理论上通过 6 个人的人际关系网络就可能达到 $150 \times 150 \times 150 \times 150 \times 150 \times 150 = 11\,390\,625\,000\,000$ 人。这个数字远远超过人类历史上总人数之和。

　　可见，如果我们能以"结交一个人来认识更多的人"的方式建立个人人脉，人脉资源将以乘方的方式增长，效率高得惊人。

　　博恩·希斯是位社会学家，主要研究"人脉学"，他有一套著名的理论——1:25 裂变定律，即你如果认识一个人，那么通过他，你就有可能再认识 25 个人。这套理论曾被西方商业界广泛采用，他们在营销过程中，推行微笑服务，让服务人员不要得罪任何一名顾客，因为在每一位顾客的身后，潜藏着 25 个客户。

参考文献

　　[1] 李开复. 做最好的自己 [M]. 北京：人民出版社，2005.

　　[2] 常桦. 中国式人脉网 [M]. 武汉：武汉大学出版社，2008.

　　[3] 李尚隆. 人脉即财脉 [M]. 武汉：武汉出版社，2009.

　　[4] 张超. 人脉是设计出来的 [M]. 北京：北方妇女儿童出版社，2011.

　　[5] [日] 冈岛悦子·人脉力 [M]. 薛天依，译. 武汉：武汉出版社，2009.

　　[6] [美] 基思·法拉奇，塔尔·雷兹. 别独自用餐 [M]. 施宇光，译. 北京：世界知识出版社，2010.

图书在版编目（CIP）数据

生活与生涯管理 / 石伟平主编. —2版. — 上海：
上海教育出版社，2022.8（2024.7重印）
ISBN 978-7-5720-1637-0

Ⅰ.①生… Ⅱ.①石… Ⅲ.①大学生－职业选择
－高等职业教育－教材 Ⅳ.①G717.38

中国版本图书馆CIP数据核字(2022)第149844号

责任编辑　公雯雯
封面设计　陆　弦

生活与生涯管理
石伟平　主编

出版发行　上海教育出版社有限公司
官　　网　www.seph.com.cn
地　　址　上海市闵行区号景路159弄C座
邮　　编　201101
印　　刷　上海展强印刷有限公司
开　　本　700×1000　1/16　印张 17.5
字　　数　259 千字
版　　次　2022年8月第2版
印　　次　2024年7月第3次印刷
书　　号　ISBN 978-7-5720-1637-0/G·1513
定　　价　58.00 元